JN451896

전남대학교
동아시아연구소
총서
12

한·중 문학 공간과 디아스포라

전남대학교
동아시아연구소
총서
12

한·중 문학 공간과 디아스포라

임환모 · 엄영욱 · 전영의 공저

문학과 공간, 도시와 장소는 과거와 현재를 긴밀하게 이어주는 통로이다.
이 안에서 삶과 역사를 기억의 대상으로 바라볼 때, 역사의 결을 거슬러 바라볼 때
현재보다는 미래를 바라보는 역사적 인식의 주체가 될 수 있다.

전남대학교출판문화원

■ 서문

'씨를 뿌리다'라는 의미의 그리스어에서 유래된 디아스포라diaspora는 이주, 이주과정, 이주인, 이주 문화 등 포괄적 의미로 사용되고 있다. 과거 유대인의 집단이주, 제국주의 시기 피식민인들의 강제 이주, 현재 다른 국가에 사는 이주민, 이주하는 민족 구성원, 이산과정, 이산 후 새롭게 거주하는 장소, 타민족들의 국제이주, 망명, 난민, 이주노동자, 이주한 자들이 이주국가에서 형성한 민족공동체, 문화, 이주 국가와 이주민 사이의 문화적 차이, 이주민들의 정체성, 이들과 후손들의 정체성 변화까지도 '디아스포라'라는 용어 안에 포함된다.

이주로 인한 한인들의 디아스포라 역사는 깊다. 임진왜란이나 병자호란 때 인질 혹은 공녀로 끌려간 사람들도 타의에 의한 이주라 할 수 있으나 근대 이후 이주의 시기는 4단계로 구분할 수 있다. 첫 시기는 1860-1910년으로 하와이 농장 노동자 이주이다. 노동자들의 이주 후 이들의 정착을 위해 조선에서 많은 여성들이 사진신부로서 태평양을 건너 하와이로 이주하였다. 하와이 농장 이주가 성공하자, 한인들은 1905년부터 1933년에 멕시코 유카탄 반도의 에네켄 농장 이주를 시작하면서 남미 지역 곳곳에 정착하게 되었다. 두 번째 시기는 1910-1945년으로 일제강점기 시기 독립운동가, 정치적 난민, 강제징용자, 토지와 생산수단을 빼앗긴 농민·노동자들의 이주이다. 이들은 일본을 비롯하여 중국 간도, 블라디보스토크, 상하이 등으로 이주하였다. 이중 사할린, 블라디보스토크 등 극동으로 이주했던 조선인들은 스탈린의 강제이주정책에 의해 중앙아시아 지금의 카자흐스탄에 자리잡게 되었다. 세 번째 시기는 1945-1962년으로 한국전쟁 이후 생겨난 전쟁고아, 미군과 결혼한 여성, 혼혈아, 학생 등이 입양, 가족 재회, 유학 등을 목적으로 한 이주이다. 네 번째 시기는 1962년부터 현재까지로 사업, 학업, 취업을 위한 다양한 목적의 이주로 나눌 수 있다.

한국에서도 길을 걷다 보면 외국인들을 마주치는 일이 이제는 일상화되었다. 지금 한국에 거주하는 외국인은 2,146,579명(2023년 1월 말 기준, 법무부 출입국·외국인정책본부)이다. 이중 단기 체류 외국인 451,703명을 제외하면 어림잡아 150만 명 이상의 외국인들이 한국에 거주하고 있다. 이중 외국인 유학생 194,590명을 제외한 나머지 인들은 전문직, 단순기능직을 위한 취업, 결혼이민 등으로 한국에 체류 중이다. 여기에 불법체류자나 난민까지 합한다면 제법 많은 외국인들이 한국에 거주한다고 보아야 한다. 결혼이민으로 다문화가정도 증가하고 있는데 도시보다는 시골 농가로 갈수록 쉽게 찾아볼 수 있다. 의사소통, 문화차이, 교육, 경제활동, 가정 내 폭력 등 다문화가정 안에서 생길 수 있는 여러 문제들을 해결하기 위해 각 지자체별로 다문화센

터를 운영 중이기도 하다. 이렇듯 많은 한인들이 세계 곳곳에 자리 잡고 있고 상대적으로 많은 외국인들이 유입하고 있다.

이제 한국은 더 이상 단일민족국가란 말이 어울리지 않는다. 시간을 되짚어 기억해보면 조선, 고려, 통일신라, 삼국시대, 고조선까지 오랜 시간에 거쳐 다양한 이민족들이 내려와 하나의 공동체로 어울려 살아왔다. 그러나 우리는 한민족이라는 단어로 스스로를 묶으며, 일체성·통일성에 더 방점을 찍고 다양성과 혼종성에 관해 외면했는지도 모른다. 특히 한국과 중국은 한자·불교·유교라는 문화를 공유하고 있으며, 문화공동체로서 오랜 기간 영향을 주고받았다. 근대이행기 제국주의 국가의 폭력과 강제 문호개방, 이로 인한 문화접변과 혼종, 2차 세계대전 시기 일본군의 만행, 1960년부터 1980년대까지 한국과 중국에서 일어났던 국가폭력 등 한국과 중국은 유사한 역사적 경험과 기억을 가진다. 한국의 설, 단오 추석은 중국에서 춘절, 단오, 중추절이라 부르지만 가지고 있는 의미와 날짜가 동일하다. 한국에서도 추석의 또 다른 이름이 한가위, 중추절인 것을 볼 때 한국과 중국 문화의 교집합이 있음을 알 수 있다. 중국 최대 조선족 집거지역인 연변조선족자치구에 있는 조선족들은 여전히 한국의 문화를 이어오고 있다. 우리가 연변에 가면 조선족 억양의 한국어를 들을 수 있고, 한국어 간판과 김치, 밑반찬 등도 쉽게 찾아볼 수 있다. 이들은 조선족이면도 중국인이기에 디아스포라의 혼종성을 잘 보여준다. 한국(조선)에 대한 향수를 가지고 있으며 경제적, 문화적으로 성장한 대한민국에 대한 동경을 감추지 않는다. 한국인들보다 전통문화를 더욱 고수하려고 하지만 특수한 상황에 맞닥뜨렸을 때에는 중국인의 성향을 드러내기도 한다.

중국은 연변을 조선족 자치구로 인정하고 조선족들을 중국 내 소수민족이라 인정한다. 이들이 중국 국적을 가지고 중국 땅에서 살고 있다는 이유로 중국은 조선족의 문화 즉 한국의 문화를 자신들의 문화에 편입하려 한다. 베이징 올림픽 때 중국 소수민족 의상 중 하나로 한복을 등장시키고, 김치와 삼계탕을 중국 음식이라 소개하는 것도 이 때문이다. 한복이나 음식, 고구려사를 자신들의 문화와 역사에 편입하려는 등 동북공정을 행하고 있는 중국의 행태는 국가적 차원에서 대응하고 조치를 취해야 할 문제이다. 그러나 K-culture(케이-컬쳐)의 확산으로 인해 중국은 음악, 영화, 뷰티, 방송, 드라마 등 엔터테이먼트 전반에 걸쳐 한국으로부터 많은 영향을 받고 있는 것 또한 사실이다. 한국은 수출액의 상당 부분을 중국에 의존하고 있으며 한국에 체류 중인 외국인 2,146,579명 중 중국인이 1,442,099명(2023년 1월 말 기준, 법무부 출입국·외국인정책본부) 인 것만 보더라도 우리는 한국과 중국의 역사적, 문화적 관계, 그리고 한인 이주로 인해 발생하는 여러 문제들에 대해 관심을 가져야 한다. 문화적 창조성과 혼종성, 동질성의 정치에 저항하는 잠재력, 자본주의 사회에서 더 높은 수익성과 역동성을 형성하는 디아스포라 문화 작업, 이와 관련한 마케팅 경영과 소비방식에 관한 선택적 관심은 우리가 한국과 중국 그리고 디아스포라 공간 문제에 좀 더 집중해야한다는 것을 증빙하는 것이기도 하다.

자본주의 경제체제 안에서 각 국가들의 지배권 확보 투쟁은 격렬하다. 러시아와 우크라이나 전쟁으로 우크라이나 국민들만 이 피해를 입는 상황에서 러시아는 자신들의 힘을 과시하고 있고, 미국은 이를 방관하며 판을 키우고 있다. 미국을 중심으로 한 자유주의 국제질서와 러시아로 대표되는 현실주의 국제질서의 충돌, 미국과 중국의 전략경쟁은 세계의 금융과 유가를 출렁이게 만들었다. 우크라이나가 열강들이 충돌하는 지정학적 중추국Pivot State이라고 하지만 이런 국가라면 가장 먼저 들 수 있는 것이 한국이다. 경쟁하는 세력들의 영향력이 부딪히는 단층대에 위치한 한국은 지난 3년간의 한국전쟁을 통해 이를 증명했다. 지질학적 단층대가 활성화되면 지진이 나듯 국제정치적 경쟁과 갈등이 활성화되면 위험이 발생한다. 한국이야말로 지정학적 단층대에 위치한 중간국으로서 외교안보적 딜레마에 노출되어 있는 것이다. 이런 역사적, 국제적, 현실적 상황을 보더라도 한국과 중국, 한인 이주와 관련한 국가들에 관심을 가져야 한다.

2003년 9월 11일 발생한 세계무역센터World Trade Center 테러와 미국 국방성Pentagon 테러 이후 발생한 이슬람인과 그들 문화에 대한 혐오와 경멸, 2022년 12월 트럼프 정부에 의해 설치된 멕시코 장벽, 2018년 제주도에 들어와 난민신청을 한 예멘인 486명과 이에 관해 난민수용찬반문제로 팽팽히 맞선 한국의 여론, 코로나 이후 서구에서 빈번하게 나타나는 동양인에 대한 무차별 공격 등은 디아스포라 문제가 특정 지역이나 국가의 문제가 아닌 전 세계의 문제라는 것을 말해준다. 이런 사건들은 국경과 각 영역의 경계가 강력하게 통제되고 감시의 기준이 강화되었음을 알려준다. 이로 인해 디아스포라들이 가지고 있는 혼종적 창조성은 신자유주의적 보수주의 앞에서 무력해지고 있다.

이런 세계적 상황 안에서 이 책은 한국이 겪은 다양한 역사적 사건들과 함께 한국과 중국의 문학공간 그리고 한인 디아스포라 문제에 대해 천착하고 있다.

1장은 「한·중 소설의 인물 형상화와 서사전략」에 관한 것이다. 한국의 대하소설 『태백산맥』과 중국의 대하소설 『백록원』을 텍스트로 하여 인물 형상화 방법과 서사전략을 비교분석 하였다. 조정래는 인물들의 계층, 사상, 정체성, 성격, 텍스트 내 역할, 위치 등에 따라 적절하게 표준어 혹은 방언을 사용하는 전략을 사용하여 인물들을 살아 숨 쉬는 인물로 형상화하였다. 반면 천중스는 인물의 비극성을 강조하여 민중성을 드러냈지만 인물들은 입체적이지 못했다. 단조로운 인물 유형과 권선징악적 구도로 독자들이 지루함을 느끼게 했다. 그러나 두 텍스트 모두 각각의 인물들이 가지는 일상적 차원의 서사를 통해 미시 주체로서 권위적인 역사담론이나 거대서사를 해체하고 텍스트에 민중성을 부여했다는 점에서 성공적인 서사전략을 가지고 있었다. 방대한 인물 형상을 통해 동시대 한국과 중국의 정치, 사회상을 파노라마처럼 살펴보는 것은 의미 있는 작업이다. 역사는 전진과 퇴보를 거듭하면서 앞으로 나아간다. 서구와 일본의 제국주의 침략에 의해 개방과 근대화의 물결을 맞게 된 한국과 중국은 유사한 경험, 특수성과 보편성을 가지고 있다. 이런 점에서 한국과 중국의 대하소설을 비교한 연구는 친연성을 가지며 시대의식과 주제의식을 공유할 수 있다.

2장은 「중앙아시아 고려인 단편소설의 지형도」에 관한 것이다. 중앙아시아 고려인 작가인 김기철의 「복별」, 한진의 「공포」, 송 라브렌찌의 「삼각형의 면적」을 텍스트로 하여 고려인 단편소설의 지형학적 위치를 밝히고자 하였다. 중앙아시아 고려인 작가들이 소설을 쓰는 일은 "그들이 어떻게 살아왔으며 또 어떻게 살아가야 하리라는 것"을 보여주기 위해 "사람들의 기억 속에 살아 있는 역사"를 쓰는 행위와 다를 바가 없다. 결국 억압과 망각 속에 그 자체로서 보존된 과거를 '지금 여기'에서 되살리는 작업이었다. 이것은 고려인의 조국을 상상 속에서 재현하고 창조하는 일이다. 고락을 함께한 고려인들의 삶을 재현하는 일이야말로 그들이 '상상의 공동체'로서의 조국을 건설하는 창조적 행위이기 때문이다. 삶의 방식과 관계의 망이 다르기 때문에 고려인의 '상상의 공동체'는 남한이나 북한이 만들어낸 '민족'의 개념과 엄연히 다를 수밖에 없다. 따라서 고려인 소설을 한국소설의 하위 영역이나 지방문학의 하나로 편입시키려는 것은 재고의 여지가 있다. 하지만 고려인 문학 특히 고려인 단편소설은 그 독자성이 보장되어야 할 것은 분명해 보인다.

3장은 「한인 이주현상 안에서 바라본 제국의 해체와 다중의 아우또노미아」에 관한 것이다. 조정래의 『아리랑』, 김영하의 『검은 꽃』, 박경숙의 『바람의 노래』를 텍스트로 하여 '한인이주'의 문제를 디아스포라 담론이 아닌 제국의 관점에서 살펴보고자 했다. 식민화된 대중이었던 타자들이 다중으로 변화되어가는 모습, 이들의 생존전략과 대항권력, 아우또노미아 실현방법 등을 알아보았다. 대중에서 다중으로 변모하고 이들이 새로운 사회적 관계 속에서 새롭게 창조하는 규범과 권리들은 부단한 변증법 과정을 거쳐 재창조된다. 이런 점에서 다중들의 정체성인 '활력'은 주체로서의 대항권력이자 민주주의를 창출하는 절대적 내재성을 가진 힘이라 할 수 있다.

4장은 「일본유학 시기 노신과 춘원의 서구문학 수용과 영향」에 관한 것이다. 노신과 춘원이 청년 시절 일본으로 유학을 했을 때 당시의 감수성과 고민이 있었을 것이다. 이를 해결하기 위해 어떤 사상과 문학에 심취하였는지, 서구와 일본의 문학을 어떠한 형태로 수용했는지 알아보았다. 두 사람 모두 톨스토이, 투르게네프, 바이런의 영향을 받았지만 원서를 통해서가 아닌, 일본어로 번안된 서구작품을 읽고 영향을 받았다. 노일전쟁 후 일본에 유입된 민주주의, 민족주의, 자유주의, 니체주의, 진화론, 자연주의 영향을 받은 이들은 문학을 통해 우매한 민중을 계몽하고 새로운 사회를 건설하고자 했다는 공통점을 가지고 있다. 일본으로 유입된 서구문화를 수용한 두 사람은 그 출발이 유사하지만 후기에 들어 차이점을 갖게 되었다. 춘원은 작가 의식의 부재, 친일행적 등으로 오늘날까지 비판의 대상이 되었지만, 노신의 작품과 정신은 여전히 중국에서 높이 평가받고 있다.

5장은 「이주 한인들의 혼종적 욕망과 언어권력」에 관한 것이다. 한국계 미국인 작가인 이창래Chang-Rae Lee의 『영원한 이방인』Native Speaker을 텍스트로 하여 언어와 정체성의 문제들, 문화권력 안에서 인물들이 욕망이 어떻게 표현되고, 성취되거나 좌절되는지 문화번역읽기를 통해 밝혀보았다. 인물들은 미국사회의 주류가 되어가기 위해 자발적으로 포섭되어가는 동화주의

자였다. 이들의 체제 순응적이고 백인사회에 의존하려는 태도, 정체성에 대한 고민을 접고 백인 기득권 동조자로 안주하려고 노력했던 모습에서 '억압받는 소수민족 내부에도 여전히 작동하고 있는 권력관계'를 읽어낼 수 있다.

6장은 「20세기 디아스포라 작가 김학철과 존 쿳시의 소설세계」에 관한 것이다. 김학철의 『20세기 신화』, 『격정시대』, 존 쿳시의 『야만인을 기다리며』, 『추락』을 텍스트로 하여 서구 중심의 세계문학 틀에서 벗어나 동아시아 문학과 아프리카 문학을 비교 연구하였다. 혼란 시대에 태어난 디아스포라 작가들의 소설에서 나타나는 동질성과 차별성을 파악하고 서구 중심의 이항적 대립세계에서 벗어나 세계체제에 관한 객관적인 시각을 확보하고자 하였다. 두 사람 모두 반제국주의와 반식민주의를 제창하였다. 쿳시는 탈권력을 지향하고 이데올로기의 허위성을 비판하는 반인종차별주의이자 자유주의 작가였다. 반리얼리즘적 포스트모더니즘 기법을 사용하여 식민지 개척자로서 반성과 유랑인의 고통을 드러냈다. 김학철은 독선적인 이데올로기를 반대하는 건강한 사회주의자이자 인도주의자였다. 리얼리즘에 입각하여 어두운 현실과 권력의 전횡, 민중의 고통을 사실적으로 묘사했다. 이렇듯 두 작가의 창작 방법은 외형적으로 볼 때 대립된 두 축을 형성한 것처럼 보이지만 모국과 거주국 사이에서 자신을 어느 한 공동체와 완전히 동일시하거나 차별화할 수 없는 경계인이었다.

7장은 「현대 한·중 정치의 국가폭력과 공간의 주체성」에 관한 것이다. 봉건왕조가 무너지고 제국주의 국가들의 침략으로 인해 근대화가 시작된 한국과 중국의 역사는 다르면서도 유사한 양상을 보이거나 밀접한 관련성을 갖는다. 조정래의 『한강』과 위화의 『형제』는 '한국의 4·19'와 '중국의 문화대혁명'이라는 1960년대 양국의 사건을 이야기하고 있다. 근대에 이르러 자연생명이 국가권력의 메커니즘과 자본주의 권력 안에서 계산되고 통제되기 시작하면서 정치가 '생명정치'로 변화하고 생물학적인 생명과 국민들의 건강에 대한 관심이 주권 권력 특유의 문제 즉 인간에 대한 통치 문제로 바뀌고 있다. 이런 점에서 근대에 나타난 한국과 중국의 국가폭력은 우리가 다시 고찰해봐야 할 필요성을 갖는다. 빨갱이와 현반으로 불렸던 호모 사케르들은 사회의 일원으로 포함되어 있으면서도 배제된 자들이었다. 이렇게 예외 상태에 놓여있던 이들은 각자 자기들 나름의 방식으로 고착화를 끊어버리고 생명장치에 구속된 주체가 아닌 탈주체로 거듭났다. 이들은 자신들의 공간을 타자성이 아닌 주체성으로 새롭게 인지하고 고착화되어가고 있는 생명정치의 정태성과 폐쇄성을 넘어 탈중심의 공간, 민주적 정치공간으로 만들어 나갔다.

8장은 「근대이행기 한·중 도시문화공간과 기억」에 관한 것이다. 왕안이의 『장한가』, 『푸핑』, 장애령의 『색계』, 채만식의 『탁류』, 조정래의 『아리랑』을 중심으로 텍스트의 배경이라 할 수 있는 상하이와 군산의 근대이행기 도시문화공간에 대해 살펴보았다. 상하이와 군산은 근대이행기 외국권력과 자본에 의해 조성된 조계지이다. 통치방식, 문화배경, 관리능력 등에 차이가 있지만 과거 전통도시와 확연히 구별된다는 점에서 조계지로서 군산과 상하이는 유사한 도시 이미지를 내뿜는다. 인간이 자유와 실재성의 깊이를 확인하면서 자신을 스스로 위치시키는 실재적인 곳은 장소이다. 상하이와 군산은 조계와 식민이라는 아픔을 가지고 있었지만, 속물적 타자들 안에서 진정한 주체가 되고자 했던 텍스트의 인물들은 건설적인 욕망과 변증법적 사유를 기반으로 주체가 될 수 있었다. 우리는 이러한 텍스트를 통해 문학과 공간, 도시와 장소가 과거와 현재를 긴밀하게 이어주는 통로라는 것을 확인할 수 있다. 이 안에서 삶과 역사를 기억의 대상으로 바라볼 때, 역사의 결을 거슬러 바라볼 때 현재보다는 미래를 바라보는 역사적 인식의 주체가 될 수 있다.

공간과 장소는 다양한 인문학적 메시지를 함축한다. 근대성의 기획에 의해 변형되고 지워진 우리의 삶의 모습을 문학공간 안에서 성찰할 수 있다. 제국주의를 넘어선 21세기 제국 안에서 타자화된 디아스포라와 혼종성, 인종적 위계질서와 제도, 인종과 종족성의 문제를 비판적으로 바라볼 수 있다. 총 8장으로 이루어진 이 책을 통해 독자들은 한국과 중국의 공간 안에서 민중적 주체들이 가지고 있는 힘, 디아스포라의 혼종성과 문화적 창조성 등 동질성의 정치에 저항하는 힘들이 잠재력을 가지고 있음을 인지하기를 바란다.

이 책이 나오게 된 것은 전남대학교 동아시아연구소 소장이신 국제학부 중문학전공 엄영욱 교수님의 권유와 이에 흔쾌히 답하신 전남대학교 국어국문학과 임환모 교수님 덕분이다. 저자 세 명 모두 복단대학(復旦大學)Fudan University 교환교수로 상하이와 인연을 맺었다는 점, 한국과 중국, 디아스포라에 관심을 가지고 있다는 점, 시대사적 상황과 한국, 그리고 세계를 바라보는 시각과 결이 유사하다는 점은 이 책을 집필하는 동기가 되었다.

임환모 교수님과 엄영욱 교수님께서 서문을 쓰셔야 하나 두 분이 극구 사양하시고 그 무게를 제자이자 소속 연구교수인 필자에게 넘기셔서 이 글을 쓰게 되었다.

임환모 교수님, 엄영욱 교수님께 감사드린다.

2023년 벚꽃이 내리는 어느 날

용봉동 연구실에서......

전영의

■ 차례

제6장 20세기 디아스포라 작가 김학철과 존 쿳시의 소설 세계 • 185

엄영욱·임환모

제7장 현대 한·중 정치의 국가폭력과 공간의 주체성 • 219

전영의

제8장 근대이행기 한·중 도시문화공간과 기억 • 257

전영의

1

한·중 소설의 인물 형상화와 서사전략*

- 『백록원』과 『태백산맥』
- 신·구 역량의 갈등 속에 나타난 비극적 인물들
- 계층과 이데올로기의 갈등 속에 반목하는 인물들
- 서사전략의 차이와 권위적 역사담론의 해체
- 한·중 소설의 전망

* 제1장은 『중국학논총』 68집, 한국중국문화학회, 2020년에 게재한 것을 수정·보완한 것이다.

한·중 소설의 인물 형상화와 서사전략

임환모·엄영욱·전영의

■ 『백록원』과 『태백산맥』

천중스의 『백록원』[1]은 바이루 마을에 뿌리를 내리고 살아온 바이(白)씨와 루(鹿)씨 등 두 집안의 3대에 걸친 이야기이다. 산시성(陝西省) 지역의 '바이루 마을(白鹿村)'이라 불리는 작은 촌을 중심으로 역사에서 주목받지 못한 보통 사람들의 삶, 교류와 암투, 일상의 무력함과 비극을 그린다. 이들의 끈끈한 삶은 청나라 말 봉건사회의 몰락, 군벌과 국공내전, 신해혁명, 1949년 중

1 천중스(陳忠實, 1942~2016), 『백록원』 1-5, 한국문원, 1997.
1993년 6월에 인민문학출판사(人民文學出版社)에서 간행된 『백록원』은 출간 당시 뿌리찾기소설(尋根小說), 신역사소설(新歷史小說), 신사실소설(新寫實小說), 향토소설(鄕土小說) 등 다양하게 평가를 받았고 1998년에 제4회 마오둔 문학상(茅盾文學獎)을 수상하였다. 판매량이 곧 작품의 문학 예술성을 담보하는 것이라고 말할 수 없지만, 정판본 50만 부, 해적판으로는 100만 부 이상이 판매되었으며, 문화대혁명(文化大革命, 1966~1976) 이후 학계에서는 당시의 시대상을 그린 대하소설로 인정하고 있다.

화인민공화국의 수립 직전까지 섬세하게 나타난다.

조정래의 『태백산맥』[2]은 '여순사건 직후부터 한국전쟁 중단까지' 약 5년(1948-1950) 정도의 시간 안에서 280여명의 인물들이 '벌교, 순천, 여수, 지리산'을 중심으로 크고 작은 서사를 만들어내는 이야기이다. 작가는 분단이라는 비극적 체험을 소설로 형상화하면서 독자에게 '민족', '이데올로기'에 대한 정의와 그 대결의미가 무엇인가 화두를 던진다. 텍스트의 시공간은 한정적이지만, 내적 공간은 해방 전, 일제강점기, 구한말까지 확장된다. 텍스트는 이념 선택과 대결 문제를 쌀과 토지 배분 문제에 따른 계층 간의 대립 문제와 연결 지으면서 민족 내부의 모순을 보여주고 있다.[3]

청나라 말부터 1949년 중화인민공화국 수립까지 50년이라는 중국 현대사를 그린 『백록원』은 출간될 때부터 학술적 가치를 인정받아 중국 학계에서 평론이나 논문으로 연구되고 있으며[4]

---

2 조정래(趙廷來, 1943~), 『태백산맥』 1-10, 한길사, 1989.
『태백산맥』은 1983년 『현대문학』 9월호에 처음 연재하기 시작하여 1989년 10월에 완성된 대하소설로 총 4부 120장이다. 1부 <한의 모닥불> 1-3권, 2부 <민중의 불꽃> 4-5권, 3부 <분단과 전쟁> 6-7권, 4부 <전쟁과 분단> 8-10권 등 모두 10권으로 이루어져 있다. 1995년부터는 해냄출판사에서 출판되고 있다.

3 전영의, 「조정래 『태백산맥』의 서사담론 연구」, 전남대학교, 박사학위논문, 2012, 1면.

4 『백록원』에 대한 중국 논문들은 다음과 같다. 段建軍, <創造奇美的話語世界一≪白鹿原≫的敘事藝術>, ≪小說評論≫, 제6기, 1999; 段建軍, <一部神奇現實主義大作一再談≪白鹿原≫的審美魅力>, ≪小說評論≫, 제3기, 2000; 唐雲, <覓我所失 一 論≪白鹿原≫對儒家文化的闡釋和留連>, ≪小說評論≫, 제1기, 1995; 董之林, <神諭中的歷史輪回—論≪白鹿原≫>, ≪文藝評論≫, 제2기, 1994; 連楊柳, <歷史在這裏是散裝的>, ≪渭南師專學報≫,

독자들의 호응에 힘입어 드라마로 제작되기도 했다. 한국 학자들도 『백록원』의 문학적 특징, 미덕, 가치와 의의, 작가 의식, 가독성(可讀性), 교육성, 성(性) 심리 묘사, 창작 의식, 서사구조 등 다양한 주제로 연구하고 있다.[5]

『태백산맥』은 작가의식, 역사의식, 이데올로기, 분단인식, 인물 유형, 민중성, 탈식민성 연구, 서사 미학적 관점에서 텍스트의 특징, 의의, 한계를 내용층위와 표현층위로 구분하여 연구한 서사담론 연구, 인물들의 역사 인식, 역사적 의미, 역사소설의 증언사적인 의미와 가치에 대한 연구 등 다양한 연구가 이루어

제1기, 1993; 劉成友, <略論≪白鹿原≫·≪百年孤獨≫的歷史觀念和文化視野>, ≪湖北大學學報(哲學社會科學版)≫, 제4기, 1994; 李小巴, <≪白鹿原≫和它的敍述形式>, ≪小說評論≫, 제4기, 1993; 李慧雲, <試論≪白鹿原≫創作主體的小農意識>, ≪山東大學學報≫, 제3기, 1994; 朱寨, <評≪白鹿原≫>, ≪文藝爭鳴≫, 제3기, 1994; 尹嵐. <他從白鹿原走來>, ≪北方文學≫, 제2기, 1994; 雷達, <廢墟的精魂—≪白鹿原≫論>, ≪延河≫, 제6기, 2016; 李星, <世紀末的回眸≪白鹿原≫初論>>, ≪文學評論≫, 제6기, 1993; 薛迪之, <評≪白鹿原≫的可讀性>, ≪小說評論≫, 제4기, 1993; 傳迪, <試析≪白鹿原≫及其評論>, ≪小說理論批評≫, 제6기, 1993; 李迎豐, <≪白鹿原≫的空間設計與意義追尋>, ≪解放軍外語學院學報≫, 제4기, 1995; 孫佳, <≪白鹿原≫的鄕土生命哲學及其敘事價值研究>, ≪科學與財富≫, 제2기, 2015; 陶麗絹, <小說≪白鹿原≫的敘述視角研究>, ≪鴨綠江≫, 제18기, 2019; 陳長利, <≪白鹿原≫小說的空間敘事研究>, 中國鑛業大學, 석사, 2019; 魏倩, <試論≪白鹿原≫的敘事特色>, ≪文藝生活·文藝理論≫, 제7기, 2012.

5 유성희, 「陳忠實의 『白鹿原』 연구」, 한국외국어대학교, 석사학위논문, 2008.
박정원, 「중국당대소설 창작과 『白鹿原』」, 『중국현대문학』 제24호, 한국중국현대문학학회, 2003.
강경구, 「신화적 환상의 부활」, 『중국어문학』 제41집, 영남중국어문학회, 2003.
엄영욱, 「『白鹿原』 연구」, 『중국문학의 여행』, 전남대출판문화원, 2017.

지고 있다.[6] 『태백산맥』 역시 연극과 영화로 재탄생되기도 했으나 일부만 각색되어 상영되었고, 서사의 주요 부분이 생략되어 아쉬움이 남는다. 총 10권으로 만들어진 서사를 두세 시간 안에 전부 재현한다는 것은 무리이다. 압축된 내용을 가지고 만들어진 서사물 안에서는 작가가 의도한 서사전략이 무대에서 구현되기 힘들 뿐 아니라 관객 또한 맥락을 이해하기 힘들 수도 있다. 이런 지점들은 텍스트가 영화나 연극으로 재탄생되었을 때 그 의도와 가치를 제대로 구현하지 못하도록 한다.

이렇듯 『태백산맥』과 『백록원』은 각각 인물들을 중심으로 한국과 중국 현대사의 역사적, 사회적, 경제적 문제, 모순과 갈등에 대해 서술한다. 각 문단에서 문학사적 의미와 학술적 가치를 인정받는 작품이지만 아직 두 작품을 비교한 연구가 보이지 않는다.

---

6 손경목, 「민중적 진실과 『태백산맥』의 당대성」, 『문학과 역사와 인간』, 서울, 한길사, 1991.
임환모, 「한국인의 가치관과 윤리의식 연구 — 조정래의 『태백산맥』을 중심으로」, 『한국문학이론과 비평』 제13집, 한국문학이론과 비평학회, 2001.
정종진, 「조정래 3대 소설 속의 성 표현에 관한 연구」, 『국제문화연구』, 제22집, 청주대학교 국제문제연구원, 2004.
임환모, 「1980년대 한국소설의 민중적 상상력 — 조정래의 『태백산맥』을 중심으로」, 『한국언어문학』 제73집, 한국언어문학회, 2010.
전영의, 「『태백산맥』의 탈식민성 연구」, 『한국언어문학』 제76집, 한국언어문학회, 2011.
이경, 「겁탈과 여성인물의 생존서사 — 『태백산맥』, 『토지』, 『혼불』을 중심으로」, 『여성학연구』 제326권 제3호, 부산대학교 여성학연구소, 2016.
전영의, 「조정래 『태백산맥』의 서사담론 연구」, 앞의 논문.
권은미, 「조정래의 『태백산맥』 연구, 울산대학교, 박사학위논문, 2014.

『태백산맥』과 『백록원』은 유사한 여러 지점들을 가지고 있다. 첫째, 조정래와 천중쓰의 나이, 작품활동 시기, 텍스트의 창작 시기 등이 유사하다. 둘째, 두 작품 모두 텍스트의 시간과 공간이 19세기 말에서 20세기 중반, 농촌을 배경으로 하고 있다. 셋째, 이념, 계급, 지역, 성별 등에 대한 작중 인물의 대립 구도가 비슷하게 전개된다. 넷째, 거대 역사 담론을 해체하고 민중의 고난과 개인의 역사를 전면에 내세웠다. 다섯째, 영웅 인물 일변도의 역사소설의 패턴에서 벗어나 있다.

소설 창작에 있어서 인물 형상화 방법은 텍스트의 서사구조를 연구하는데 기본적인 방법 중 하나로 작품의 성패를 좌우한다 해도 과언이 아니다. 그렇다면 『백록원』과 『태백산맥』의 주요 인물의 형상화 방법을 통해 서사 공간에서 텍스트 주제가 어떻게 구현되는지 살펴보자.

■ 신·구 역량의 갈등 속에 나타난 비극적 인물들

사실과 허구가 유기적으로 결합되어 여러 인물들이 지닌 본질적 특성을 재현할 수 있을 때, 우리는 인물의 전형화에 성공했다고 말한다. 『백록원』의 중심인물들은 관중 지역의 백록원(白鹿原)에서 살고 있는 백씨와 녹씨 양가 집안사람들이다. 물론 주선생이나 령(冷)선생, 녹삼, 흑왜, 소아, 전복현, 악유산(岳維山) 등을 위시한 다양한 주변 인물들도 등장한다. 인물들이 보여주는 대립과 투쟁의 삶은 역사적 상황의 맥락 속에 작동하면서 그 존재의 의미를 증폭시킨다.

『백록원』은 천 명 정도의 인구에 지나지 않은 작은 마을 '백록원'을 중심으로 백가헌과 녹자림의 경쟁과 갈등, 이들의 일상에서 일어나는 평범한 이야기로 구성된다.

일반적으로 대하소설은 역사를 중심으로 거대 담론을 형성하지만 『백록원』은 기존의 역사소설과는 다르게 미시적이다. 이러한 전략은 작가가 거대서사를 해체시키려는 것처럼 보인다. 기존의 대하소설이 역사적으로 중요한 정치적, 사회적 사건을 주제로 플롯을 형성한다면 『백록원』은 일찍이 노신이 주장했던 '무력한 삶의 비극'[7]처럼 사소한 일상생활에서 전혀 주목받지 못한 보통 사람들, 개개인의 일상적이고 사소한 사건들로 서술된다.

주인공 백가헌은 수신제가와 인의(仁義)의 신념을 바탕으로 인격을 수양하고 유교의 이상을 실행하는 인물이다. 자식 교육에 매우 엄격하고 평소의 신념을 몸소 실천하는 등, 주위에 모범을 보여 '인의의 백록원(白鹿原)'을 이룩한 자라 할 수 있다. 그는 경독전가(耕讀傳家, 힘써 농사짓고 학문하는 기풍을 대대로 전하라)의 생활을 실천하였을 뿐 아니라 이 구호를 백록원 마을 전체의 지배 규율로 확대하여 정했다. 머슴 녹삼을 친형처럼 여기고 가족

7 극히 평범한 것들 혹은 거의 일이 없는 것에 가까운 비극은 마치 소리없는 언어와 마찬가지여서 시인이 그 형상을 그려내지 않으면 쉽게 알아차리지 못한다. 따라서 영웅적이고 특별한 비극 때문에 파멸하는 사람은 극히 적고 지극히 평범하고 거의 '무력한 삶의 비극'에 힘을 소모하는 사람은 오히려 많다. <幾乎無事的悲劇>(≪文學≫月刊 第 5卷, 2號, 1935. 8), ≪且介亭雜文二集≫, ≪魯迅全集≫, 6卷, 북경인민출판사, 1989, 371면.

의 대소사에 항상 동참시킬 뿐만 아니라, 녹삼의 아들 흑왜의 수업료까지 부담하며 공부시켰다. 더 나아가 자신의 딸 백령을 녹삼의 수양딸로 보낼 정도로 신분의 차이보다 인간적 신의를 우선시하는 인물이었다. 이와 같이 백가헌의 형상 속에는 신분 차별, 억압, 탈취와 같은 봉건 문화 속 전형적 지주의 모습은 전혀 보이지 않는다. 자신의 허리를 부러뜨린 토비 흑왜가 국민당의 보안단에 체포되자 공개적인 구출 작전을 펼치고, 녹자림에 의해 아들 효문이 타락하고 가정이 파탄났음에도 그를 구하기 위해 최선을 다한다. 자신을 조리돌린 농협회원들을 구출하기 위해 총향약(總鄉約), 전복현(田福賢), 녹자림 앞에 무릎을 끓고 그들의 잘못을 대신 빌기도 한다. 이런 일화들은 백가헌이 인격적으로 성숙한 자임을 증명한다.

녹자림과의 경쟁 관계 구도 안에서 대칭적 인물인 그는 급변하는 정세 속에서 시대의 변화에 휘말리지 않고, 초지일관 정치에 냉담한 자세를 유지한다. 자신의 가족에게는 엄격하지만 타인에게는 관용을 베풀고 족장으로서 마을 주민들의 일에 발 벗고 나선다. 동시에 자신이 수호하고자 하는 가정이나 봉건 예교를 지키기 위해 가식적 행동이나 실수도 서슴지 않는다.[8] 유교

---

8 그는 가문의 명예와 부를 위해 녹자림을 속여 吉地를 샀고 여기에 백씨 집안의 무덤을 만들어 이익을 챙겼다. 농기구 반납사건 때 마을 사람들의 억울한 심정을 헤아리고 관리들의 부정을 밝히기 위해 사발통문을 돌리게 되는데, 일을 성사시키는 과정에서 자신이 직접 나서지 않고 머슴 녹삼을 시켜서 사발통문을 전달하는 식으로 뒤에서 조종하기만 한다. 또한 그는 더 많은 돈을 벌기 위하여 3년 동안 아편을 재배하였고, 딸 백령으로 하여금 신학문을 배우지 못하게 하였다. 더욱이 자신의 경쟁 가문인 녹씨 집안의 아들과 연애한 것을 반대하였다. 엄영욱, 『중국문학의 여행』, 전남대출판문화

에서 말하는 이상적 인간의 전형에 가까워 보이는 백가헌의 모순된 행동은 그가 진정한 유가인(儒家人)인지 독자에게 의문을 갖게 만든다. 변발을 자르고 딸 백령의 전족을 금하는 등 외부의 변화를 수용하는 진보적인 행동을 취하지만, 봉건사상의 틀을 완전히 벗어나지 못한다.

백엽(白燁)은 백가헌을 '이상적인 유가의 농민형상'이라 칭하며 "녹자림의 천박하고 추악한 모습을 비추고, 주선생의 예지와 청명함을 비추며, 극심하게 변화하는 난세의 슬픔과 청량함, 비장함을 비추었다."[9]고 극찬했다. 그러나 가장이자 족장으로서 백가헌이 인의의 실천을 보여주려 하였던 것은 봉건 질서에 대한 확고한 신념하에 구질서를 유지하기 위한 것이었다.

인물 형상에 있어 백가헌의 정체성은 일관되지 않고 모호하다. 흑왜와 농협회원들을 구출해 준 인의의 인물이 갑자기 녹자림에게는 이중적인 행동[10]을 한다. 이 지점에서 독자들은 그의 행동에 '왜?'라는 의문을 표시하며 납득하기 힘들게 된다. 집안의 어른이자 족장으로서 도리를 다하는 백가헌은 자신의 행동을 통해 상대방이 스스로 잘못을 깨닫도록 하지만 기저에는 자신의 인의를 돋보이게 하려는 의도가 숨겨져 있다. 이는 백가헌

원, 2017, 258면 참고할 것.

9 白燁, <史志意蘊·史詩風格-評陳忠實的長篇小說≪白鹿原≫>, ≪中國現代, 當代文學硏究≫, 1993, 197면.

10 그는 녹자림이 옥중에서 자기를 구하라고 시킨 것이 백가헌 자신임을 알게 되었을 때 그가 어떤 마음일지 상상할 수 있었다. (중략) 세상 모든 사람들에게 진정한 인간이란 어떻게 처세하고, 어떤 태도로 남을 대하고 자신을 다스리는지 보여줘야 한다. 진충실 저, 임홍빈 외 역, 『백록원』 1권, 한국문원, 1997년, 573면. 앞으로 인용 시 첫 글자, 권, 면수만 표기한다.

의 허위성이 드러나는 부분으로 독자들은 그가 진정한 인의를 가진 사람인지, 이상적인 유가의 농민인지 의문을 가질 수밖에 없다.

아리스토텔레스는 '비극이란 공포와 연민의 대상을 재현한 것'이라 말한다. 헤겔은 '비극의 본질은 두 가지 대립된 이상, 윤리 관념의 충돌과 화해에 의해 구성된다.'[11]고 주장한다. 맑스와 엥겔스는 비극적인 것을 '새로운 사회제도가 낡은 사회제도를 대체하는 신호, 사회생활에서의 신·구 역량 간의 모순 갈등이 낳은 필연적 산물'로 보았다. 이를 종합해 볼 때 일정한 사회적, 역사적 조건 안에서 선한 인물이 추악한 세력과의 투쟁에 실패하고 고난과 희생을 겪을 때 비극이 발생한다고 할 수 있다.[12]

비극은 인물이 개인의 과오로 인해 불행한 사건이나 고통스러운 일을 겪을 때 발생하지만, 악인이 겪는 고통이나 불행을 비극이라 하지 않는다. 이러한 비극이 텍스트에 재현되면서 독자들은 격렬한 공포와 연민을 느끼고 '무언지 모를 어떤 감정' 즉 파토스(pathos)의 정화를 행하게 된다.[13]

여기에 비추어볼 때 『백록원』은 비극이론에 꽤 충실한 작품이지만 국민당 관료가 되어 나타난 아들 백효문과 아버지 백가헌의 갑작스러운 화해는 텍스트의 비극성을 약화시킨다. 부인과 녹삼 그리고 백령의 죽음도 잘 견디어냈던 백가헌이 흑왜와

11 劉再復 著, ≪魯迅美學史上論考≫, 北京 : 社會科學出版社, 1981, 83면.
12 임범송, 김해룡 저, 『미학에의 초대』, 서울, 도서출판 이웃, 1990, 142면.
13 김상봉, 『그리스 비극에 대한 편지』, 한길사, 2003 참고할 것.

전복현, 악유산(岳維山)을 총살한 백효문의 행동에 분노하여 눈이 멀게 된다는 것은 억지스럽기까지 하다. 오히려 백가헌이 인의의 구(舊)시대를 지키고자 신역량에 더 철저하게 맞서거나 처절한 이념 투쟁 속에서 파국을 맞았다면 백가헌이 가진 비극성은 오히려 타당하고 인물 형상의 통일성을 확보했을 것이다.

반면, 녹자림은 악의적 인물의 전형으로 정체성이 확실한 인물이다. 출세지향주의적인 가풍[14]속에서 자란 그는 백가헌에 대해 열등감과 지나친 라이벌 의식을 가지고 있는 인물로 나중에 백가헌의 농토를 빼앗고 아들 백효문을 타락시킨다. 권력에 대한 야심과 교활함, 비굴함과 허위성, 육체적 탐욕을 가진 악의 화신으로 묘사된다. 평소 흑심을 품고 있던 흑왜의 부인 소아에게 접근하여 내연의 관계를 맺고 그녀를 이용해 백효문을 유혹하게 한다. 이 일로 인해 백효문은 후계자의 지위도 잃을 뿐만 아니라 소아의 꼬임에 빠져 아편중독이 된다. 아편을 사기 위해 자신의 땅마저 녹자림에게 팔아버린 백효문은 재산을 모두 탕진하고 부인까지 굶어 죽게 만든다.

녹자림은 백효문을 타락시키는 도구로 이용한 소아를 토사구팽시키고, 추후 녹삼에 의해 전소아가 살해당했을 때에도 일말의 동정을 갖지 않는다. 민국초 군벌들과 국민당이 '백록원'을 통치했을 때, 이들의 권력을 등에 업고 사냥개 노릇을 하면서

14 녹삼림의 선조는 매우 가난하여 성공을 하지 못했는데 천신만고 끝에 요리사가 되어 많은 돈을 벌었다. 부는 축적하였지만 벼슬이 없어 자손들에게 반드시 벼슬을 해야 한다고 유언을 남겼다. 그 선조는 세상을 떠나면서 "수재에 합격하거든 딱총 세 방을 놓고, 거인이 되거든 폭죽을 터트리고, 진사시에 급제하거든 화승총 세 방을 놓거라 (중략)"라 했다. (백, 1, 264)

권력욕과 성욕을 채운다. 텍스트 시작부터 끝까지 비열함과 교활함으로 일관했던 녹자림은 마지막에 권력과 재산 그리고 두 자식까지 잃게 된다.[15] 중국 건국 이후 초대 현장이 된 백효문이 자신의 뒷배 역할을 하였던 전복현과 악유산(岳維山), 흑왜를 죽이는 장면을 목도하고 "녹씨 집안은 백씨 집안을 영원히 이기지 못하는구나!"(백, 5, 329) 라고 탄식하면서 미쳐버린다. 결국 기억상실증에 걸려 짐승처럼 살다가 비극적 최후를 맞게 된다는 점에서 『백록원』은 전형적 권선징악형 구조의 서사이다.

소설 전체를 관통하는 백가헌과 녹자림의 갈등은 경쟁심에서 비롯된 권력 갈등의 비극이라 할 수 있다. 두 인물은 모두 시대에 뒤떨어진 구세대의 역량이다. 신역량을 능동적으로 수용하지 못하고 전통적 가치나 봉건예교 혹은 권력 욕망에 구속되어 결국에는 파멸의 길을 걷게 되는 비극적 인물의 전형들이다.[16]

일반적으로 고전적 의미에서 비극이란 '평범한 사람보다 더 훌륭한 인간의 인생 슬픔, 비참함을 제재로 하여 인물이 파멸, 패배, 죽음 등 불행한 결말을 맞이하는 극'을 말한다.[17] 주로 영웅비극, 운명비극, 성격비극 등이 이에 해당한다. 그러나 『백록

---

15 큰아들 녹조봉은 줄곧 혁명에 투신하다가 실종되고 작은아들 녹조해는 국민당과 홍군의 내전에 의해 죽은 것으로 암시하고 있다.

16 백가헌은 부정적인 면보다 긍정적인 면이 더 많은 자로 녹자림과 흑왜에 의해 부각된다. 백가헌이 眞, 善과 정의를 대표한다면, 녹자림은 假, 惡, 邪의 화신이다. 백가헌이 전통문화의 精華를 체현했다면, 녹자림은 전통문화의 쇠퇴와 몰락 등을 체현한 인물이다. 작가는 이 두 인물의 비교를 통해 독자들이 중국 전통문화를 재인식하게 하였다.

17 아리스토텔레스, 해밀턴.화이프 해설, 김재홍 역, 『시학』, 평민사, 1984, 40-41면.

원』의 대표적인 두 인물에 관한 비극은 고전적 의미의 비극이라 볼 수 없다. 오히려 디드로의 가정비극, 레싱의 시민비극이나 러시아 비판적 사실주의 작가들의 소인물 비극[18], 노신의 '무력한 삶의 비극'처럼 아주 사소한 사건 속에서 평범한 사람의 영혼이 파멸 당하는 비극에 가깝다.

신·구 역량의 갈등 속에서 봉건예교에 반항하는 신역량의 인물이자, 구역량에 압도당하여 결국 파멸하고 마는 비극적 인물들은 백씨 가문의 '백효문과 백령' 녹씨 집안의 '녹조봉', 녹삼 집안의 '흑왜와 소아'이다.

특히 백효문은 어떻게든 구시대의 가치를 고집하고 지키려는 아버지 백가헌에게 반기를 든 인물로 소아와의 염문을 일삼으며 아버지의 가치를 비웃는다. 유년 시절에는 성실하고 우직하였지만, 아버지에게 버림을 받은 후 오랫동안 억눌렸던 본성이 드러나 반항적이고 일그러진 신세대의 역량을 보여준다. 점점 더 교활하고 흉악해지면서 아버지 백가헌이 지향했던 길과는 완전히 다른 길을 가게 된다. 녹자림의 미인계에 빠져 가정을 파탄 내고 떠났던 백효문은 금의환향했지만 이는 '백록원'의 비극을 탄생시키는 시작이 되었다.

18 18세기 프랑스의 디드로는 '가정의 불행한 사건'을 비극의 주제로 삼아 일상생활을 묘사했으며, 독일의 레싱 또한 평범한 사람들의 운명을 묘사하는 시민비극을 주장하였다. 이것은 19세기에 이르러, 푸시킨, 고골리, 도스또예프스키, 체홉 등 러시아의 비판적 사실주의 작가들이 '소인물'과 '쓸모없는 자'의 비극을 통하여 인간의 존엄을 말살하는 사회를 고발하는 것으로 발전되어 갔다.

자신의 권력욕을 채우기 위하여 부하인 흑왜와 전복현, 악유산(岳維山)을 살해하였고 이러한 모습을 목도한 백가헌과 녹자림이 오히려 비극적인 최후를 맞는다. 작가는 마을에 비극을 일으킨 백효문에 대한 증오, 인간적 가련함, 몰락해가는 구세대의 모습을 보여주면서. 동시에 성숙하지 못한 신역량에 의해 구역량이 압도되고 파멸되어 가는 당대의 모습을 생생하게 보여준다.

신해혁명 때 태어난 백령은 어릴 적 신식학문을 배우기 위해 부모의 허락도 없이 집을 나간다. 자신을 찾아온 아버지 백가헌 앞에서 가위로 자신의 목을 겨눌 만큼 반항적이고 당돌하다. 평소 "누구든지 국민혁명 대열의 앞길을 막는 자는 짓밟고 나가리라"(백, 2, 245)는 말을 자주하는 그녀는 진보적이고 혁명에 열성적인 여성이다. 백가헌은 딸 백령을 감금시키고 자신이 원하는 집안의 아들과 결혼시키려 하지만 그녀는 탈출하여 혁명에 뛰어든다. 봉건예교를 중시한 백가헌은 녹자림의 두 아들과 번갈아 연애를 하는 백령을 죽은 딸로 간주하면서 두 사람의 갈등이 파국으로 치닫는다. 공산당 내분으로 생매장당한 백령은 가치 없는 비극적 죽음을 맞고 부녀의 관계는 끝이 난다. 작가는 백령을 통해 텍스트의 선진성을 드러내지만 젠더의식이 부족함을 여실히 드러낸다.

텍스트에서는 녹조봉[19], 흑왜, 소아를 통해 혼인 관념에 대한

19 녹자림과 녹조봉의 비극은 전통적인 혼인관념과 서양의 결혼 관념의 충돌에서 야기된 문화적 갈등에서 시작된다. 애정이 없는 전통적인 결혼을 한 녹조봉은 혁명을 하기 위해 집과 첫 번째 부인을 버린다. 독수공방한 녹조봉의 아내는 시아버지의 성적 희생물이 되어 미쳐 죽게 된다. 녹조봉은 백가헌의 딸 백령과 살게 되지만 백령 또한 비극적으로 죽게 되고 녹조봉은 별다른

전통과 서구의 문화적 갈등을 보여준다. 이들은 전통적 혼인을 거부하고 부모로부터 버림받은 봉건예교의 희생자이자 비극적 인물들이다.

흑왜의 본명은 녹조겸(鹿兆谦)으로 녹삼의 아들이다. 어려서부터 고집이 센 그는 백씨 집안의 보살핌을 받지 않고 타지로 나와 머슴을 하는 등 세상을 떠돌며 세상을 경험한다. 지주의 첩 전소아(田小娥)를 아내로 맞이하고 마을로 데리고 오지만 동네 사람들은 예교의 속박에 벗어나 인간의 근본적인 욕망에 순응한 전소아를 부정한 계집으로 보고 이들을 따돌린다.

흑왜는 족장 백가헌에 의해 사당 문밖으로 쫓겨나는 전소아를 버리지 못하고, 아버지 녹삼은 이런 아들의 행동에 수치심과 분노를 느껴 흑왜와 전소아를 같이 내쫓는다. 추후 녹삼은 며느리 전소아를 수치로 여기고 살해하지만 자신 역시 죄책감에 시달리다 죽는다. "자네는 주인이고 난 머슴에 불과해. 자네가 죽는다 해도 두 도련님은 역시 주인이고 난 역시 머슴이지."(백, 3, 278) 이 같은 녹삼의 말은 중국 내 뿌리 깊은 봉건 계급사회를 질타한 작가의 목소리라 할 수 있다.

이유 없이 실종된 것으로 끝나는데 이것은 서사구조가 치밀하지 못한 점을 드러낸 것이다.

■ 계층과 이데올로기의 갈등 속에 반목하는 인물들

조정래는 계층·이데올로기 갈등 속에서 민중적 인물들을 전형화하기 위해 여러 가지 서사 방법을 사용한다. 첫째, 행위별 시퀀스의 교차와 새로운 시퀀스 삽입이다. 둘째, 행위 제공자와 행위 수용자로서 주체적 관계 안에서 이루어지는 진리치 표현이다. 셋째, 심리적 특성 변화와 방언사용을 통한 인물 전형화 방법이다.[20]

화자의 언어에는 인물의 심리적인 요소와 이데올로기적 요소 등이 드러난다. 인물의 키, 몸무게, 인상, 목소리, 억양, 언어구사력, 표준어와 방언, 욕설이나 비속어 등도 인물을 형상화하는 좋은 방법이기도 하다. 이들은 자라온 성장 배경, 그들이 속한 계급이나 신분, 혹은 사회적 계층에 따라 서로 다른 언어를 사용한다. 이를 통해 우리는 인물이 속한 당시의 정치적·경제적 상황, 사회적·문화적 환경 등을 파악할 수 있다.

한 부모 아래서 태어나 고향을 떠난 적이 없는 염상진과 염상구는 교육제도권 안과 밖에 있었던 차이만 가진다. 하층민이지만 제도권 교육을 받은 염상진은 성인이 되어 엘리트 집단에 속하고, 그렇지 못한 염상구는 주먹질 외에는 배우지 못한 건달이 된다. 작가는 염상진과 염상구가 형제임에도 염상진은 표준어를, 염상구가 전라도 방언을 사용하여 그 차이를 보여준다.

20 전영의, 「조정래 『태백산맥』의 서사담론 연구」, 앞의 논문 12-38면 참고할 것.

「머시냐, 요것은 나 혼자 생각잉께 오해 없이 들도록 헙시다이?」 염상구는 다짐부터 먼저 했고 임만수는 무슨 소리든 상관없다는 듯 건성으로 고개를 끄덕였고, 「긍께 말이요, 뜰 때 뜨더라도 기왕지사 합동근무럴 허는 판에는 심사령관허고 화해럴 허는 것이 워쩌겄냐 그 말이요. 병력 수로도 그렇고 법으로도 계엄사령관이 멈첨이면 일단 머리 숙여주고, 합동근무허는 입장에는 토벌대장 권한이 따로 없을 것잉께 고것얼 찾아 챙기라 그런 말이요. 경찰서장도 못나서 자기보담 나이 어린 사령관헌테 머리 숙이겠소? 법이 그렁께 참고 견디는 것이제라, 아, 화해만 험사 토벌대장이 서장보다돔 높은 두찌 아니요. 두찌. 근디 등 돌리고 있응께 요것이 뭐시오? 워쩌요, 손잡는 것이 낫겄제라?」(태, 3, 328)

위는 염상구가 임만수에게 하는 말로 전형적인 전라도 보성·벌교 지역 방언이 사용되고 있다. 이러한 방언사용은 염상구의 심리적 특성이나 다른 인물과 맺는 심리적 관계 등을 나타내며 이야기 전개에 있어 중요한 역할을 하고 있다. 작가는 이러한 방언사용을 통해 인물들을 살아 숨 쉬는 인물로 형상화한다.

「자넨 어떤가, 하 동무 부인과 함께 사는 그 무당이 믿을 만한가?」

염상진 위원장이 왜 이런 말을 묻는지 정하섭은 직감적으로 깨달았다.

「예, 그렇게 생각하고 있습니다..」

「당원의 이성으로 말인가?」

순간 정하섭은 오른쪽 볼에 찬 기운이 끼치는 것을 느꼈다.

그 말은 곧, 사사로운 감정으로 오판하는 것은 아니겠지? 하는 말을 바꾼 것이었다.

「그렇습니다.」

정하섭은 힘주어 대답했고, 염상진 쪽에서는 잠시 말이 없었다. 어둠이 짙었는 대도 정하섭은 염상진 위원장 쪽으로 고개를 돌릴 수가 없었다.

「다 아는 말이지만, 자네 목숨은 자네 혼자만의 것이 아니네, 분명 인민의 것이야. 이 말을 자칭 자유주의자라는 것들은 비웃고 비난하네. 계급주의의 비인간성에 대해서, 다수의 삶의 쓰라림에 대해서 단 한 번도 생각해 본 적이 없는 파렴치한 이기주의자들의 의식으로는 당연히 실감할 수 없는 말이지. 그러나 우리는 달라. 나를 버리고 인민의 혁명을 성취하고자 나선 우리에겐 굶주림 앞의 밥처럼 절실하게 실감나는 말 아닌가. 그렇지 않은가?」(태, 6, 196-197)

위의 대화는 사회주의 혁명을 주도하는 도당위원장으로서 염상진이 자신의 부하인 당원 정하섭에게 당부하는 말이자 이들의 관계성을 잘 드러내는 대화라 할 수 있다. 염상진은 분명 벌교 사람인데도 동생 염상구와는 달리 표준어를 사용한다. 지주의 아들인 정하섭과는 달리 하층계급인데도 이들의 대화에서는 전혀 이질감을 느낄 수 없다. 조직 안에서 지주의 아들보다 높은 계급을 가진 염상진은 이미 봉건적 신분 계급을 넘어서고 있다.

문학 텍스트에서 방언은 일차적으로 현실 모사의 기능을 갖지만 독자는 인물의 방언사용을 통해 현실 인식에 대한 작가의 시각이나 수준을 파악하고 작가 의식과 텍스트의 주제를 연관

시켜 볼 수도 있다. 방언이나 비속어를 통해 텍스트에 핍진성을 부여하고 리얼리즘을 성취할 수 있다는 점에서 텍스트의 언어와 현실성은 유기적 관계를 가진다.

전라남도에서 흔히 들어볼 수 있는 보성·벌교 방언은 서남 지역 서남부 방언으로 작가는 방언사용을 통해 인물의 핍진감과 주제의식을 드러내고 언어의 미학성을 성립한다. 동시에 독자들은 강렬하지만 인물들 간의 애정과 끈끈함을 확인할 수 있다.

『태백산맥』의 시간적 배경은 1948년부터 1953년까지이다. 이미 조선이 무너지고 일제강점기와 해방을 거쳐 대한민국이라는 자유민주주의국가가 세워졌음에도 여전히 봉건 신분제도가 남아있었다. 지주와 소작인 그 어느 누구도 보이지 않는 경계를 넘지 않았다. 그러나 소설에서 양반층 지식인인 서민영, 김범우, 정하섭, 하층민 지식인인 염상진은 이 경계를 넘어선다. 이렇듯 작가는 이성 논리로서 비이성적 사회를 변혁하고자 했다.

분단문학에 정점을 찍었다 할 수 있는 『태백산맥』도 서사적 단점이 존재한다. 작가는 지식인 인물들의 입을 통해 독자들에게 직접적으로 자신의 지식을 전달하려 한다. 텍스트 내 권위적 인물의 대화나 편지를 통해 논리적 사고와 태도를 전하고, 다른 인물들을 계몽한다. 혹은 자유간접화법을 통해 텍스트 밖 독자들에게도 지식을 전달하려 한다. 이런 작중 서사기법은 작가가 독자를 직접 가르치려 한다는 느낌을 가중시키고, 독자들은 거부감이나 지루함을 느낄 수 있다. 이러한 거부감을 해결하고자 작가가 선택한 전략이 토속어, 전라도 서남방언 사용이다.[21]

텍스트 내에서 특정 지역 방언을 사용하는 것은 독자에 따라 긍정적 효과 혹은 부정적 효과를 갖게 한다. 먼저 전라도 지역 독자라면 텍스트 내 전라도 서남 방언 사용에 반가움을 갖고 고향을 직접 만나는 듯한 느낌을 갖게 된다. 특히 타향에 사는 호남 출신 독자라면 이런 느낌은 배가 될 것이다. 또『태백산맥』이 갖는 주제를 전달하는데 긍정적 작용을 하게 된다.

반면 전라도 서남 방언을 텍스트에서 처음 접해보거나 이에 익숙하지 않다면 독자들은 가독성이 떨어지고 지루함을 느낄 것이다. 처음 보는 생경한 단어들은 독해를 어렵게 하고 독자들은 인물의 대화에서 심층적 내용을 파악하기가 힘들 것이다. 텍스트의 주제가 가치 있고 텍스트 자체로서 의미를 지닌다 하더라도 특정 지역에 대한 거부감이나 이질감을 가지고 있다면 독자들에게 의미와 가치를 온전히 전달하기 어려울 것이다.

인물들의 방언사용 유무에 따라 텍스트의 문학적 가치가 달라지는 것은 아니지만 이런 점에서 텍스트 내 인물들의 방언사용은 각별한 주의가 필요하다. 일반적으로 광범위한 독자층을 형성하고 텍스트가 대중적 사랑을 받기 위해서는 작가가 특정 지역 방언을 사용하는 것보다 표준어를 사용하는 것이 더 낫다.

그렇다면, 왜 조정래는 전라도 서남방언이라는 특정 지역 방언을 대다수 인물들이 사용하도록 했을까? 그럼에도 왜『태백산맥』은 오랜 시간 동안 세대를 거쳐 독자들에게 사랑을 받으

---

21 이기갑은 현지 조사를 통해 전라도의 동쪽과 서쪽을 구분시키는 44개 항목, 남쪽과 북쪽을 구분시키는 18개 항목, 서북쪽과 서남쪽 및 동쪽을 구분시키는 9개 항목에 대한 등어선, 읍이나 면 사이를 통과하는 구간 등어선의 수를 측정하여 전라남도 방언을 구획하였다. 이기갑,『전라남도의 언어지리』, 탑출판사, 1986, 128-36면.

며 분단문학으로서 그 가치를 인정받는 것일까?

전라남도 보성과 벌교, 지리산이라는 실제적 장소를 텍스트의 공간으로 사용하고 있는 『태백산맥』에서 인물들은 실제 지역민들처럼 당연히 전라도 서남방언을 사용한다. 작가는 첫째, 등장 인물들에게 핍진감을 부여하고, 이들을 살아 숨 쉬는 인물로 형상화하기 위해 표준어보다 지역 방언을 사용하도록 했다. 둘째, 사회주의 혁명을 이끌어 계층 간의 갈등을 해소하고 민중이 평등한 사회, 주인이 되는 사회를 만들고자 하는 좌익 지식인, 중도 지식인들에게는 표준어를 사용하게 하여 다른 인물들과 차별성을 갖게 만들었다. 좌익 중도 지식인의 표준어 사용과 우익 지배계층의 방언사용이라는 극명한 언어적 대비를 통해 민중의 입장에서 조선의 사회적 구조를 바꾸고자 하는 주체들과 이 구조를 유지하고자 하는 자들의 행동, 사상, 대립을 독자들에게 설득력 있게 보여주고 있다.

한국전쟁이 중단되고 거의 70년이 가까워진 긴 세월 동안 한국은 여전히 이데올로기에서 자유롭지 못하다. '빨갱이 프레임'은 여전히 정치권, 사회권, 경제권에서도 작동되고 있는 듯 보인다. 작가는 인물들에 따라 표준어 혹은 방언사용을 함으로써 한국이 여전히 지니고 있는 특수한 이데올로기 문제를 보여준다. 보성, 벌교, 지리산이라는 호남지역을 넘어 특수한 지역의 문제가 한국의 보편적 문제이며 인물들이 전형성을 띄도록 만든다.

문학 텍스트에서 방언을 사용하는 것은 일차적으로 현실 모사 기능을 갖지만 독자는 인물의 방언사용을 통해 현실 인식에 대한 작가의 시각이나 수준 등을 파악할 수도 있으며 작가 의식과 텍스트의 주제를 연관시켜 볼 수도 있다. 방언이나 비속어를 통해 텍스트에 핍진성을 부여하고 리얼리즘을 성취할 수 있다는 점에서 텍스트의 언어와 현실성은 유기적 관계를 갖는다. 조정래는 방언을 사용함으로써 텍스트의 인물을 핍진감 있게 형상화하고 주제 의식을 좀 더 잘 드러내며 언어미학을 성립하려고 하였다.[22] 전라도 서남방언을 사용하는 인물들을 통해 텍스트는 생동감 있게 살아 숨 쉬게 되었다. 독자들은 좀 더 직접적으로 역사적 현실에 대해 체감하며 한국의 특별한 상황을 조망할 수 있게 되었다. 이런 점에서 『태백산맥』 인물들의 방언사용은 계층 이데올로기적 갈등 속에 인물들을 형상화할 수 있는 서사 방법이다.

▪ 서사전략의 차이와 권위적 역사담론의 해체

『태백산맥』와 『백록원』의 서사전략은 다르다. 조정래는 인물들의 계층, 사상, 정체성, 성격, 텍스트 내 역할, 위치 등에 따라 적절하게 표준어 혹은 방언을 사용하는 전략을 사용하여 『태백산맥』의 인물들을 살아 숨 쉬는 인물로 형상화한다. 반면, 천중스는 인물의 비극성을 강조하여 민중성을 드러내고자 하지만 『백록원』은 단조로운 인물 유형으로 구성된 권선징악적 구도

22 전영의, 「조정래 『태백산맥』의 서사담론 연구」, 앞의 논문, 30면. 참고할 것.

를 가지고 있어 인물들이 다양하지도, 입체적이지 못하다.

이념적 성향과 계층적 성향이라는 두 축을 기준으로 하여 『태백산맥』과 『백록원』의 인물군을 비교하면 아래와 같다.[23]

『태백산맥』과 『백록원』의 인물군 비교

유형	성향		태백산맥	白鹿原
			인물	인물[24]
1군	좌익진보 지식인 지주		김범준, 정하섭, 안창민, 이지숙	鹿兆鵬, 廖軍長, 白靈(鹿兆海)
2군	중도 지식인	진보 개혁적	김범우, 서민영	朱先生, 冷先生
		보수 양심적	김사용, 심재모	
3군	좌익 하층민		염상진, 하대치, 조원제, 손승호, 첨점바구	黑娃
4군	우익지주		정현동, 최익승, 백남식, 남인태	白嘉軒, 白孝文, 白孝武, 鹿子霖, 郭擧人
5군	우익하층민		염상구	鹿三

위 [표]를 보면 양 텍스트의 인물들은 이데올로기에 따라 양분된다. 1·3군과 4·5군은 갈등과 대립을 반목하는 관계이다. 엄밀히 보면 『백록원』에서는 2군에 귀납할 인물이 없지만, 백가

23 위의 논문, 28-29면. 참고할 것.

24 국민당파에 田福賢, 鹿子霖, 白孝文, 鹿兆海, 공산당파에 鹿兆鵬, 鹿黑娃, 白靈, 韓裁縫, 封建村族派에 朱先生, 白嘉軒, 冷先生, 鹿三, 白孝武로 분류했다. 白捧, <史志意蔬 史詩風格-評陳忠實的長篇小說≪白鹿原≫>, ≪中國現代·當代文學研究≫, 1993년 9월, 197면.

헌의 매부로 세속의 이익에 흔들리지 않는 주(朱) 선생, 백씨와 녹씨 양 집안과 대대로 조화롭게 살아온 렁(冷) 의사가 중도적인 지식인 군에 속할 것이다.

『태백산맥』의 인물 구도를 보면 좌익 진보 지식인 지주, 중도 지식인, 좌익 하층민, 우익 지주, 우익 하층민 등 5군으로 나눌 수 있다. 텍스트는 좌익 하층민인 염상진, 하대치 등 빨치산들의 활동에 초점을 맞추어 전개되는데 이들의 반대편에는 우익 하층민의 대표적 인물로 염상진의 아우 염상구가 자리 잡고 있다. 2군의 좌익 진보적 지식인이나 지주들은 3군 인물들의 좌익 활동에 동조하는 조력자이다.

우익 지주 정현동, 최익승 등은 좌익 하층민을 착취하고 억압하는 전형적인 악질 지주이기 때문에 3군의 공격 대상이 된다. 우익 하층민인 염상구는 형 염상진과 적대적인 편에 서서 살길을 모색하는 인물이지만 텍스트 내에서 상당히 입체적 인물이다. 성적 욕망의 대상이었던 외서댁과 강제로 관계를 맺고, 자신의 출세를 위해 우익 지주의 딸과 결혼하지만 외서댁에 대한 진심은 어느 정도 가지고 있었다. 자신보다 잘났다고 생각하는 형에 대한 반감으로 염상진과 대척하지만 역 앞 광장에 걸린 형의 머리를 보고 "살아서나 빨갱이제, 죽어서도 빨갱이여?"라며 분노한다. 이를 볼 때 염상구는 자신의 욕망에 충실한 원초적이고 본능적인 인물이라는 것을 알 수 있다.

『태백산맥』이 좌우 이데올로기 이념 대립, 사회주의 혁명, 민중의 혁명 서사와 민중성의 가치에 초점을 둔다면, 『백록원』은 백씨와 녹씨 양 집안 중 누가 마을의 권력을 가질 것인가에 초점을 둔다. 다만『백록원』의 몇몇 인물들에게서『태백산맥』과 같은 민중성을 중시하는 인물들이 제한적으로 나타난다.

그렇다면 5군으로 나누어질 수 있는 두 소설의 인물들이 어떻게 형상화되어 텍스트의 주제를 구현하고, 독자들에게 의미를 부여하는지 살펴보도록 하자.

먼저 소설 발단 부분을 보면『백록원』은 일반적인 소설과 다르다. 보통의 소설들은 도입부에 사건 발생의 역사적 배경을 서술하지만,『백록원』은 장, 절의 끝부분에서 역사시기와 배경을 개괄적이고도 간단하게 한두 단락 서술한다. 둘째, 에피소드 구성에서도 차이를 찾아볼 수 있다. 대다수의 대하소설은 연대기적 기술을 따르면서도 여러 에피소드들을 유기적으로 구성하고, 하나의 주제로 귀결되도록 한다. 그러나『백록원』은 그렇지 못하고 각각의 에피소드들이 통일성을 깨뜨리기도 한다는 점에서 구성상 허점이 많다고 볼 수 있다.

예를 들면, 마을 '백록원'은 천부인권(天賦人權)이 존재하는 곳이다. 백가헌이 머슴 녹삼을 친형님처럼 생각하고 자신의 허리를 부러뜨렸던 녹삼의 아들 흑왜의 미래를 생각해주는 것을 볼 때, 그에게서는 하층계급에 대한 억압이나 착취가 보이지 않는다. 천중스는 백가헌을 인성(人性)과 인도(人道)를 따르는 인물로 묘사하면서 당시 중국인들의 인성을 대변하려고 한다. 그러나 부패한 청 왕조에 대한 반감을 일으키게 한 사건이나 이를 뒤엎을 만한 신해혁명의 필연성이 텍스트에서는 조금도 나타나지 않으며 당대에 대한 혁명적 사고나 선각자적 시각을 가진 인물이 보이지 않는다.

근거지도 없는 한 무리들이 인위적으로 농민운동을 일으키고, 공산당과 국민당 간의 투쟁, 반목과 압살만 묘사되어 있다. 일반적인 영웅일대기 서사라면 백가헌이 중심이 되어 계급을 타파하는 농민운동을 일으키고 혁명적 인물로 성장할 것이다. 그러나 『백록원』의 백가헌은 그렇지 않는다.

1920년대 중기에는 중국 공산당의 영도 하에 토호열신들은 한창 고조되고 있는 농민운동을 탄압하고 있었다. 농민에 대한 지주의 탄압과 수탈이 자행되자 이에 반감을 가진 농민들은 반봉건·반식민 운동을 더욱 거세게 하였다.[25] 그러나 소설에서는 당시 시대적 상황이나, 농민운동의 중심에 서서 행동하는 인물들이 보이지 않는다.

소설 세계에서 논리적 연결구조는 중요하다. 천중스는 『백록원』을 통해 이데올로기(마오주의)가 시대적 필요성에 의해 대두되었다고 말하고 싶어하지만 소설에서는 샤머니즘적 질서가 부각되는 듯 보인다. '흰 사슴'에 대한 상징적 의미를 살펴보면 이러한 주장이 명확해진다.

처음 백가헌이 흰 사슴을 발견하였을 때 그것은 길조의 의미를 가지고 있었다. 이후 마오주의가 시대의 사고로 대두되자 다시 흰 사슴이 등장하면서 시대의 희망을 상징하는 은유적 의미를 갖게 되었다. 그러나 소설 후반부로 가면 흰 사슴의 상징적 의미가 달라진다. 백가헌 어머니 조씨와 백령, 주선생(朱先生)이 죽었을 때 흰 사슴은 꿈에, 혹은 실제 그 집 앞에 나타나 죽음을

25 傳迪, <試析≪白鹿原≫及其評論>, ≪小說理論批評≫, 1993年 6期.

상징하는 흉조로서 상징성을 갖는다. 이처럼 흰 사슴의 상징성은 상황에 따라 길조 혹은 흉조로 불규칙하게 변한다.

『백록원』에서는 플롯 상 결점도 찾아볼 수 있다. 새로운 이데올로기의 신봉자이자 전파자로서 지위를 가지고 있는 녹조봉은 '어떠한' 음모를 일으키고 이 때문에 사형선고를 받지만 여러 사람들의 도움으로 사형을 면제받고 이전과 똑같이 활동한다. 녹조봉이 일으킨 음모는 소설의 주제를 드러내는데 결정적 사건이 될 수도 있지만 텍스트 내에서 전혀 전개되고 있지 않다. 독자들은 그가 '음모, 즉 어떤 결정적 사건'을 일으켰다고만 추측할 뿐 그 내용은 알 수 없다. 뇌물을 직접 받았거나 어떤 형태로든 음모에 가담한 사람들도 녹조봉의 사형 면제 소식을 알지 못했다. 그렇다면 일시적으로라도 그가 사형을 당해 죽은 것으로 간주하고 행동해야 하지만 그렇지 않다.[26]

이처럼 『백록원』의 구성 맥락은 유기적이거나 치밀하지 못하고 허점을 드러낸다. 인물이 평면적이며 행동 또한 논리적이지 못해 독자들이 납득하기 힘들다. 그럼에도 중국 문학 비평가들이 『백록원』의 서사전략을 성공했다고 말하는 이유는 인물들의 생생한 형상화에 있다. 평면적 인물이지만 소설을 읽고 난 독자들은 각 인물들을 머릿속에 생생하게 각인시키고 살아 숨 쉬는 인물로 인지하게 된다. 이런 점 때문에 중국 문학비평가들은 천중스의 인물형상화 전략이 서사구조를 이루는데 성공했다고 보는 것이다.

---

26 서사구조에 관한 서술은 엄영욱의 『테마로 즐겨 본 중국문학의 여행』 전남대출판문화원, 2017, 246-253면을 참고하여 요약 정리하였다.

작가는 종전의 당대 소설의 형식에서 벗어나 객관적이고 중도적인 입장에서 『백록원』을 저술하고 있다. 혁명 열사나 영웅을 중심적인 등장인물로 내세우지 않고 중간 인물들로 대체한다. 이들의 계급적 입장이나 성향이 명확하지 않아 독자들은 작가의 역사관을 선명하게 읽어낼 수 없다. 작가의 목소리를 대변하는 인물이라 할 수 있는 주선생의 경우, 이데올로기를 떠난 인물로 설정되어 있지만, 마지막에 "나도 마오가 쓴 책은 보았지. 아주 잘 쓴 책이지. …… 천하는 틀림없이 마오의 세상이 될 걸세."(백, 5, 210-211)라며 마오주의를 찬양한다.

『백록원』 곳곳에서는 공산당의 혁명 활동에 관한 비우호적인 묘사, 모호한 계급 구분, 봉건 지식인에 대한 긍정적인 표현 등이 나타나지만, 중간 인물을 내세워 자신의 생각을 드러낸다는 점에서 작가의 균형감각을 찾아볼 수 있다. 혁명 영웅의 사적(事蹟) 선전 일변도에서 벗어남으로써 1990년대 중국 문학의 새로운 지평을 연 것이다.

『백록원』의 이데올로기 충돌은 공산주의를 대변하는 녹조봉과 국민당 정권을 대변하는 전현복(田福賢), 악유산에서 볼 수 있다. 녹조봉과 전현복(田福賢), 악유산을 통해 계급적 갈등을 첨예하게 다루기보다는 어느 체제가 더 우수한지 두 부류의 군상을 통해 보여줄 뿐이다. 공산당인 백령, 흑왜는 적군인 국민당에 의해서가 아닌 공산당 내부의 모순과 배신으로, 녹조해는 국공내전으로 무가치하게 죽는다. 작가는 녹조봉의 승리를 통하여 공산당의 손을 들어주고 있지만 여전히 공산당에 대한 의구심과 여운을 남기고 있다.

『백록원』은 이념의 대립보다 신구역량의 충돌과 권력 간의 갈등이 서사의 주된 축을 이룬다. 구시대·구역량을 대표하는 백가헌, 녹자림, 녹삼은 모두 시대의 흐름에 발맞추지 못하였을 뿐만 아니라 신세대들의 반항과 가치관의 충돌로 인하여 비극적 결말을 맞는다. 이들이 봉건적 가치와 윤리, 욕망에 순응하다 파멸하는 비극적 농민이라면, 그들의 자식은 신세대, 신역량이지만 아직 성숙하지 못해 구역량에 압도당하거나 파멸하고마는 비극적 인물들이다.

작가는 신·구 역량 속에 나타난 인물들의 비극적 형상화를 통해 계급적 갈등보다 세대 내부 갈등이 더 비극적일 수 있다는 사실을 독자들에게 알린다. 공산당이 희구하였던 사회주의조차 이상적인 시스템이 아닐 수 있음을 경고한다.

자신의 목소리를 높이지 않고 이데올로기에 편중되지 않는 중간 인물을 통해 독자들의 호응을 이끌어냄으로써 작가는 자신의 메세지를 효과적으로 전달한다. 이러한 서사전략은 권위적인 역사담론을 해체하고 개인들의 욕망에 집중함으로써 사회주의 건설과정에서 일어난 다양한 병폐에 대해 독자들이 반성적으로 사유할 수 있도록 한다. 생산수단과 물질, 정신의 갈등속에서 인간의 상실과 소외에 대해 천착한다. 당, 정치, 전쟁, 폭동, 시대 전환 등 거대 담론에서 촌락, 가족, 혈연, 인륜, 성(性) 등 미시담론으로 초점을 전환하고 개인적, 주관적 차원에서 역사적 신념에 대해 이야기하고자 한다.

『태백산맥』의 서사를 이끄는 기본 동인은 이데올로기 갈등이다. 소설의 기저에는 먹고사는 문제, 쌀과 토지의 소유 문제를 중심으로 한 계층 간의 갈등이 토대를 이룬다. 염상진, 김범우 등을 중심으로 한 좌익 지식인 세력과 이들의 지휘 아래 개혁을 꿈꾸는 좌익 하층민 세력, 친일 토착 지주를 중심으로 한 우익 세력 사이의 갈등이 여순사건부터 한국전쟁이라는 5여 년간의 시간 동안 펼쳐진다.

이 시기는 통치 권력의 성격이 수시로 바뀌는 혼돈의 시대로 그 사이에 놓인 민중들과 지식인들은 저마다의 길을 택해 나아가지 않을 수 없었다. 노선을 선택하는데 있어 이데올로기가 중요한 기준처럼 보이지만 결국에는 먹고사는 문제, 빼앗긴 것을 되찾으려는 자와 뺏은 것을 지키려는 자들의 문제로 이들의 노선이 갈리었다.

보통 텍스트는 사건을 중심에 둔 사건 소설과 인물을 중점에 둔 인물소설로 나뉜다. 『태백산맥』은 한국의 역사적 비극, 좌우 이데올로기 갈등, 친일·친미 지주 계층과 민중적 주체로서 목소리를 내고 행동으로 보여주었던 민중들의 갈등을 그리고 있다. 이런 점에서 텍스트는 사건소설이지만 이러한 사건을 이루는 인물들을 보면 인물소설적 특징을 지니기도 한다. 280여명의 인물 중 생동적으로 형상화된 인물들은 염상진과 염상구, 외서댁, 소화, 하대치, 정현동, 백남식, 남인태 등이다.

이중 염상구는 특히 주목할 만한 인물이다. 그는 우익 하층민으로 상층계급에 빌붙어 재산을 모으고 윤태주의 여동생 윤옥자를 강간하여 결혼하고 동네 유지가 되어 계층상향이동을 한다. 외서댁에게 비인간적 몹쓸 짓을 하기는 하지만, 인간적으로 그녀를 대하고 정을 나눈다는 점에서 입체적 인물이기도 하다.

이렇듯 『태백산맥』은 각 사건을 중심으로 인물들이 다채롭게 형상화된다는 점에서 인물소설의 특성을 가지고 하다.

여순사건부터 한국전쟁이라는 역사적 시간, 보성, 벌교, 지리산이라는 특정한 장소, 염상진, 염상구를 비롯한 좌익 하층민, 좌익 지식인, 중도 지식인, 우익 하층민, 우익 지식인 등은 서사텍스트 내에서 복잡한 방식으로 상호작용을 이루고 있다.

배경이 인물의 시간과 공간을 형상화해주는 장소의 기능을 가지고 있기에 서사적 사건들은 통합축에서, 배경은 계합축에서 작동한다. 반면 인물은 계합적 특성과 통합적 특성의 조합체라 할 수 있다. 그러나 이는 절대적인 체계라기보다는 세 요소 간의 상호관계의 문제, 무엇을 더 강조하느냐 따라 달라지는 상대적 체계로 간주해야 한다.[27]

조정래는 『태백산맥』에서 역사적 시간과 특정한 장소, 민중적 인물들의 상호작용을 극대화하고자 전라도 서남방언을 사용하였다. 텍스트가 가진 민중성과 민중의식을 독자들에게 전달하고, 서로 다른 다섯 가지 유형의 인물들 성격을 차별화하기 위해 때로는 표준어, 때로는 비속어와 서남방언을 사용하여 인물들의 성격을 차별화하고 전형성을 확립하고자 노력하였다.

「아버지 지발 암 말도 마씨요, 목심 내걸고 독립운동허는 사람들도 있는디, 뺏긴 지 밥그럭 찾아묵는 일도 못헌다면 고것이 무신 사내새끼다요. 그라고 우리가 허는 짓이 계란으로 바위치기라는 것도 다 알고 있당께요. 그려고 허고 허고 또 허야

27 패트릭 오닐, 『담화의 허구』, 이호 옮김, 예림기획, 2004, 94면.

지라. 작인 없는 지주눔들도 읎는 법잉께요. (태 1, 32)

빨치산이 되기 전에도 이미 하대치는 소작쟁의에 앞장서고 그로 인해 매타작을 당했다. 계란으로 바위치기일지언정 '밥그럭이라도 찾아묵으려는' 생존을 위한 몸부림이었다.[28] 소작인들의 이런 행동들은 지주들에게 대들거나 은혜를 저버리고 배반하는 것이 아니었다.

하대치는 이럴 수밖에 없는 자신들의 행동이 모순된 사회구조로 인한 것이라고 말한다. 그의 이런 언행은 전라도 서남방언을 통해 핍진감있게 되살아나고 독자들에게 설득력을 갖게 한다.

봉건왕조가 끝났음에도 한국에서는 여전히 보이지 않는 신분제가 존재하였다. 지주들은 소작인들의 노동력과 재산을 착취하고 자신들의 이윤추구를 위해 소유의 불평등을 당연시한다. 정현동 살인사건(태 6, 31-39)만 하더라도 정현동과 소작인들의 대화가 이들의 방언사용을 통해 생생히 재현된다.

「여그 논에 딸린 목심이 수백인디요, 그 목심덜 불쌍허니 생각허셔서 생각을 고쳐주시제라, 지발 적선헌다고.」 처음의 농부가 정현동 앞으로 바짝 다가서며 두 손을 맞비볐다.

「아 딸린 목심이 수백이든 수천이든 나가 알 바 아니여, 성가시럽게 허덜 말고 썩 비켜나라니께.」 정현동이 농부의 어깨를 떠밀었다. 두 손바닥을 맞붙이고 섰던 농부는 미처 몸의 중심을 잡지 못하고 뒤로 벌렁 나둥그러졌다. 그리고 한 바퀴를

28 전영의, 「조정래 『태백산맥』에 나타난 문학의 정치성 연구」, 『한국문학이론과 비평』 57집, 한국문학이론과 비평학회, 2012, 441-442면.

더 굴러 바닷물이 차 오르고 있는 논으로 철퍼덩 떨어졌다. (태 6, 38-39)

농부의 간절함과 정현동의 비열함이 독자에게 그대로 전달되는 대목이다. 독자들 자신, 부모, 친인척의 고향이 전라도라면 인물들이 사용하는 서남방언이 오히려 친숙하게 느껴질 수 있다. 반면 이 지역 출신이 아니거나 특별한 연고가 없는 젊은 독자들이라면 낯선 이질감을 느끼고 독해에 어려움을 가질 것이다. 이러한 서사적 효과는 미학적 방법의 하나인 '낯설게 하기' 효과와 유사하다고 볼 수 있다.

여순사건 직후부터 한국전쟁 중단까지라는 한국의 역사적 현실, 이데올로기의 대립, 계층 간의 갈등을 드러내기 위해 사용된 서남방언은 텍스트의 인물들을 통해 그 시대의 전형적인 인물로 되살아났다. 텍스트 안의 죽어있던 언어가 살아 숨 쉬는 언어로 형상화되고 과거의 문제가 아직도 해결되지 않은 현실의 문제라는 것을 독자들이 다시 한번 인지할 수 있도록 해주었다. 독자들은 텍스트를 읽으면서 인물들이 사용하는 이러한 언어들을 통해 한국이 해결해야 할 역사적 문제들, 친일 청산의 문제, 일베와 극우세력들이 이용하는 이데올로기 문제, 세계 정치사적으로 한국이 처한 문제 등 현실 세계를 객관적으로 조망할 수 있다. 이를 볼 때 인물 유형에 따라 다르게 사용하는 표준어, 서남방언, 비속어 사용 유무 등 차별화된 언어사용 전략과 전라도 서남방언의 문체적 특질은 텍스트의 주제를 구현하고 인물을 형상화하기 위한 수사적 전략이자 방법이라 할 수 있다.

소설의 행동은 인물에 의해 이루어진다. 인물의 형태나 유형에 따라 텍스트 내 사건이 전개되고 소설의 구조가 달라질 수 있기에 서사에서 인물들의 형상화 방법은 중요하다. 게오르그 루카치가 『소설의 이론』에서 '주 인물의 전기적 형식이 소설의 구성 형식'이라 주장한 것은 그만큼 인물의 중요성을 강조한 말이라 할 수 있다.[29] 이런 점에서 『백록원』과 『태백산맥』의 인물 형상화 방법은 평범한 인물을 살아 숨 쉬는 인물로 만들고 비극성을 부여하며 주제, 작가 의식 등을 적절하게 독자들에게 전달한다.

『백록원』과 『태백산맥』은 농경문화가 자리 잡은 작은 마을 '백록원'과 '벌교'에서부터 시작한다. 물론 '백록원'이라는 촌을 벗어나지 않는 『백록원』과는 달리 『태백산맥』의 경우 벌교에서 여수, 광주, 화순, 지리산 등으로 그 공간적 배경이 확대된다. 전자는 1911년 청 왕조 말, 황제 퇴위부터 1949년 중화인민공화국 성립 전까지, 후자는 1948년 여순사건을 시작으로 1953년 한국전쟁 중단까지를 배경으로 하는 하지만 양 텍스트들은 권위적인 역사담론이나 거대서사를 해체하고 일상생활에서 흔히 볼 수 있는 소인물들, 하층민들을 중심으로 서사를 이룬다.

조정래와 천중스는 기존의 역사소설과는 달리 개인적이고 일상적 차원의 서사를 통해 미시 주체로서 인물들이 역사를 움직이는 수레바퀴가 되게 한다. 여순사건은 우리 민중사에 중요한 사건이지만 당시에는 4·3 제주항쟁과 더불어 '전라도 빨갱이'들

29 김천혜, 『소설구조의 이론』, 한국학술정보, 2010, 251면.

이 난동을 부린 작은 사건으로 여겨졌다. '백록원'이라는 가상의 마을에서 벌어지는 두 집안의 이야기 역시 미시적인 사건이다. 그러나 조정래와 천중스는 좌익 하층민, 좌익 지식인, 중도 지식인, 우익 하층민, 우익 지식인 등 당시 시골에서 찾아볼 수 있는 다양한 인물 개개인을 통해 개인적, 일상적 차원의 서사를 전개한다. 거대 주체가 아닌 주변화된 미시 주체로서 중심과 권위, 거대 담론을 해체하고 텍스트에 민중성을 부여한다는 점에서 성공적인 서사 전략이라 말할 수 있다.

■ 한·중 소설의 전망

양 텍스트의 인물 형상화를 통한 서사 전략은 흡사하면서도 각기 다르게 나타났다. 먼저 『백록원』은 1990년 개혁, 개방 이후 사회주의 리얼리즘을 탈피한 중국 당대 문학 변화의 흐름을 반영한 신역사주의 대표소설이라 할 수 있다. 『태백산맥』에 비해 작품의 구성이나 서사 전략이 치밀하지 못하고, 여러 에피소드들이 서로 연관 없이 나열되어 있다. 플롯을 이루고 있는 연결고리가 긴밀하지 못하여 개연성이 미약해 서사구조의 통일성이 이루어지지 않고 있다. 그러나 이러한 결함은 역으로 작가의 교조적인 목소리를 지워내는 하나의 전략이 되었다. 비극이라는 서사 전략을 통해 『백록원』의 인물들이 꽤 평면적으로 보임에도 불구하고 오늘날 독자에게도 생동감 있게 다가왔다.[30] 작가는 이데올로기를 경계하면서도 사회주의적 이데올로기 즉 마오주의를 인정할 수밖에 없는 그 속내를 감추고 자신의 메시지를 독자에게 전달하는데 성공했다. 중간 인물을 내 세운 소설의 어조는 결코 교조주의적으로 빠지지 않으며 오히려 낭만성을 띠게 되었다.

『태백산맥』에서는 서술 수준의 층위에서 권위를 가진 작가적 서술자의 목소리를 통해 이데올로기가 독자에게 전달된다는 점에서 양 텍스트는 차이를 갖는다. 『태백산맥』은 민중성과 민중의식을 드러내고 이념적 인물들의 성격을 차별화하기 위해 인물들의 언어사용을 달리하고 전형성을 확립하고 있었다. 이러한 서사 전략을 통해 그 시대에 처한 전형적 인물들의 언어가 살아 숨 쉬는 언어로 형상화되고 현실의 문제가 자연스럽게 드러났다. 인물들의 방언사용은 독자들이 당시 역사적 움직임과 현실 세계를 조망할 수 있도록 도와주는 효과가 있었다. 이러한 서사 전략은 텍스트의 주제를 독자들에게 전달하기 위한 적절한 방법이라 할 수 있다.

『태백산맥』의 서사적 한계는 분명이 존재했다. 좌익과 우익이라는 이분법적 인물 구도는 서사를 도식적이고 만들고 단순화시켰다. 물론 중도 지식인이 있기는 하지만 이들도 거의 좌익에 가깝다. 전자는 우호적이며 후자는 부정적으로 그려진다는 점에서 단순한 인간 이해라는 비판을 받기도 했다. 1-2부에서는 염상진, 하대치, 김범우 등 빨치산 입산자들이 모두 도덕적으로 선하며 완전무결한 혁명가로 지나치게 묘사되어 있다. 또

30 2017년도에 중국에서 드라마로 제작되어 큰 호응을 받았으며 우리나라에서도 2018년과 2019년에 계속 방영되어왔다.

3-4부에서는 김범우 등과 같은 좌익 지식인의 입을 통해 독자들에게 지식을 주입시키고 당시 정치적 상황을 설명하려 하는 작가의 의도가 노골적으로 드러났다. 그러나 두 텍스트의 문학사적 가치나 의의는 분명하다. 『태백산맥』이 여순사건과 한국전쟁이라는 역사적 사건을 토대로 민중성의 원리를 실현하고, 서남방언, 비속어 사용 등을 통해 민중들의 생존투쟁 의지와 욕망을 핍진하게 보여주었다는 점에서 민중 문학, 분단문학의 정점을 찍었다고 할 수 있다.

한·중 대하소설 두 작품을 좁은 지면에서 다루는 데는 한계가 있지만 방대한 인물들의 형상을 통해 동시대 한국과 중국의 정치, 사회상을 파노라마처럼 살펴보는 것은 의미 있는 작업이다. 역사는 전진과 퇴보를 거듭하면서 앞으로 나아간다. 서구와 일본의 제국주의 침략에 의해 개방과 근대화의 물결을 맞게 된 한국과 중국의 근현대사는 유사한 경험을 가지고 있어 양국의 현대사에서 반면 거울이 될 수 있다. 『백록원』과 『태백산맥』 비교 연구를 통해서 한국과 중국 독자들은 시대 의식과 주제 의식을 공유할 수 있을 것이다. 앞으로 한·중 문학 비교 연구는 한층 깊은 친연성을 가지고 연구 확장을 도모할 뿐만 아니라 한·중 문학의 접점을 이루는 다른 인문학까지 연구할 수 있기를 기대한다.

2

중앙아시아 고려인 단편소설의 지형도*

- 고려인 문학은 무엇인가
- 고려인 소설의 형성과정
- 고려인 정체성 확립을 위한 소설적 응전 : 김기철의 「복별」
- 디아스포라에 대한 기억의 역사 : 한진의 「공포」
- 다문화 사회의 생존 원리 : 송 란브렌찌의 「삼각형의 면적」
- 고려인 단편소설의 지형학적 위치

* 제2장은 『한국문학이론과 비평』 57집, 한국문학이론과 비평학회, 2012년에 게재한 것을 수정·보완한 것이다.

중앙아시아 고려인 단편소설의 지형도

임환모

■ 고려인 문학은 무엇인가

고려인 문학은 "소비에트 중앙아시아 고려사람 작가가 고려인 독자들을 대상으로 그들의 민족어인 고려말로 창작하고 발표한 작품을 의미한다."[1] 소비에트 중앙아시아 고려인 문학은 '고려인'들이 한반도를 떠나 연해주 및 중앙아시아로 떠돌며 정착하게 되는 디아스포라의 삶의 궤적을 다룬 작품들이다. 기존 연구자들은 그들의 문학을 세대에 따라 연해주에서 창간된 한글 신문 『선봉』의 문예란에 작품을 발표한 1923년부터 중앙아시아로 강제 이주를 당한 1937년까지를 제1시기(1세대)의 '망명문학의 태동기', 1938년부터 1954년까지를 제2시기(2세대)의 '망

1 김필영, 『소비에트 중앙아시아 고려인 문학사(1937~1991)』, 강남대학교 출판부, 2004. 57면.

명문학의 정체기', 1954년 이후를 제3시기(3세대) 문학으로 보고 이것을 다시 1954년부터 구체제가 몰락하고 CIS(독립국가연합)가 만들어지는 1990년까지를 '망명문학의 성장기', 1990년 이후 현재까지 러시아어로 작품 활동을 하는 2세대들의 문학을 '망명문학의 과도기'로 규정하고 있다.[2]

그들의 문학 중 소설을 시대에 따라 단계별로 세분화하면, 연해주 신한촌을 중심으로 고려인 소설의 원류를 형성하는 단계, 항일투쟁의 영웅들을 소설화함으로써 고려인의 정체성을 찾아가는 단계, 새로운 조국으로서의 사회주의 소련을 예찬하고 조화롭게 다문화 사회로 정착하는 단계, 그리고 현실사회주의의 몰락 이후 다양화 사회의 개방 단계로 나누어 살펴볼 수 있을 것이다. 그러나 한국어로 쓰이지 않고 러시아어로 쓰인 소설들은 넓은 의미에서의 중앙아시아 고려인 문학의 범주에 들기는 하겠지만 한국 문학사의 영역에서 논의하기에는 다소 무리가 있다. 미하일 박이나 아나톨리 김, 리진, 양원식 등이 러시아어로 쓴 소설들은 한국문학만으로 볼 수 없는 양면성을 가지고 있다. 고려인의 러시아어 소설은 고려인의 삶과 생각을 표현한 그들의 문학적 성과이면서 동시에 러시아나 중앙아시아의 소수자 또는 소수민족의 문학적 성취로 평가되어야 하기 때문이다.[3]

---

2 권기배, 「디아스포라와 망각을 넘어 기억의 복원으로 : 러시아 및 중앙아시아 한인 망명문학 연구(2) - 미하일 박 문학세계 연구」, 『외국문학』 제20집, 2012, 134면 참조.

3 윤여탁, 「세계화 시대의 한국문학 : 세계문학과 지역문학의 좌표」, 국어국문학회 편, 『세계화 시대의 국어국문학』, 보고사, 2012. 238면.

필자는 고려인 소설의 형성과정을 살피고 나서 중앙아시아 고려인 작가들이 공동창작집anthology으로 묶어낸 단편소설, 특히 김기철의 「복별」(1969), 한진의 「공포」(1989), 송 라브렌찌의 「삼각형의 면적」(1989)을 중심으로 그들의 디아스포라적인 삶이 어떤 궤적을 그리며 어떻게 소설화되고 있는가, 그것이 어떤 의미와 가치를 지니는가를 밝히고자 한다. 고려인 작가들이 사라져가는 고려말로 굳이 소설쓰기를 계속하는 이유가 어디에 있는가를 밝히는 것은 고려인의 정체성이 무엇이고, 그들의 지향점이 어디를 향하고 있는가를 아는 첩경일 터이다.

고려인 소설의 지형학적 위치를 확인하는 작업은 한국문학의 외연을 확장하는 일일 뿐만 아니라 점점 다민족, 다문화 사회로 진입하고 있는 한국 사회에서 고려인 디아스포라 문학이 한국 문화의 길잡이 역할을 수행할 수 있는 가능성에 대해 살피는 계기가 될 수 있을 것이다.

■ 고려인 소설의 형성과정

중앙아시아 고려인 문학의 출발은 연해주에서 창간된 한글 신문 『선봉』[4]에서 찾는 것이 일반적이다. 이 신문은 3·1운동

4 한글신문 『선봉』은 1923년 3월 1일 창간되었다. 리백호가 초대 주필을 맡았고, 1928년 조명희가 소련으로 망명한 이후 이 신문의 문예란이 활성화되고, 1937년 9월 12일 1644호를 끝으로 카자흐스탄 끄즐오르다로 강제이주 당하였다. 1938년 5월 15일 『레닌기치』로 제호가 변경되어 속간되었다.

4주년이 되는 날 창간되어 소련의 블라디보스토크 주변에 이주하여 정착한 고려인들의 눈과 귀의 역할을 담당했다. 『선봉』은 문예란을 만들어 문학작품을 게재하였는데 시가 주를 이루었다. 1923년부터 1937년까지 『선봉』에 발표된 소설은 정활의 「광부의 가정」(1935)과 강태수의 「공청회 조직원」(1937) 단 2편뿐이다.

1928년 조명희(1894~1938)[5]가 일제의 가혹한 검열과 탄압을 피해 연해주로 망명하여 신한촌에 거주하면서부터 러시아 고려인 문학은 시작되었다고 보는 것이 더 타당할 것이다. 조명희는 『선봉』의 문예란에 「짓밟힌 고려」(1928) 등의 시를 발표하고, 『붉은 깃발 아래서』(1929), 『만주 빨치산』(1937)과 같은 장편소

5 조명희는 1928년 창작집 『낙동강』을 간행한 후 소련으로 망명하고 '조생'라는 필명으로 문학활동을 계속하였다. 연해주 고려인 육성촌에 거주하며 『선봉』에 「짓밟힌 고려」 등의 시를 발표하고 장편소설 『붉은 깃발 아래서』(미완성 원고)를 집필하였다. 1930년에는 벼 재배 전문 농민학교에서 조선어 교사로 있으면서 문예를 지도하고, 1931년에는 동료 교사 황명희(마리아)와 재혼, 우스리스크로 이사하여 조선사범전문학교에서 조선어문학을 강의하였다. 1934년에는 그 해에 결성된 소련작가동맹 원동지부 간부를 맡아 활동하면서 『선봉』의 문예면 편집을 자문하고, 한글잡지 『로력자의 조국』에 시, 평론, 수필 등을 발표하였다. 이듬해 하바로프스크로 이사하여 조선사범대학의 교수로 재직하면서 많은 제자들을 가르쳤다. 그는 소련작가동맹 원동지부 간사로 활동하면서 『선봉』 문예란을 활성화시키고 한글잡지 『로력지 조국』의 주필를 맡아 고려인 문학 건설에 힘썼다. 1937년 장편소설 『만주 빨치산』을 집필 도중에 소련 내무인민위원회(NKVD) 기간원에 의해 연행되고, 가족인 부인과 세 자녀들은 스탈린의 소수민족 강제이주정책으로 중앙아시아 타슈켄트 황무지로 강제이주를 당하였다. 이듬해 4월 15일 일본간첩 행위에 협력한 죄로 처형을 결정 받고, 9월 하바로프스크 현지 주르사 감옥에서 총살당하였다. 스탈린 사후 1956년 복권되고, 1959년에는 그의 처남인 황동민(1900~1985, 모스크바 국제관계대학 역사학 교수)이 편집한 한글판 670면 분량의 『포석조명희선집』(소련과학원 동방도서출판사)이 간행되었다. 김성수, 「조명희」, 『약전으로 읽는 문학사1』, 소명출판사, 2008. 71~76면 참조.

설을 집필할 뿐만 아니라 다수의 수필과 평론을 발표하였다. 그가 한글 신문 『선봉』의 문예면 편집에 간여하고, 한글 잡지 『로력자 조국』의 주필을 맡으면서 고려인 문학은 태동되기 시작한다.

그런데 그가 1937년 『만주 빨치산』 집필 도중 소련 내무인민위원회(NKVD) 기간원에 의해 연행되고, 이듬해 9월에 일본을 위한 간첩행위를 하는 자들에게 협력한 죄로 처형됨으로써 러시아 고려인 문학은 뿌리를 내리지 못한 채 1937년 중앙아시아로 강제 이주를 당하고 말았다. 척박한 허허벌판 황무지에 흩어진 고려인들은 살아남기 위한 처절한 투쟁을 계속할 수밖에 없었기 때문에 문학예술은 사실상 휴면기에 들어가게 된 것이다. 더욱이 블라디보스토크에 있던 조선사범대학이 이주민과 함께 카자흐스탄으로 옮겨왔지만 이주 다음 해인 1938년부터는 한국어가 아닌 러시아어로 강의하는 학교로 바뀜에 따라 한국어의 사용과 활용이 그만큼 제약을 받게 되었다.[6]

그러나 스탈린 사후 1956년 호르시초프의 해빙 정책으로 조명희가 복권되고, 1959년 그의 처남 황동민에 의해 『포석조명희선집』이 간행됨으로써 중앙아시아의 고려인 문학은 다시 되살아나기 시작한다. 고려인들이 중앙아시아로 이주당한 후 대

6 이때의 사정을 한진은 『오늘의 빛』 머리말에서 다음과 같이 말하고 있다. "쏘련의 조선사람들이 자기의 조선말을 잊어버리기 시작한 것은 아마 이때부터였을 것이다. 물론 로씨야말로 교육을 받았기 때문에 조선학생들은 빨리 지식을 소유할 수 있었고 그들 속에서는 많은 학자들도 나왔다. 로씨야말교육은 긍정적 역할을 놀았다. 그러나 그것이 조선말도 유지할 수 있는 교육이었더라면 더 좋았을 것이다." 『오늘의 빛』(알마아따 : 자수식출판사, 1990), 4면.

부분의 작가들은 한글 신문인 『레닌신문』에 근무하면서 한글로 문학 활동을 했는데 그들은 김세일, 김준, 김광현, 임하, 조기천, 전동혁, 김기철, 한상욱, 차원철, 우제국, 김종세, 리 와씰리, 김두칠, 한 아뽈론, 채영, 정상진, 강태수 등이다. 이들은 블라디보스토크의 조선사범학교에서 조명희에게 직접 배웠거나 그의 문학 자장 안에서 문학을 배우고 영향을 받은 사람들이다. 그들의 문학 활동으로 1962년 소련작가동맹 고려인분과가 조직되고, 78개의 다민족소비에트문학 안에 중앙아시아 고려인 문학이 정상적으로 자리를 잡게 되었다. 고려인 문학 형성에 한글신문 『레닌기치』[7]가 끼친 공헌은 지대하다.

1939년 5월 24일자 『레닌기치』에 '문예페지'가 마련되면서 문학작품이 발표되기 시작한다. 그런데 1940-50년대 『레닌기치』에 발표된 소설은 시에 비해서 극히 미미하다. 허원룡의 「우승기」(1940), 태장춘의 「할흐 저녁」(1940), 우 블라지미르의 「수치」(1941), 김동철의 「쏘냐」(1941), 주가이 알렉쎄이의 「따마라」(1942), 조정봉의 「생의 불꽃」(1946), 리은영의 「씰로쓰 웅덩」(1957), 신진순의 「이웃 사람」(1958) 등이다. 이것들은 대체로 짧

---

7 카자흐스탄 『한인일보』 주필인 김상욱에 따르면, 『레닌기치』는 1938년 5월 15일 끄즐오르다에서 지역신문의 지위로 창간되어 처음에는 A4 2매, 월 15회 발행되었는데, 이것은 『선봉』이 제호가 변경되어 『레닌기치』가 된 것이다. 1978년 8월에 알마아따로 이전하고 크게 활성화되었다가, 1991년 5월에는 『고려일보』로 개칭되고 국영신문에서 민간신문으로 전환되었다. 2000년부터 카자흐스탄 고려인협회에서 운영하는데, 주1회 16면(노어판 12면, 한글판 4면)으로 발행하고 있다. 김상욱, 「고려인 한글문학의 산실, 선봉, 레닌기치, 고려일보」, 『교려인 강제이주 75주년 기념 '서울 실크로드 국제문학인 대회'』, 알마아따, 2012. 7. 11.

은 단편소설로서 소비에트 다민족주의의 우호를 그리거나 소비에트 사회주의 건설을 주제로 한 내용들이다.

1960년을 전후하여 소련 문학 안에 고려인 문학이 자리를 잡아가면서 소설 창작이 어느 정도 활성화되었다. 이때 김준(1900~1979)과 김기철(1907~1991), 전동혁(1910~1985), 김세일(1912~2001), 김광현(1915~2001), 한상욱(1919~1973) 등에 의해서 고려인 소설이 중앙아시아의 특수성 속에서 소설의 몸을 얻기 시작하였다.

그러나 이들에게 무엇보다 우선한 문제는 소설의 미학적 형식의 아름다움이 아니라 다민족소비에트연방에 안정적으로 정착하여 생존의 위협에서 벗어나고 자치권을 확보하는 일이었다. 그러기 위해서는 고려인으로서의 정체성 확립이 무엇보다 시급했다. 결국 '우리가 누구인가?', '다른 민족들과 더불어 살아갈 자질을 갖고 있는가?'를 진지하게 묻고 여기에 답을 해야만 했다.

중앙아시아 고려인 작가들은 주체적 생존을 위해서 자신들의 원 거주지인 연해주가 소련의 국가 형성에 어떻게 기여했는가를 중심으로 소설을 쓰기 시작한다. 연해주는 한국의 독립투사들이 항일운동의 일환으로 사회주의 사상투쟁을 전개한 중심지였다. 그곳은 한국의 이주민들이 삶을 이어가는 터전이자 항일독립운동과 긴밀하게 결부되어 있는 곳이었다. 자신들이 연해주에서 중앙아시아로 이주되어 왔지만 사회주의 이데올로기로 무장한 투사들이 러시아와 일본의 적대관계 속에서 항일투쟁을 함으로써 러시아 국가건설에 나름의 기능을 했다는 자부심이 내재되어 있었던 것이다. 물론 이 두 국가 사이에서 빚어지는 갈등과 의혹 속에는 강제 이주의 한 원인이 자리를 잡게 되고, 또 그것으로 말미암아 조명희를 비롯한 많은 지식인이 일본 간첩 혐의로 희생되는 비운을 맞기도 했다.

김준의 『십오만원 사건』[8]과 김세일의 『홍범도』[9]는 중앙아시아 고려인들의 정체성을 확립하는데 매우 중요한 기능을 하였다. 이 두 장편소설은 항일 무장투쟁만이 아니라 국가독점자본주의에 투쟁하는 사회주의 운동의 성과를 보여주었기 때문에 고려인들이 소련 사회에 끼어들 여지를 마련하기에 부족함이 없었다.

김준의 『십오만원 사건』은 실존 인물 최봉설[10]이 독립자금을 마련하기 위해 중국 연변 용정에서 현금수송차량을 습격하여 15만 원을 탈취한 사건을 바탕으로 이루어진 소설이다. 고려인 문학의 창시자인 조명희의 영향을 받은 김준의 『십오만원 사건』

---

8 김준, 『십오만원 사건』, 카자흐스탄 국영문학예술출판사, 1964.(총 358면의 장편소설)

9 김세일, 『홍범도』, 『레닌기치』에 1968년부터 1969까지 연재한 장편소설. 1989년 전5권으로 서울 제3문학사에서 발간되고, 동시에 같은 해 서울 신문학사에서 3권으로 발행됨.

10 최봉설은 1920년 윤희준 등과 함께 조선은행 회령지점에서 용정출장소로 가던 현금 수송차량을 습격하여 현금 15만원을 탈취한 후 이 자금으로 블라디보스토크에서 무기를 구입하여 북로군정서에 제공하였다. 일본 경찰에 체포되었으나 탈출하여 연해주에서 사관학교를 졸업하고, 1922년 러시아 내전에 참전하였다. 1923년 만주에서 적기단을 조직하고 단장 및 집행위원장으로 선출되어 항일무장투쟁을 계속하였다. 1925년 적기단이 해체되자 러시아로 들어가 활동하다 중앙아시아로 이주, 카자흐스탄 등지에서 콜호스 회장으로 활동한 뒤 1959년에는 침켄트로 이주하였다. 장사선/김현주, 「SIC 고려인 디아스포라 소설 연구」, 『현대소설연구』 제21호, 한국현대소설학회, 2004, 3. 12~13면 참조.

은 강제 이주 체험에서 배태된 민족 말살의 불안과 공포를 상징적으로 치유하려는 것인데, 국제주의를 전폭적으로 수용하면서 한국 본토와 연결되어 있는 민족주의를 부정하는 방식을 통해 고려인들이 소비에트연방 형성에 일정한 기여를 한 소련의 공민임을 선언한 소설이다. 이 장편소설이 1922년 원동에서의 소비에트 정권 수립에서 서사가 끝나고 있고, 이 이후 중앙아시아로의 강제 이주 이후의 기나긴 수난의 역사에 대해서는 침묵하고 있다는 점에서 보면, 『십오만원 사건』은 중앙아시아 소비에트에서 살아남기 위한 당시 고려인들의 '집단적인 꿈의 굴절물'일 수 있다.[11]

김세일의 『홍범도』는 무장투쟁 독립운동가 홍범도[12]의 혁혁한 항일투쟁을 소설화한 것으로 홍범도와 레닌의 상관성을 간접적으로 보여준 장편소설이다. 작가는 이 소설을 통해 홍범도

---

11 김주현, 「국제주의와 유교적 지사 의식의 결합 - 김준의 작품 세계」, 이명재 외, 『억압과 망각, 그리고 디아스포라 - 구소련권 고려인문학』, 한국문화사, 2004. 172면.

12 홍범도(1868~1943)는 1907년부터 산포대를 결성하여 삼수, 갑산, 해산 등지에서 일본수비대를 격파하고, 1910년에는 만주로 건너가 포수단을 조직하여 광복사상을 고취하고 독립군을 양성하였다. 1919년에는 간도대한국민회 예하의 대한독립군 총사령관에 취임, 같은 해 200명의 부하들을 거느리고 두만강을 건너 강계 만진포를 습격, 3일 동안 일본군 70여명을 사살함. 1920년에는 봉오동전투와 청산리전투에 참여하여 큰 공을 세웠다. 일본군의 추격을 피해 간도지방의 김좌진, 최진동 부대와 함께 노령으로 이동, 자유시를 새로운 근거지로 삼았으나 자유시참변을 겪은 후 1922년 고려공산당과 한족공산당이 통합되어 조직된 고려중앙정청의 고등군인징모위원에 임명되고, 레닌정부의 협조를 얻어 고려혁명군관학교를 설립하는 등 후진 양성에 힘쓰다가 1943는 카자흐스탄 끄즐오르다에서 죽었다. 한국정신문화연구원, 『한국인물대사전』, 서울: 중앙M&B, 1999. 2462면 참조.

같은 전설적인 항일무장투쟁의 영웅이 '지금 여기' 중앙아시아에서 거주하고 있는 고려인들의 직접적인 조상이자 동료라는 것을 일관된 자긍심으로 보여준다. 고려인 자신들이 일본 간첩 의혹에 대한 보복으로 중앙아시아에 유폐된 존재가 아니라 항일 무장투쟁과 사회주의 혁명 투쟁에 적극적으로 참여한 사회주의 건설과정의 정당한 일원이라는 점을 복원해냈다는 점에 이 소설의 가치와 의미가 있다. 고려인들의 자기합리화가 내재되어 있다고 하더라도 그들의 역사 복원작업은 자신의 정체성을 찾는 일이라는 점에서 보면, 『홍범도』는 고려인들이 각종의 민족적 차별을 극복하고 소련권에서 살아남아 성공한 자신들에 대한 헌사라고 할 것이다.[13]

『십오만원 사건』이나 『홍범도』는 실존 인물의 실화를 바탕으로 재구성된 서사물이기 때문에 오체르크[14] 양식에 가깝다. 작가들은 정치적 대중 선전 선동의 필요에 의해 만들어진 산문의 하위 장르를 활용하여 홍범도나 최봉설의 영웅적 행위를 찬양·교육하고, 이를 통해 '상상의 공동체'로서의 민족의 정체성을 확립하려고 노력했기 때문에 그들의 소설 창작 행위는 부정

13 강진구, 「고려인 문학에 나타난 역사 복원 욕망 연구 - 김세일의 장편소설 『홍범도』를 중심으로」, 이명재 외, 『억압과 망각, 그리고 디아스포라 - 구소련권 고려인문학』, 한국문화사, 2004. 277~278면 참조.

14 오체르크(Ocherk)는 문학의 정치와의 관계성을 가장 극명하게 보여주는 정치적 대중 선동의 서사문학 장르이다. 오체르크에는 기행 오체르크, 인물 오체르크, 사건 오체르크, 시평 오체르크, 전쟁 오체르크 등이 있다. 북한과 연변에서 소련의 오체르크 양식을 가져다 정치서사물로 활용하였다. 이영미, 「북한의 문학 장르 오체르크 연구」, 한국문학이론과비평학회, 『한국문학이론과 비평』 제24집, 2004. 9. 409~431면 참조.

적인 현실에 대한 문학적 응전이라고 해야 할 것이다. 결국 홍범도와 최봉설 같은 영웅적 인물을 부각시킴으로써 중앙아시아의 다민족 속에 하나의 구성체로서 고려인들은 정신적 뿌리를 내릴 수 있었던 것이다.

■ 고려인의 정체성 확립을 위한 소설적 응전: 김기철의 「복별」

1960년대 이후 고려인들은 중앙아시아에서 어느 정도 자리를 잡아가면서 소비에트 공민으로서의 자격을 갖추어가기 시작한다. 소비에트 중앙아시아 공민으로서의 자격은 사회주의 이념과 국가건설에 기여한 성과가 전제되어야 가능한 일이었다. 이러한 소망을 소설 형식으로 형상화하는데 성공한 작품이 김기철[15]의 「복별」[16]이다.[17]

15 김기철은 1907년 함남 단천에서 출생하여 연성룡과 함께 중국 간도 용정의 대성중학을 졸업했다. 연해주 하바로프스키의 변강출판사에서 함께 근무하던 조명희로부터 문학적 감화를 받았다. 1934년에는 희곡 「빠르찌산을 짓고」, 1938년에는 중앙아시아 고려인 최초의 소설 「첫사귐」을 썼다. 「첫사귐」은 공동창작집 『씨르다리야의 곡조』(알마아따 : 사수싀출판사, 1975)에 재수록되었다. 1987년 자신의 소설집 『붉은 별들이 보이던 때』를 사수싀출판사에서 간행한 그는 1991년 3월 알마아따에서 사망했다.

16 김기철의 「복별」은 1969년 11월 『레닌기치』에 연재된 단편소설이다. 이 작품은 고려인 공동작품집 『해바라기』(알마아따 : 사수싀출판사, 1982)에 재수록 되었다. 여기에 수록된 텍스트를 연구 대상으로 하였다.

17 평론가 정상진은 『레닌기치』 1970년 9월 16일자에서 김기철의 「복별」이 "예술작품이 가져야 할 구성성분을 충분히 갖추고 있"고, "주인공들이 의식적으로 계속 장성 발전하여 가며 그들의 계급적 자아의식이 성숙하여가는 행정이 잘 묘사되었다"고 평가하면서 「복별」이 '우수한 작품들 중의 하나'라

「복별」은 46배판 20면에 달하는 상당히 긴 단편소설이다. 이 소설은 강제이주 당하기 전에 살았던, 원동의 '다섯호동리'라는 마을에서 생긴 백위군의 마을 습격 사건과 이것을 계기로 세 장정이 볼세비키의 적위군에 가담하여 일본제국주의 세력을 축출하는 데 어떻게 기여하는가를 형상화하고 있다. 작가를 대변하고 있는 서술자의 서술 초점은 그들이 어떻게 사회주의 이념으로 의식화되어 가는가, 1922년 내전을 종식시키고 사회주의 국가체제를 확립하는데 그들이 어떻게 기여했는가에 맞춰져 있다.

이 소설의 텍스트 효과와 미의식은 서술자의 설정과 초점화 서술에서 발생한다. 작가는 서술자를 1인칭인 '나'로 설정하고 있는데, '나'가 14살 때인 1921년 가을을 시간적 배경으로 서사가 시작된다. 14살짜리 소년인 '나'가 등장인물로써 보고 인식한 것을 서술하는데 인식주체는 14살의 소년이고, 서술 주체는 세상 물정을 두루 알고 있는 성인이다. 인식주체와 서술 주체가 뒤섞여 나타나는데 대부분은 성인 '나'가 어린 시절의 경험을 40년이 훌쩍 지난 시점에서 재구성하고 있다.

> 마을 사람들은 이날 밤을 거의나 뜬눈으로 새였다. 특히 아버지들이 그리하였다. 근심이 태산같았던 것이다. 집과 살림도구, 옷과 이부자리가 몽땅 타버리고 곡식이란 것은 절반소출도 먹으나마나하다. 죽물이나 우려서 입에 풀칠을 하며 지낼셈치더라도 추위가 코앞에 닥쳐오는데 대체 무엇을 입고 덮고 산단 말인가? 이리 파보고 저리 파봐도 돈 나올 구멍수라고는 없다.

고 극찬하고 있다.

그럴수록 어른들은 여태껏 복별이 비치기를 바라고 살아온 자기들의 어리석음을 때달으며 붉은 파들이 이기면 땅이 생기고 잘 살게 되리라는 그 뜬말에 은근히 희망을 거는 것이었다.[18]

어린 소년 서술자라면 적위군과 백위군의 싸움을 알 수도 없을 뿐만 아니라 앞으로 살아갈 날에 대한 근심과 걱정을 이렇게 구체적으로 하지 않을 것이고, 더욱이 복별이 비치기를 바라는 풍수지리적 속신을 믿어온 자신들의 사고방식이 어리석었다는 것을 깨달을 수도 없었을 것이다. '나'의 아버지를 비롯하여 노랑둥이아버지, 복돌이아버지, 보배아버지, 오묵네아버지 다섯 사람이 그 산기슭에 마을의 자리를 잡을 것은 "서산줄기 한가닥이 흘러내리다가 강을 만나서 걸음을 멈추고 치솟아 쪼막바위를 이룬 것이 바로 달리던 룡이 하늘로 날아오르는 형국이라 하여 이곳에 뿌리를 박기만 하면 복별이 비치여 살림이 페고 재산이 불고 자손이 수두룩이 퍼지리라는 것"[19]을 믿었기 때문이다. 이런 미신을 믿고 열심히 살아왔지만 20여 년 동안 이룬 것이라고는 다섯 집 아울러 황소 두 마리, '큰영 김주사 네 변돈 몇 십량씩과 지난해에 채 바치지 못한 땅세가 조 두섬, 귀밀 한섬씩' 빚을 지고 있을 뿐이다.

그러던 중 1921년 가을은 풍년이 들었다. '복별'이 비쳤다고 좋아하고 가을걷이를 시작한 지 엿새째 되는 날 백위군 기병이 들이닥쳐 조밭에 말을 놓아먹이고 황소를 죽이고 집을 불살라

18 『해바라기』, 알마아따 : 사수식출판사, 1982. 38면.

19 위의 책, 29면.

버렸다. 일본제국주의 앞잡이인 기병들이 마을에 그런 행포를 부린 것은 조선인 파르티잔들에게 5명이 죽임을 당한 것에 대한 분풀이였다는 서사 정보가 그들이 물러간 다음 '나'의 아버지 일을 통해 직접 드러나기 때문에 서사적 긴장과 재미가 배가 되는 것이다. 이러한 서사 정보를 제시하는 크로노토프의 서사 전략이 독자에게 미적 감흥을 불러일으킨다.

이 소설이 의식과 행동의 성장 과정을 보여줄 수 있었던 것도 이런 크로노토프의 효과 때문이다. '나'의 아버지들이 볼셰비키 적위군에 가담하게 된 것은 백위군 기병들 중에 어떤 러시아 사람이 아버지에게 "소를 잡아채우고 떠날 때 우리 남정 다섯을 집에 몰아넣고 불을 놓으려고 한 것"을 살짝 귀띔해 준 것이 계기가 되었는데, 살짝 빠져나온 아버지들은 '울뚝밸'이 나서 '베르단총'으로 대항했던 것이다.

그러나 정작 그들이 사회주의 건설 혁명에 직접 참여하게 된 동기는 마을이 습격을 받아 쑥밭이 되었다는 소식을 듣고 도우러 온 '맨웃촌' 사람들, 특히 '김선생'의 도움과 일본제국주의자들('땅지기 이와노브', 일본수비대 소속의 민회장 '김주사' 등)의 횡포이다. '맨웃촌' 사람들 40여 명은 구호물품을 가져오고, 가을걷이를 도와 추수를 마칠 수 있었다. 여기에서 서술자는 "여러 사람의 힘, 뭉친 힘이란 실로 큰 것이었다."고 직접 서술한다. 마당질을 마치고 세 아버지들은 술과 떡을 빚어 '맨웃촌'으로 답례를 가고 없을 때 땅지기와 민회 일당이 찾아와서 땅세와 밀린 '변돈'(꾸어다 먹은 양식 값)이라는 명목으로 모든 곡식을 한 알도 남김없이 빼앗아갔다.[20] 다음날 돌아온 아버지들 세 사람은 크게 분개하고 남은 황소를 팔아 양식을 마련해두고 집을 떠났다. 그들이 떠난 후 마을 사람들은 일본수비대에 끌려가 그들이 간 곳을 염탐하는 고문을 당하는데 특이 '나'의 어머니는 더욱 혹독한 고문을 받았다. 속히 돌아오겠다던 아버지의 소식은 없고, 이듬해 1922년 2월 중순 쯤 하바로프스키에서 '붉은파'(적위군)가 '백파'(백위군)를 쳐서 크게 이겼다는 소식과 '붉은파들'에는 조선 사람들이 많이 들어 싸웠고, 그들은 계속 쳐내려온다는 소식만 전해질 뿐이었다.

변변히 농사를 짓지 못해 먹을 걱정을 하는 가을이 왔을 때 마을 사람들은 쪼막바위 위에서 얼마 안 되는 '백파' 기병을 쫓는 다수의 '붉은파' 기병을 보게 된다. '낫과 마치와 별을 새긴 붉은 기발'을 앞세우고 가는 기병들 속에는 '러시아 사람'과 '조선 사람'이 섞여 있고, 그중에 세 아버지들이 말을 잠시 세우고 칼을 휘두르며 쪼막바위를 향해 외치는 모습을 보게 된다.

> – 아버지, 아버지! – 하고 나도 복돌이도 웨쳤다. (노랑둥이는 아직 철을 몰랐다.) 모두다 손을 저어 인사를 하였다. 세 아버지들은 곧 대오에 들어 앞으로 달려 나갔다. 붉은 기발은 바람에 날리며 더 빨리 앞으로 나갔다. 오묵네아버지는 그 기발을 가리키며 이렇게 말하였다.

20 수탈을 일삼은 일본 앞잡이들의 논리를 작가는 김주사의 입을 빌려 "조선사람들을 보호하기 위하여 큰영에도 일본수비대가 와 있다는 것, 민회는 조선사람들의 일을 도맡아하는 기관이란 것", "신당들이 말하는 공산을 하며 지어녀편네까지 네것남의것이 없는 란판이 된다는 것"이라고 제시한다. 위의 책, 43면.

- 왜 복별이 없다구들하오. 하늘엔 없지만 땅우엔 있소. 저 붉은기에 새긴 저 별이 복별이 아니고 무엇이오?!

산길 굽인돌이에 사라질 때까지 붉은기를 바라보고 있는 사람들의 얼굴에는 웃음이 꽃피여 있었다.[21]

서술자는 '다섯호동리'의 형국이 복을 받고 자손 낳아 번성할 것이라는 풍수지리적 의미를 '복별'로 상징화하여 등장인물들의 이념적 성장과정을 구체화하고 있다. 다시 말하면, 소련의 사회주의 국가체제를 갖추었을 때라야만 복별이 비칠 수 있다는 당위성을 형상화한 것이다. 더불어 복은 운명적으로 하늘에서 주어지는 것이 아니라 인간의 투쟁과 노력으로 얻어진다는 것을 말한 것이다. 낫과 망치와 별은 소련의 국기의 도상기호이고, 국기 속의 그 별이 '복별'이라는 논리이다. 이것은 소련 국가체제의 사회주의 정권하에서만 풍요로운 삶이 보장된다는 간접적인 표현이다. 사회주의 국가건설을 위한 혁명에 '조선사람들'이 다수 참여했다는 자부심은 곧 그들이 소련의 공민임을 천명한 것이고[22], 또한 '상상적 공동체'로서의 고려인의 정체성을 드러낸 것이라고 할 수 있다.

21 위의 책, 48면.

22 1922년 내전이 종식되고 소비에트 체제가 성립하자 혁명에 참여했던 고려인들은 소련의 국적이 부여되는 혜택을 누리게 됐다고 한다. 최강민, 「고려인 디아스포라 문학과 민족정체성의 해체」, 이명재 외, 『억압과 망각, 그리고 디아스포라 - 구소련권 고려인문학』, 한국문화사, 2004. 91면.

■ 디아스포라에 대한 기억의 역사: 한진의 「공포」

1937년 연해주에서 중앙아시아로의 강제이주는 그들에게 정신적으로나 물질적으로 크나큰 상처를 남겼다. 그것이 하나의 거대한 트라우마를 형성하기도 하였지만 동시에 강한 생명력의 원천으로 작동하기도 하였다. 억압과 망각 속에 침묵하던 고려인들은 1989년 소련의 개혁개방이 추진되는 과정에서 조금씩 강제이주 당시의 체험적 상황을 기억 속에서 끌어내 작품으로 형상화하기 시작한다. 고려인 강제이주를 가장 먼저 본격적으로 소설화한 작품으로는 한진[23]의 「공포」[24]를 들 수 있다.

스탈린의 중앙아시아로의 고려인 이주 정책을 '강제 이주'로 규정하고 이것을 직접 비판하기 시작한 것은 『레닌기치』 1989년 5월 3일자 엠 우쎄르바예와의 「강제 이주」부터이다. 강제 이주가 고려인들에게는 "기억에서 영원히 사라지지 않는 사변"과도 같은 것이었다. '일본개'라는 누명을 쓴 채 '죄 없는 죄수'가 되어 피땀으로 일군 연해주에서 추방되어 사막 한가운데 버려지듯 내던져졌을 때 그들은 극심한 공포에 휩싸일 수밖에 없었다. 스탈린의 소수 민족 강제 이주 정책이 경제건설을 전제로

---

23 1931년 평양에서 태어난 한진은 본명이 한대용인데, 김일성종합대학 로문학부 2학년 재학 중 인민군에 입대하여 한국전쟁에 참가했다. 1951년 리진, 허진 등과 더불어 모스크바에 유학하던 중 망명하여 희곡작가와 소설가로 활동하였다. 1988년 알마아따 사수싀출판사에서 『한진희곡집』을 간행했는데, 「의부어머니」와 같은 좋은 희곡작품을 남겼다. 1993년 위암으로 사망.

24 「공포」는 1989년 5월 23일부터 31일가지 8회에 걸쳐 『레닌기치』에 연재된 단편소설이다. 고려인 공동창작집 『오늘의 빛』(알마아따 : 자수싀출판사, 1990)에 재수록 되었다.

한 중앙아시아 노동력 확보, 일본의 대륙 침략을 위한 전초기지의 무력화, 고려인 자치주 결성과 민족 분쟁의 가능성 제거 등 어떤 원인에서든 당시 고려인에게 들씌워진 일제 스파이 협의는 강제 이주에 따른 고려인들의 반발을 원천봉쇄하려는 고도의 술수라고 해야 할 것이다.

> 1937년 가을 쏘련 연해주의 조선사람들은 한날한시에 모두 ≪승객≫이 되었다. 수십만명이 동시에 기차를 탔다. 얼마나 많은 차량이 들었을가? 수천대? 수만대? 어데서 이 많은 차량이 생겼는가? 씨비리로 류형수들을 실어내는 차량들이라고 했다. 빈 차량을 그냥 돌려보낼 수는 없지 않는가…
>
> 살던 집과 가장집물을 그대로 두고 거진 알몸으로 쫓겨나면서도 누구 하나 안가겠다고 때를 쓰는 사람이 없었다. 양무리처럼 온순히들 차에 올랐다. 어데로 무엇 때문에 실려가는지도 몰랐다. 남녀노소 한사람도 남지 못하고 다 고향에서 쫓겨났다. 가는 길도 멀었다. 수만리, 수십만리… 차에서 태어나는 애도 있었다. 그것들은 나서 인차 귀신들이 물어갔다. 출생신고도 사망신고도 할 필요가 없었다. 그들은 정말 이 세상에 왔다가 땅 한번 밟아보지 못하고 사라져갔다. 오직 어머니 가슴속에 피멍울만을 남기고… 많은 로인들과 어린것들이 철도연변에 묻혔다.[25]

「공포」의 서술자는 감정을 배제하고 이주 사실을 가치중립적으로 담담하게 서술한다. 1937년 가을 고려인 36,422가구 171,781명이 영문도 모른 채 40여 일 동안 기차를 타고 중앙아시아로

25 한진, 「공포」, 『오늘의 빛』, 10면.

이주되어 갔다.[26] 그러나 이주 과정의 두려움보다는 이주 후에 오는 소련당국의 감시와 통제는 실로 고려인들에게 공포를 불러왔다. 일본 간첩이라는 혐의를 붙여 국사범으로 몰아 많은 지식인들과 혁명가들을 처형하거나 유폐시키는 탄압이 공포의 주요인이었다.

모스크바 종합대학 출신인 역사학자 '김선생'이 일본 간첩이라는 혐의로 끌려간 후 주인물 '리선생'이 밤마다 당하는 공포는 이루 말할 수 없이 가혹한 것이다. 블라디보스토크의 조선사범대학이 사막도시 끄슬오르다로 옮겨왔으나 러시아인 교장이 부임하고 조선어가 아닌 러시아어로 교육하는 고등교육기관으로 바뀌는 과정에서 '리선생'은 러시아어를 잘한다는 이유로 학교에 남게 된다. 그런데 교장은 그에게 '소련 공민의 신성한 의무'를 다할 것을 요구한다. 그 요구는 '학생이든 선생이든 쓸데없는 말들을 지껄이는 것'을 고자질하는 '앞잡이'가 되라는 것이다. 언제 어디서 붙들려갈지 잠시도 마음을 놓을 수 없는 상황에서 교장의 요구는 '리선생'에게 생사여탈을 가름하는 협박과도 같은 것이다. 그가 그 답답한 현실에서 도망하고자 하나 고려인들에게는 씨르다리야강을 건널 권리가 없고, 그 도시를 벗어는 것이 금지되어 있었다. 공민증까지 빼앗기고 거주증만 가지고 있었기 때문이다.

---

26 김필영, 앞의 책, 21면. 그 강제이주의 전 과정과 그 참상은 김기철의 중편소설 「이주초해 ; 두만강-씨르다리야강」(『레닌기치』 1990. 4. 11~6. 6. 총 18회 연재된 중편소설)에 잘 드러나 있다.

「공포」는 궁극적으로 자신들의 언어와 문자를 지키기 위해서 죽음을 건 영웅적 행위를 보여주기 위한 것이다. 주인물의 이런 행위가 정당성을 얻기 위해서는 고려인을 이간질시키는 '앞잡이'의 유혹에서 벗어나고 그런 행위를 강요하는 현실적 압제에 대항하는 서사적 장치가 필요했다. 그래서 작가는 잡혀가기 전에 교원실에서 했던 '김선생'의 이야기를 소설의 중간에 끼워 넣어 '앞잡이'가 공존의 법칙을 어떻게 깨뜨리는지, 그리고 지배 논리에서 어떻게 스스로 자멸하는지를 보여준다.

앞잡이로 길들여진 숫양 '검둥이'가 수많은 양 떼들을 도수장 안으로 몰아넣는 일이 끝나자 그 역시 도수장에서 도살된다는 이 염소 알레고리는 '김선생'이 잡혀간 원인이기도 하지만 '리선생'이 자신의 본분을 지켜가는 시금석이기도 하다. 이 알레고리는 강제이주와 정착과정에서 그러한 고려인 앞잡이들이 소련당국의 억압과 분열정책에 협잡한 경우가 많았음을 간접적으로 보여주는 효과를 낸다. 작가 한진이 '김선생 이야기'라는 독립적인 장을 마련하여 '검둥이' 염소라는 알레고리를 창조해 낸 것은 당시의 고려인 앞잡이들의 죄 역시 스탈린의 강제이주 못지않게 중대한 범죄행위임을 증언한 것이고, 더불어 급변하는 시기에 나타날지도 모르는 또 다른 앞잡이들을 경계하기 위한 것으로 해석될 여지가 있다.[27]

부엌 안에 지은 제비집을 '귀향의 희망의 상징'으로 여기면서 숨죽여 살아가는 '리선생'이 너무도 우연한 사건 덕택으로 『문

27 강진구, 앞의 논문, 65면.

헌비고』, 『동국여지승람』, 『대전통편』, 『천자문』, 『동몽선습』 등 무려 800권이 넘는 '조선고전서적'을 상자에 담아 공화국 수도에 있는 알마아따 도서관으로 책을 보낼 수 있었다. 그의 영웅적 행위는 "말 한마디 잘못하고 붙들려가는 세월"에 "죽음까지도 각오"하고 저지른 행동이었다. 그 책은 그 자체로도 중요하지만 더욱 문제가 되는 것은 그것을 보존하는 행위에 조국 광복의 염원이 담겨 있었기 때문이다.

> … 이 책들은 서울 어느 도서관에 있던 책들이 틀림없었다. 이 책들이 어떤 경로로 해삼 신한촌에 들어왔다가 여기까지 실려오게 되었을까? 또 이 책들은 앞으로 어떻게 될 것인가? 이 책들의 운명을 모르는 것이 답답하였다. 의심할바 없이 이 책들은 조선의 광복을 념원한 애국렬사들이 자기 투쟁의 반려로 가지고 온 것이 틀림없다. 그럼 그 사람들은 누구이며 그들의 운명은 어떻게 되었는가? 그러자 이 책들은 그들의 화신처럼 생각되었다. 혼이 깃들어 있는 것 같았다.[28]

조국의 광복을 염원한 애국열사의 혼이 깃들어 있는 책을 지켜냄으로써 고려인의 정체성은 어느 정도 확립될 여지가 많았다. 이 책들이 알마아따 도사관의 낡은 지하실에 보관되어 오다가 제2차 세계대전이 끝나갈 무렵에 세상에 알려지게 되고, 신축한 카자흐공화국 뿌스킨 국립도서관의 특별실에 보관되기에 이른다.

---

28 『오늘의 빛』, 34면.

> 그러나 이 책들을 읽으러 오는 사람들이 없다. 그때 조선사범대학이 문을 닫은 후 반세기라는 세월이 흘렀다. 그 동안 어린애들에게 조선말을 가르칠 선생이 없어졌다. 이 책들을 읽을 사람들이 없어진 것이다.
>
> 그러나 나는 믿는다. 때가 오면 다시 이 도서관을 찾아와 이 책들을 읽을 사람들이 반드시 있으리라는 것을 믿고 싶다. 순진한 리선생이 믿은 것 같이 그날은 오고야말 것이다.[29]

작가에게는 조선의 고서적을 지키는 것도 중요하지만 그것을 읽고 쓸 수 있는 사람이 반드시 있어야 한다는 것이다. 작가 한진에 따르면 "크든 작든 한 민족의 언어는 두말할 것 없이 문화의 기념비"이고, "인민은 자기의 언어로 하여 불멸"하기 때문에 언어를 지키는데 '자손으로서의 신성한 의무'를 다해야 한다.[30] 고려인들이 사용하는 한국어는 고려인들이나 고려인소설의 정체성을 보여주는 결정적인 실체이기 때문이다. 우리의 입말과 글을 읽고 쓸 수 있는 능력을 기르는 일이 고려인에게 무엇보다 중요한 이유가 여기에 있다는 것을 소설의 형식으로 잘 보여주고 있는 작품이 한진의 「공포」인 것이다.

29 위의 책, 40면.

30 『오늘의 빛』 머리말, 위의 책, 5면.

다문화 사회의 생존 논리: 송 라브렌찌의 「삼각형의 면적」

고려인들의 집단이주는 중앙아시아의 농업 생산력 증대에 많은 기여를 했다. 연해주에서 황무지를 개척하여 벼농사를 성공한 경험을 가지고 있는 고려인들은 중앙아시아에서도 벼 재배에 성공하였다. 그들이 집단이주하기 전 1928년에 이미 고려인 70여 가구 300여 명의 벼 재배업자와 양잠업자들이 연해주에서 세미레체군으로 이주하여 고려인 노동협동조합인 '까작스끼 리스'를 조직하고 벼 재배에 성공하여 1931년에는 소련에서 카자흐스탄이 가장 중요한 벼 재배 국가가 되었다.[31] 여기에 집단이주해온 고려인들의 합세는 중앙아시아의 식량 생산을 크게 향상시킬 수 있었던 것이다. 그래서 현지 중앙아시아 사람들과 고려인 사이에 상호 협력적 관계가 우호적으로 형성될 여지가 있었고, 그들 모두에게 함께 살아가야 할 운명 공동체 의식이 요구되었다. 김기철의 「첫사귐」(1938)이나 주동일의 「백양나무」(1970), 김 보리쓰의 「집으로 가는 길」(1988) 등은 카자흐사람과 고려인이 친구가 되거나 상호 협력하는 관계의 다민족 다원사회를 희구하는 내용을 담고 있다. 고려인들이 현지인과 함께 섞이는 일이 무엇보다 시급했던 것이다. 그래서 현지 적응의 동화전략이 그들이 생존 전술이었다. 그들이 농촌을 떠나서 도시로 이주[32]한 이후의 삶 역시 그런 동화전략이 작동하고 그 속에서

31 김필영, 앞의 책, 22면.

32 고려인들은 1940~50년대에 집단농장에 귀속되어 성실함과 탁월한 농업기술을 바탕으로 높은 소득을 얻었는데, 1960년대 부실한 중앙시아인들의 콜호스

자기실현을 위해 노력하지 않을 수 없었다.

송 라브렌찌[33]의 「삼각형의 면적」[34]은 옷 짓는 재봉일로 성공한 어머니의 모습을 보여준다. 이 소설은 작가의 자전적 소설이라고 하는데, 조명희의 미망인 황명희도 재봉틀로 3남매를 훌륭하게 양육했다고 한다. 인식과 행위의 주체이자 서술자인 '나'가 재봉일로 성공한 어머니의 삶을 직접 독자에게 말을 걸면서 이야기하는 방식으로 소설이 전개된다. 어느 날 '나'는 '좀 웃어볼까' 하고 문화휴식공원의 '웃음의 방'에 갔다가 충격적인 사건을 목격한다. '웃음의 방'에 들어서면 모든 사람들의 모습이 이리저리 비뚤어진 모습으로 거울에 비치는데 어떤 젊은 남녀는 비틀려 보이지 않고 반듯하게 거울에 비취는 것이었다. 너무도 이상해서 집에 돌아와 어머니에게 그 사실을 말하자 어머니는 그 두 남녀는 며칠 전에 결혼한 젊은이들인데 자신이 그들의 옷을 지어 주었고 오늘 아침에 그들이 다녀갔다는 사실을 말해주었다. 이것은 어머니가 지은 옷을 입으면 신기한 마법이 생긴다는 사실의 극단적인 예 중의 하나이다. 또 하나의 예는 무역 대

를 우수한 고려인 콜호스와 강제 통합하면서 생산성이 떨어지고 경제적 여건이 나빠져서 많은 고려인들이 도시로 이주하게 되었다.

33 송 라브렌찌는 1941년 카자흐스탄에서 태어나 1966년 모스크바 전소련연방 국립영화학교(VGIK) 각본과를 졸업한 후, 카자흐 국립 조선극장 등에서 각본가, 연출가로 활동하고 소설도 썼다. 1989년에는 카자흐스탄 작가동맹 산하에 독립된 단체인 '너와 나'를 설립하고 억압받은 소수 민족의 문제를 다룬 기록영화를 많이 남겼다.

34 「사각형의 면적」은 원래 1986년 종합지 『공간』에 발표되었고, 나중에 『오늘이 빛』(알마아따 : 자수식출판사, 1990)에 재수록 되었다. 『문예중앙』 1996년 봄호에 발표된 「직공 : 어머니의 터전」은 「삼각형의 면적」이 개작된 것이다.

표가 어머니가 재봉한 옷을 입고 독일에 가서 압연품을 자르는 기계를 사들이는데 유리한 계약을 체결하고 돌아온 경우이다. 그리고 훗날 옷 만드는 일의 허가가 문제 되어 형님네 도시로 떠나서 기성복공장에 취직하고 거기서 만든 작업복을 입은 건설공이 시험에 우등 합격한 일도 같은 경우이다. 서사의 형식으로 제시되지는 않았지만 서술자의 말을 통해서 제시된 어머니의 신통력은 무수히 많다. 감기에 걸린 이웃집 소녀에게 손수건을 만들어주면 그 애의 감기가 말끔히 떨어진다는 것, 낙제생에게 바지를 지어주면 좋은 성적으로 진급한다는 것, 증기계 제작공장의 일꾼에게 작업복을 지어주면 상부의 좋은 평가를 받는다는 것 등이다.

물론 이러한 사건들은 우연의 일치일 수 있지만 그럴만한 개연성이 충분한 것은 어머니가 옷을 만들기 위해 몸의 치수를 재는 방법이 매우 독특하기 때문이다. 어머니가 만든 옷을 입으면 좋은 일이 생기거나 성공한다는 마법 같은 사실이 개연성을 갖도록 작가는 옷 만드는 방법과 행위가 예사롭지 않음을 구체적으로 보여준다.

> 그런데 이야기가 거기까지 가서는 보통사람들은 더 말할것도 없고 재봉사들도 모를 일이 시작되었습니다. 어머니는 그 위풍 있는 사람더러 온갖 잔일에 대해서 캐여묻기 시작하였습니다. 그 사람은 아이가 몇이며 공부는 잘하는지, 안해는 월급이 얼마나 되는지, 그 사람은 동부인을 하고 영화구경을 다니는지, 공장의 아래일군들은 그를 어떻게 대하는지, 아이들을 기르기 힘이 많이 드는지, 축구구경을 다닐 겨를은 있는지, 높

> 은 지도부에 아는 사람아이 있는지… 어머니는 나이가 벌써 많음에도 불구하고 주문자의 말인 로씨야말로 말을 잘하지 못해 미안하다고 하면서 이 모든 일에 대해서 캐여물었습니다. 그리고 대답을 들을 때마다 갑자기 한 팔을 쭉 펴고 웬 숫자인지 중얼거리고 종이쪼박에 얼른 써놓군 하였습니다. 나는 후에야 알게 되었는데 그것은 옷을 마를 때 필요한 어깨며 소매며 품의 길이였습니다. 때로 어머니는 왼쪽 어깨의 끝으로부터 등을 지나 오른쪽 팔굽까지 재야하였습니다. 그렇게 잴 때는 자 대신에 가운데에 매듭이 있는 명주노끈을 썼습니다.[35]

옷을 마르기 위해서는 치수가 정확해야 한다는 것이 재봉사의 상식일 것이다. 자를 사용하지 않고 몸에 맞는 치수를 정확히 잰다는 것은 상식을 뛰어넘는 비결이다. 어머니가 서툰 러시아말로 주문자와 이러저런 일상사에 대해서 묻는 행위는 그 사람의 인품과 개성을 살피는 행위이면서 동시에 몸의 체질을 측정하는 것이라고 볼 수 있다. 그 사람의 인품과 개성에 맞는 옷을 만드는 신비한 능력이 전제되면 어머니가 만든 옷은 불가사의한 힘을 발휘하게 될 것이다. 이것은 신으로부터 부여받은 능력이라고 밖에 달리 표현할 길이 없다. 그래서 비결이다.

그런데 마음씨가 곱지 않은 사람은 아무리 옷을 잘 만들어 주어도 장래가 성공적이지 못하게 된다. 어느 날 어머니가 '세력 있는 여자'의 옷을 만들어주는 과정에서 신경질을 내고 옷 짓기를 싫어하는데, 그 여자의 품성이 좋지 않았기 때문이다. 그 여

35 『오늘의 빛』, 88면.

자의 인품에 어울리는 옷이 아니라 솜씨만 있는 예쁜 옷이기 때문에 그 여자는 직책이 낮아지게 된 것이다. 이 일로 해서 "어머니는 의심스러운 일솜씨로 사람들의 운명을 변경시키는 알 수 없는 무서운 힘을 가지고 있다"는 소문이 돌고, 이로 말미암아 '국영양복점의 재봉사들의 신소'가 몇 번 이어지고, 구역재정부의 검사기관에서 '비법적인 로동'에 대한 검사가 시작된다. 결국 어머니는 많은 벌금을 물고 더 이상 옷 만드는 일을 할 수 없게 되었다.

옷을 지어달라는 주민들의 부탁을 피해 '형님'네로 가서 기성복공장에 취직하고, 기성복 만드는 일을 초과달성하여 상을 받기도 하지만 그로 인해 노동자의 규정 보수를 낮추고 생산량을 높이는 결과를 가져왔다. 그래서 단추를 다는 일을 하다가 '나'의 권고를 받아들여 집으로 돌아왔다. 집에서 옷을 짓는 면허를 받아 어떤 장애도 없이 바느질 주문을 받을 수 있게 되었을 때 어머니의 신통력은 사라지게 된다. '진실과 사랑'이 있는 삼각형의 맨 꼭대기에 올라섰던 어머니가 '시기와 악의'의 맨 밑바닥으로 떨어지게 된 것이다. 더 이상 옷 짓는 일을 하지 않게 되고 오직 다 자란 손자의 적삼을 지어주는 정도에서 그쳤다. 그런데 어느 날, 손자가 낡은 재봉틀로 유행 바지 '바나나'를 지어 입고 자랑하자 동무의 옷도 지어주어야 하다고 충고한다. 할머니는 손자가 바지를 짓는 모습을 보고 크게 기뻐한다.

> 할머니는 방구석에 앉아서 손자가 치수를 잴 순간을 기다렸습니다. 손자는 자를 들지 않았습니다. 동무하고 어제 학교에

서 있은 우스운 일에 대해서 이야기하면서 이따금 손을 우로 올려던지듯이 하고는 수자를 대고 종이에 적군 하였습니다…
≪아 하느님… 옳게 하신 일입니다!≫ 하고 할머니는, 우리 어머니는 웨쳤습니다. 그리고는 싱그레 웃고 저녁 차리러 부엌으로 나갔습니다.[36]

몸의 치수를 재는 방법이 할머니와 손자가 똑 같다. 할머니의 신비한 기술이 손자에게 이어진 것이다. 손자가 성공적으로 세상에 뿌리내릴 자질을 갖추었다는 점에서 할머니의 마음은 넉넉하게 되는 것이다.

다소 신비스러운 행위와 사건을 소설화하면서도 이것이 개연성을 가질 수 있는 것은 삶의 현실이 구체적으로 제시되기 때문이다. 어머니가 서른여섯의 나이에 홀몸으로 온갖 설움을 다 겪고 견디면서 아이 넷을 키우는 과정이 서술자의 요약 제시나 인물들의 행위를 통해 드러난다. 어머니는 시집왔을 때 '애기'라고 불릴 만큼 키와 몸집이 작았다. 1937년 강제이주를 당할 때 어머니는 부모와 오라비들과 해어져야 했다. 1949년까지 공민증이 없어서 다른 곳으로 이주할 수 없었던 고려인들도 이주의 자유를 갖게 되었다. 이동금지 명령이 폐지된 사실을 서술자는 "조선사람들은 이동의 자유를 가지게 되었고 그 결과, 생활이 보여준 바와 같이, 새 고장이 참으로 고향땅 같이 귀중하게 되었습니다."[37]라고 서술할 만큼 1949년의 이동금지법 폐지는 고

36 위의 책, 97면.

37 위의 책, 84면.

려인들이 새로운 활력을 되찾는 계기가 되었다.

수소문 끝에 부모와 오라비들의 주소를 확인한 어머니는 러시아말을 단 몇 마디밖에 모르고 '까라깔빠끼야말'은 한 마디도 모름에도 불구하고 혼자 짐자동차를 타고 그들을 찾아 떠났다. 그 짐자동차에서 '카사흐늙은이'의 양털외투의 찢어진 옷소매를 알뜰히 기워준 일이 계기가 되어 '카사흐늙은이'의 도움을 받게 되었다. 그 늙은이가 젊었을 때 경험한 사실을 어머니에게 들려주고 다시 어머니에게서 그 이야기를 듣고 '나'가 재구성해서 서술한 것이 다음의 대목이다.

> …그는 여러 해 전 그와 같이 궂은비가 내리는 가을날 밤에 쟘불역에서 어느 민족인지 알 수 없는 사람들의 웨치는 소리, 우는 소리를 들었던 일이 생각났습니다. 그들을 짐자동차에 실어다가 락타가시덤불과 위성류들 사이에 부렸습니다. 흰옷옷에 부연 솜저고리를 입은 사람들은 자존심을 잃고 부끄러운 줄도 모르고 운전수들과 민경원들의 장화발을 움켜잡으며 사람들이 사는 곳으로 도로 실어가달라고 애원하였습니다. 찬바람이 부는 그런 한지에서는 아이들도 늙은이들도 다 얼어 죽을 것이고 젊은이들도 늙은이들도 아침까지 견뎌내지 못할 것이라고들 하였습니다. 운전수들은 장화발을 움켜잡은 애원자들의 손을 뿌리치면서 자기들은 바로 거기에 부리고 오라는 명령을 받았으니 달리 할 수는 없다고, 명령을 어기면 총살까지 당할 수 있다고 하였습니다.[38]

38 위의 책, 86면.

소련 당국이 중앙아시아에 도착한 고려인들을 사막의 곳곳에 흩어놓은 사실을 이처럼 구체적으로 보여준 경우는 흔치 않다. 그들은 고려인들은 몹쓸 물건을 버리듯 그렇게 사막 한 가운데 내팽개친 것이다. 그래서 버려진 고려인들은 "몇 명의 간첩과 변절자가 있다고 해서 온 백성을 잡초처럼 뿌리 채 뽑아던지는 법이 어데 있단 말이냐"[39]고 절규하였던 것이다. 그때 '차반'이었던 그와 그의 아내가 상부의 명령을 어기고 다시 그곳에 갔을 때 고려인들은 추위를 견디기 위해 쌀을 부어놓고 그 쌀자루포대를 덮고 자신들의 등으로 노인과 아이, 여인들을 둘러싸서 찬 바람을 막고 있었다. 그 '차반' 부부의 도움으로 고려인들은 살아남을 수 있었다. 이런 카사흐사람들의 호의적인 도움은 다른 소설에서도 많이 발견된다. 이 에피소드를 통해 작가는 독자에게 "예로부터 사람들을 구원해주는 것은 따뜻한 양털외투나 모닥불이 아니라 동정과 결단성이라는 것"[40]이라는 것을 효과적으로 보여준다. 작가는 이것을 '자혜심'이라고 명명한다.

물론 이 에피소드가 어머니의 재봉기술이 '나'의 아들에게까지 이어진다는 전체 서사와 겉돌고 있는 것은 사실이다. 그러나 이민족들이 서로 도우면서 마을을 이루고 살아가는 모습이나 공민증 없이 이동의 자유가 제한된 고려인들의 실상을 역사적 사실로 보여준다는데 의의가 있다.

39 강 알렉싼드르, 「놀음의 법」, 『오늘의 빛』, 74면.

40 위의 책, 88면.

■ 고려인 단편소설의 지형학적 위치

중앙아시아 고려인 작가들이 소설을 쓰는 일은 "그들이 어떻게 살아왔으며 또 어떻게 살아가야 하리라는 것"을 보여주기 위해 "사람들의 기억 속에 살아 있는 역사"를 쓰는 행위와 다를 바가 없다. 그들이 상기해낸 것은 경험적 과거라기보다는 순수과거로서, 겪었던 그 순간에 이미 알아챘던 것이 아니라, 지금까지 한 번도 생각해보지 않았던 어떤 것, 비자발적으로 떠올려진, 억압과 망각 속에 그 자체로 보존된 과거를 '지금 여기'에서 되살리는 작업이었다.

> "너에게 아버지가 없고 네가 조선말을 모르는 것은 네 잘못이 아니다. 크면 너는 자기 민족의 력사를 알게 될 거야. 지금 책에 쓴 그것이 아니라 사람들의 기억 속에 살아 있는 력사를 말이다. 너는 그들이 어떻게 살아왔으며 또 어떻게 살아가야 하리라는 것을 알게 될 거다. 그것을 알게 되면 넌 더 자유롭게 살 수 있겠지. …중략… 조국이란 기억이야. 조국이란 바로 사람들이야. 같이 놀며 자라고 같이 일을 하고 고락을 같이 한 사람들이란 말이다."[41]

위의 인용문은 강 알렉싼드르[42]의 「놀음의 법」[43]에서 러시아

---

41 강 알렉싼드르, 「놀음의 법」, 『오늘의 빛』, 알마아따 자수싀출판사, 1990. 62면.

42 1960년 평양에서 태어난 강 알렉싼드르는 주로 러시아어로 작품활동을 하는 문인으로 모스크바 고리끼 문학대학을 졸업했다. 묘지기, 열차 차장, 종업원에서 『고려일보』기자 등 많은 직업을 경험한 그는 『가정의 세기』(1993), 『꾸지

인이고 무용 안무가인 의붓할아버지가 다민족, 다문화 사회에서 작동하고 있는 '놀음의 법'에 짓눌려 고통받고 있는 '나'에게 들려준 말이다. 중앙아시아 고려인들에게 조국은 남북으로 갈리어 국가체제를 이루고 있는 한반도가 아니라 기억이고, 고락을 함께 한 사람들이다. 다시 말하면, 고락을 함께 한 사람들의 기억 속에 살아있는 역사가 곧 그들의 조국이다. 실재라기보다는 기억 속에 살아있는 '상상의 공동체'가 그들의 조국인 셈이다. 지리적 장소인 중앙아시아에서 고려인들이 창조한 문화적 공간이 그들의 역사이자 조국이 것이다. 그 속에서 어떻게 살아왔고 어떻게 살아가야 하리라는 것이 담겨 있는 것이다. 여기에는 그 역사를 알면 더 자유롭게 살 수 있다는 강한 믿음이 전제되어 있다.

그래서 고려인 작가들은 자신들의 정체성을 확립하기 위해서 자신들의 조국을 건설하는 것이 절대적으로 필요했다. 이 작업은 고려인들의 억압되고 망각된 기억 속에 살아있는 역사를 되살리는 일에 다름 아니었다. 이 되살려낸 소설의 허구적 공간이 '상상의 공동체'로서의 조국이다. 그래서 소설 쓰는 행위는 고려인들의 '상상의 공동체'를 재현하여 조국을 건설하는 일이자 새로운 삶의 공동체를 설계하는 일이기도 하다.

앤더슨에 따르면 민족이라는 개념은 원래가 '상상의 공동체'이

않는 꿈』(1994)을 펴내기도 한 소설가이고, 철학과 문학연구에도 많은 성과를 거두었다.

43 이 작품은 고려인 공동창작집 『오늘의 빛』(알마아따 : 자수싀출판사, 1990)에 발표되었고, 1991년 8월 『고려일보』에 다시 연재되었다.

다. '민족성nationality', '민족됨nation-ness', '민족주의nationalism'가 특수한 종류의 문화적 조형물이라고 한다면[44], 민족 역시 원래부터 존재하던 본질적인 요소라기보다는 여타 민족들과의 관계, 즉 갈등이나 접촉 등을 통해 후천적으로 형성된 사회적·문화적 구성물일 수밖에 없다. 서구에서도 민족의 개념은 18세기 이후 근대 민족국가의 형성과정에서 만들어지고 형성된 것이다. 그 민족 공동체는 특정한 정본 언어script-language로만 진리에 접근할 수 있는 특권이 주어지고, 다른 족속들과 구별되는 삶의 방식과 우주론을 가지고 있다. 이러한 동질성이 민족이라는 '상상의 공동체'를 형성하게 된 것이다.[45] 따라서 그 구성원이 사용하는 정본 언어는 그 공동체의 정체성을 보여주는 결정적인 실체이면서 동시에 그 정체성을 형성해가는 중요한 매개체인 것이다.

따라서 고려인들이 민족어인 한국어의 사용이 점점 줄고 있는 것에 대한 우려는 너무도 당연한 것이다. 작가 한진이 공동창작집 『오늘의 빛』을 편집하고 머리말에서 "지금 모래시계의 모래가 흘러내리듯 조선말을 아는 조선 사람의 수가 시시각각 줄어가고 더욱이 조선 글을 아는 사람은 손가락으로 셀 수 있을 정도로 적어졌다."고 진단하고, 이 창작집을 누가 "읽어주겠는가?"고 한탄한 것은 고려인의 정체성이 위협받고 있다는 것을 깨달았기 때문이다. 이주 3세들의 민족어 사용은 더욱 심각하다.

---

44 베네딕트 앤더슨/윤형숙 역, 『상상의 공동체』, 나남출판사, 2007. 23면.
45 위의 책, 62면 참조.

> 나는 한국을 주제로 한 그림을 아직 그려 본 적이 없었다. 나는 한국인이고 내가 이것에 대해서 생각하지 않았다라고 말할 수는 없다. 아니, 정반대로 나는 항상 이것에 대하여 생각을 하고 있다. <나는 누구인가?>라는 하나의 생각으로 인해 나는 잠을 깨곤 한다. 유럽인인가, 아니면 심지어는 종이에 한국어로 자신의 이름도 적지 못하는 한국인의 외모를 가진 러시아인인가? 약간의 시행착오는 있긴 하지만 어린 시절에는 나이 든 분들에게서 물려받은 언어로 대화는 가능했는데, 이런 언어로는 한국에서는 대화가 되지 않겠지? 나는 해답을 찾지 못했다.[46]

한국에도 잘 알려진 조선족 5세, 고려인 미하일 박이 러시아어로 창작한 단편소설 「천사들의 안식처」(1986)에서 화가인 주인공 '나'가 자신의 정체성에 대해 심각하게 의문을 제기하고 있는 위의 인용문은 이주 3세대 이후의 고려인들이 겪고 있는 현실이다. "한국어로 자신의 이름도 적지 못하는 한국인의 외모를 가진 러시아인"들이 정체성의 혼란을 겪게 된 것은 어쩌면 너무도 당연한 일이다. 그 속에서나마 자신의 정체성을 탐구하는 미하일 박의 노력은 나름의 가치를 가지고 있는 것은 사실이다. 그러나 고려인의 언어가 아니라 러시아어라는 점에서 본질적으로 이 작품은 러시아문학의 주변부로서 소수자 문학일 수밖에 없다.

이런 점에서 볼 때, 한진이 「공포」를 통해 고려인들의 말과

46 미하일 박의 단편소설 「천사들의 안식처」(1986) 중에서 권기배가 번역한 부분. 권기배, 앞의 논문, 143면에서 재인용.

문자를 지켜내기 위한 투쟁의 공간을 재현하고 창조해내고 있다는 점은 높이 평가되어야 한다. '리선생'이 죽음을 무릅쓰고 '광복을 념원한 애국렬사들'의 혼이 담긴 '조선고전서적'을 지켜낸 행동의 결단성과 삶의 족적이 새로운 민족 공간으로서의 '상상의 공동체'를 만들어 내기 때문이다.

김기철의 「복별」은 고려인들이 일본제국주의 세력에 대항하여 무장투쟁의 대열에 주체적으로 참여하는 행동의 결단성을 구체적으로 재현함으로써 다민족국가인 소비에트연방에 하나의 소수민족의 자격으로 '상상의 공동체'를 만들어갔다는 사실을 형상화하였다. 사회주의 국가건설에 고려인들이 나름의 기여를 했다는 주인의식의 창조가 소련 사회에 끼어들기 위한 전략의 일종이라고 하더라도 그런 경험의 총체가 그들만의 조국을 상상 속에서 만들어내는 일이었다.

다민족, 다문화 사회의 생존 방식을 보여준 송 라브렌찌의 「삼각형의 면적」도 카자흐인과 고려인의 우호적 관계, 더불어 살아가는 삶에서의 동정과 결단성, 소련당국과 고려인의 종속관계 등이 보여준 삶의 지형도가 여느 한민족의 '상상의 공동체'와도 구별되는 독자성을 가지고 있다.

결국 고려인 작가들이 억압과 망각 속에 그 자체로 보존된 고려인의 과거를 재현하는 일은 기억을 되살리는 작업이고, 이것은 고려인의 조국을 상상 속에서 재현하고 창조하는 일이다. 고락을 함께한 고려인들의 삶을 재현하는 일이야 말로 그들의 '상상의 공동체'로서의 조국을 건설하는 창조적 행위이기 때문이다.

삶의 방식과 관계의 망이 다르기 때문에 고려인의 '상상의 공동체'는 남한이나 북한이 만들어낸 '민족'의 개념과는 엄연히 다를 수밖에 없다. 따라서 고려인 소설은 한국소설의 하위 영역이나 지방문학의 하나로 편입시키려는 것은 재고의 여지가 있다. 그래서 어떤 학자[47]는 '한국문학'과 '해외한인문학'을 동일한 종개념으로 보고 그 상위 개념으로 '한민족문학'을 설정한다. '한민족문학'이 남·북한 문학과 '해외한인문학'을 모두 포괄하여 하나의 문학사로 기술될 수 있을지 의심스럽기는 하지만 어떻든 고려인 문학, 특히 고려인 단편소설은 그 독자성이 보장되어야 할 것은 분명해 보인다.

47 조규익, 「해외 한인문학과 탈식민의 관점」, 국어국문학회 편, 『세계화 시대의 국어국문학』, 보고사, 2012. 272~274면 참조.

3

한인 이주현상 안에서 바라본 제국의 해체와 다중의 아우또노미아*

■ 한인 이주 문학의 시작
■ 훈육통치와 제국의 무장소성
■ 식민화된 타자들의 생존전략
■ 다중의 대항권력과 주체성
■ 다중들의 '활력'과 절대적 내재성

* 제3장은 『한중인문학연구』 67집, 한중인문학회, 2020년에 게재한 것을 수정·보완한 것이다.

한인 이주현상 안에서 바라본 제국의 해체와 다중의 아우또노미아

전영의

■ 한인 이주 문학의 시작

이번 장에서는 구한말부터 해방이전까지 한인들의 이주현상을 다룬 텍스트를 통해 그동안 디아스포라 담론을 바탕으로 연구되던 이주문학을 '제국과 다중'이라는 관점에서 새롭게 읽어보자. 이데올로기 갈등이 선명하게 드러나던 1980년대와 달리 베를린 장벽이 붕괴되었던 1990년대는 개인주의적 사고가 우선하게 되었다. 사회적 현상이나 거대담론에 관심을 가지기보다는 개인의 일상 안에서 미시적 사고, 자아 정체성, 감정, 욕망에 집중하기 시작했다. 역사적 사건이나 현상들을 현재의 관점에서 재해석하고 새롭게 바라보려는 시도들이 나타나면서 이를 통해 현대 사회의 모순과 문제점을 파악하고 해결해나가려고 노력하였다. 2000년대에는 이주노동자의 유입이 많아지고 외국인 여성과의 결혼으로 다문화가정이 늘어나면서 공장이나 가정, 사회 곳곳에서 차별과 폭력, 인권문제 등이 나타나기 시작했다. 동시에 이들의 삶에 대해 관심을 가지고 사회의 구성원으로서 인정하고 받아들이자는 목소리가 나오고 이에 관한 문제적 텍스트들이 생성되었다.

그렇다면 반대로 한인 이주자들의 문제에 대해서도 새롭게 봐야 하지 않을까? 과거 구한말 이후에 나타났던 '한인이주'라는 역사적 사실이 1990년대 이후 소재가 되어 텍스트로 출간되었다는 사실을 볼 때 이주문학을 새롭게 읽어보고자 하는 시도는 타당하다고 생각한다. 세월호 사건이나 촛불혁명과 같은 사회적 위기와 상황을 겪으면서 대중들은 1990년대 중시했던 개인주의적 사고를 넘어서기 시작했다. 창조적 사고 안에서 협동과 자율이라는 이름 아래 긍정적 사고를 중시하고, 스스로 얻은 자유 안에서 실존적 존재로 나아가는 다중이 된 것이다. 이런 점에서 우리는 '한인 이주'라는 과거의 사회적 사건들을 새로운 시각에서 바라보아야 한다.

한인 이주의 시작은 일제의 식민정책에 의한 것이었다. 이주민 1세대들은 만주사변 이후 식민관리정책, 강제노동, 항일독립운동, 일본군 성노예 정책, 폭압과 수탈, 가난에 따라 만주, 연해주, 중앙아시아, 미국, 멕시코, 일본, 중국 등지로 자의 혹은 타의에 의해 떠나게 되었다. 소비에트 시기 극동(연해주)과 사할린에서 거주했던 한인들은 스탈린 정책으로 인해 중앙아시아 지역으로 집단 강제이주를 하게 되었다. 아메리카 대륙의 경우 하와이 농장 취업을 위한 집단이주가 먼저 이루어졌다. 하와이 노동자들의 정착과 성생활을 위해 이루어진 결혼정책으로 사진 신부들이 단체로 이주하였고 하와이 취업이 성공적이라는 소문에 멕시코 농장 이주도 이어졌다.

2년 전 하와이 사탕수수 노동자들이 그랬던 것처럼 이민 브로커 존 마이어스에 의해 남자 802명, 여자 207명 등 총 1천33명이 1905년 4월 4일 인천 제물포항에 모여 영국 상선 일포드호에 올랐다. 1905년 5월 12일. 일포드호는 일본 요코하마(橫濱)를 거쳐 살리나 크루스 항에 닻을 내렸다. 한 달이 넘는 긴 항해 동안 아이 2명과 어른 1명이 숨지고, 1명이 태어났다. 1905년 5월 12일 '묵서가(墨西哥·멕시코) 드림'을 안고 멕시코에 도착한 한인은 모두 1천31명으로 성인 836명, 어린이 195명이었고, 257가구에 독신은 196명이었다. 특히 200명이 넘는 대한제국 퇴역 군인이 여기에 포함됐다. 멕시코 땅을 밟은 1천31명은 배에서 내려 곧바로 기차를 타고 다시 북상해 5월 15일 중부 지역 베라크루스에 도착했고, 그곳에서 10~25명씩 무리로 나뉘어 메리다의 에네켄 농장에 배치됐다. 1905년 7월 29일자 황성신문 사설을 보면 당시 한인들의 처참한 생활상을 알 수 있다.[1]

"멕시코 원주민인 마야족의 노예 등급은 5~6등급, 한인 노예는 7등급으로 가장 낮은 값이다. 조각난 떨어진 옷을 걸치고 다 떨어진 짚신을 신었다. 아이를 팔에 안고 등에 업고 길가를

1 김영하의 『검은 꽃』은 당시 실제 멕시코 이주사건에 소재를 두고 있어 실제와 소설 안의 이주인 숫자, 성별, 직업 등이 일치한다. (필자 주)

배회하는 한국 여인들의 처량한 모습은 가축같이 보이는데 눈물 없이는 볼 수 없는 실정이다. 농장에서 일을 제대로 하지 못하면 무릎을 꿇리고 구타해서 살가죽이 벗겨지고 피가 낭자한 농노들의 그 비참한 모습을 차마 눈뜨고 볼 수 없도다. 통탄, 통탄이라."

이 신문은 7등급 노예로 전락한 한인들의 참상을 보도하고, 이틀 후 고종의 이민정책을 비판하는 사설도 게재했다. 당시 고종은 눈물을 흘리며 송환 계획을 세웠지만 일본의 방해 때문에 수포로 돌아갔다고 한다. 이 기사 이후 조선인들이 더는 멕시코 노동자로 지원하지 않았고, 110년 전 조선인을 대상으로 한 이민 브로커의 사기극은 그렇게 단 한 차례로 막을 내렸다. 당시 실제로 황족인 이종오가 내시 4명, 궁녀 1명과 함께 이민선을 탔는데 이를 두고 고종이 해외 망명정부 건설과 같은 임무를 줬을 것이라는 추측도 존재한다. 대부분 조선인들은 가난에서 탈피하고 새롭게 시작하고자 에네켄 농장으로 가는 일포드 호에 올랐다.

이렇듯 제국주의 시대에 처음 발생한 한인이주의 원인은 다양하며 이를 소재로 한 한인이주문학은 디아스포라[2] 담론을 통

2 디아스포라(diaspora)는 그리스어에서 유래된 것으로 '씨를 뿌리다'라는 의미이다. 현재는 '디아스포라'라는 용어가 포괄적으로 사용되어 과거 유대인 집단이주, 제국주의 시기 피식민인들의 강제이주, 현 다른 국가에 사는 이주민, 이주하는 민족구성원, 이산과정, 이산 후 새롭게 거주하는 장소, 타 민족들의 국제이주, 망명과 난민, 이주노동자, 이들이 이주 국가에서 형성하는 민족공동체, 문화, 이주 국가와 이주민 사이의 문화적 차이, 이주민들의 정체성, 이들과 후손들의 정체성 변화 등도 '디아스포라'라는 용어 안에 포함된다. 그동안

해 연구가 이루어졌다. 주로 한말 지주들의 착취로 인한 갈등, 일제의 폭압, 강제부역 등을 피해 두만강이나 압록강을 건너 만주까지 이주해간 농민들과 이들의 생존방식, 민중들의 항일투쟁과 독립운동 등 다양한 소재의 텍스트들이 연구되었다.[3]

그러나 2000년 이후 다문화사회에서는 기존의 시각을 넘어 이주문학을 새롭게 읽어보아야 할 당위성을 갖는다. 제국주의 시대는 2차 세계대전을 끝으로 종결되었지만 여전히 눈에 보이지 않는 제국이 존재한다. 경제적·문화적 교환들로 이루어진 전지구화된globalization 시장에서는 새로운 지배논리와 구조가 등장했다. 제국이란 바로 이러한 전지구적 교환들을 효과적으로 규

연구된 디아스포라 문학은 580여 편에 달한다. 크게 디아스포라의 정체성, 코리안 디아스포라, 재일, 재중, 미주 한인 디아스포라 연구 등으로 나누어볼 수 있다.

장윤수, 「코리아 디아스포라 문학의 정체성 연구」, 『재외한인연구』 25집, 재외한인학회, 2011.

차성연, 「중국 조선족 문학에 재현된 '한국'과 '디아스포라' 정체성」, 『한중인문학연구』 31집, 한중인문학회, 2010.

윤인진, 『코리안 디아스포라』, 고대출판부, 2003, 4-5면.

김종희, 『디아스포라를 넘어서』, 민음사, 2007, 176면.

______, 「미주한인 디아스포라 문학에 나타난 민족 정체성 고찰-이창래, 수잔최, 이민진의 작품을 중심으로」, 『현대문학이론연구』 44집, 현대문학이론학회, 2011.

전영의, 「아리랑의 오리엔탈리즘과 디아스포라」, 『현대소설연구』 46호, 한국현대소설학회, 2011, 199면 참고할 것.

3 김향화, 「만주재현소설에 나타난 고향의 의미」, 『이화어문논집』 36호, 이화어문학회, 2015.

김재용, 「안수길의 만주체험과 재현의 정치학」, 『만주연구』 12집, 만주학회, 2011.

최일, 「이기영의 만주상상과 『대지의 아들』」, 『민족문학사연구』 65집, 민족문학사학회, 2017. 외 353편에 다다른다.

제하는 정치적 주체, 즉 세계를 통치하는 주권권력sovereign power이다.[4]

한인 이주의 원인은 다양하나 이러한 제국의 관점에서 새롭게 살펴볼 수 있는 것이 하와이나 멕시코 농장으로 건너간 한인들의 이주문제이다. 농장은 나라의 경계를 넘어 네트워크를 형성하고 하나의 제국으로서 장치가 된다. 이주를 원했던 조선인들은 양반이건 노비이건, 남자건 여자건 신분제와 남녀차별이라는 봉건적 사회제도에서 벗어나 인간다운 삶을 꿈꾸었다. 돈을 벌어 봉건사회에서 벗어나야겠다고 생각하고 도미(渡美)했지만 이주노동자가 되는 순간 자본주의적 훈육과 생산관계에 종속된다.

『아리랑』[5]은 『태백산맥』 이후 1994년에 출간된 조정래의 대하소설이다. 구한말부터 일제강점기, 해방까지의 현대사 안에서 일제강점기 일본이나 만주로 강제 징용된 노동자, 하와이 이주노동자, 중앙아시아 강제이주자, 조선인 학병, 일본군 성노예 여성 등 민중들의 삶을 핍진하게 서술하고 있다.[6] 김영하의 『검은 꽃』[7]은 하와이 이주가 성공적이었다는 말을 들은 조선인들이

---

4 안토니오 네그리, 마이클 하트, 『제국』, 윤수종 옮김, 이학사, 2001, 15면.

5 조정래, 『아리랑』, 해냄, 1994.
텍스트를 인용할 때는 텍스트 제목 첫 글자와 쪽수만 표기하기로 한다.

6 강찬모, 「조정래의 대하소설 『아리랑』에 나타난 한민족 디아스포라 연구」, 『비평문학』 33집, 한국비평문학회, 2009.
이동재, 「한국현대역사소설의 정체성과 『아리랑』」, 『어문논집』 36집, 민족어문학회, 1997. 외 20편 이상의 연구논문이 있다.

7 김영하, 『검은 꽃』, 문학동네, 2003.
텍스트를 인용할 때는 텍스트 제목 첫 글자와 쪽수만 표기하기로 한다.

대륙식민회사에 속아 멕시코 에네켄 농장에 팔려 노예보다 더 처참한 생활을 겪는 조선인 이주노동자들의 삶을 그린 텍스트이다.[8] 박경숙의 『바람의 노래』[9]는 미주 이민 1세대인 하와이 사탕수수 농장 조선인 노동자들의 부유하는 불안감을 그렸다. 텍스트 모두 한말(韓末) '아메리카 대륙으로 건너간 이주노동자'라는 동일한 소재와 시대적 배경을 가지고 있다.[10] 그동안 한인 이주를 주제로 한 소설들은 탈식민, 오리엔탈리즘, 민족주의, 디아스포라, 역사소설비평, 서사구조, 서술전략 등 다양한 방법론 안에서 연구되었다. 그러나 디아스포라 담론이 아닌 제국의 관점으로 텍스트를 바라보고, 다중의 아우또노미아[11] 이론을 통해

8 고혜선, 「『검은 꽃』에 나타난 역사와 허구」, 『라틴아메리카 연구』 23집, 한국라틴아메리카학회, 2001.
오윤호, 「20세기 초 전지구적 이주와 서술전략연구-김영하의 『검은 꽃』을 중심으로」, 『현대문학이론연구』 61집, 현대문학이론학회, 2015. 등 총 3편의 연구논문이 있다.

9 박경숙, 『바람의 노래』, 문이당, 2015.
관련 연구로는 오윤호, 「제국의 경계 공간과 디아스포라 위치-하와이 사진신부 소설을 중심으로」, 『현대문학이론연구』 68권, 현대문학이론학회, 2017. 한편이 있다.
텍스트를 인용할 때는 텍스트 제목 첫 글자와 쪽수만 표기하기로 한다.

10 세 텍스트 모두 한말(韓末) '아메리카 대륙으로 건너간 이주노동자'라는 동일한 소재와 시대적 배경을 가지고 있을 뿐 아니라 창작시기도 1990년대 이후 최근이라는 점에서 다문화시기 이주문학으로서 유사점을 가지고 있다. 이런 요소들은 텍스트를 함께 비교분석해보아야 할 필요성을 느끼게 한다.

11 아우또노미아는 이탈리아 자율운동이 발생하는 1960년대 말 이전의 약 30여 년 동안 좌파들의 헤게모니 운동 안에 아로새겨져 있다. 네그리는 자신의 논문 「헌법속의 노동」, 잡지 『붉은 노트』 등을 통해 정치적 이론투쟁을 하였다. 노동계급투쟁에 관심을 가지고 '아우또노미아' 즉 전위당과 중앙집권에 반대하고 지역그룹들의 자율을 지지하는 운동을 하였다. 아우또노미아는 공산당과 사회당의 역사적 타협의 노선과 <붉은 여단>의 테러리즘 사이에

새롭게 읽어보는 것은 독창적 읽기 방법이라 할 수 있다. 그러면 이번 장에서는 조정래의 『아리랑』, 김영하의 『검은 꽃』, 박경숙의 『바람의 노래』를 중심으로 식민화된 대중이었던 타자들이 다중으로 변화되어가는 모습, 이들의 생존전략과 대항권력, 아우또노미아 실현방법 등을 찾아보자.

훈육통치와 제국의 무장소성

오늘날은 제국주의 시대가 아닌 제국의 시대이다. 15세기부터 18세기 중엽까지 유럽 국가들이 아메리카와 인도를 식민지로 삼았고 19세기부터 20세기 중반까지 독일, 이탈리아, 일본, 미국, 소련 등이 제국주의 정책을 이어갔다. 식민지 체제가 무너지고 소비에트가 붕괴되면서, 자본주의 세계 사회 안에서 경제·문화적 시장들이 전지구화 되었다. 이때 전지구적 교환들을 효과적으로 규제하는 정치적 주체, 세계를 통치하는 주권권력이 바로 제국이다.

제국은 탈중심화·탈영토화하면서 영역 전체를 통합하는 초

걸쳐 있었다. 후에 네그리가 구속되고 재판에서 검사가 아우또노미아와 테러리즘의 근본적 차이를 이해하지 못하자 네그리는 '아우또노미아는 국가 테러리즘에 대항하며 권력의 해체와 정치 체제의 탈안정화를 기하는 것이다'고 말한다. 이는 사회적 착취 체제를 해체해야만 가능하다. 자본기계에 의한 지배체제를 깨뜨리고 동시에 프롤레타리아트의 근본적 필요들을 해방시키는 해방적 과정이 들어있다는 점에서 아우또노미아와 테러리즘은 다르다고 할 수 있다. 조정환, 『아우또노미아』, 도서출판 갈무리, 2003, 21-45면 참고할 것.

국적 지배 장치이기에, 명령 네트워크를 생성하고 조율함으로써 잡종적 정체성, 유연한 위계, 다원적 교환을 관리한다.[12] 경제가 권력의 최상층에 존재하는 현실 속에서 제국의 영향력은 영토라는 고정된 경계를 넘어선다. 이런 점에서 제국이란 탈중심화·탈영토화하면서 영역전체를 통합하는 초국적인 지배 장치라 할 수 있다.

근대 제국주의적 지리의 변형과 전지구적인 세계 시장의 실현은 이미 20세기 초부터 나타나고 있었다. 전통적인 제국주의적 국가 간의 지배가 여전히 작동했지만 국민국가의 단위를 넘어서 네트워크를 통한 지배가 가능해졌다. 본래 생산의 영역은 사회적 불평등이 분명하게 드러나는 곳으로 농장은 이를 분명하게 보여주면서 네크워크로 움직이는 공간이다. 생산의 영역에서 제국의 권력에 대한 효과적인 저항과 대안이 생겨난다는 점에서 하와이와 멕시코의 농장들은 제국으로서 특징을 갖는다. 그렇다면 한말 조선인들의 미국 농장으로의 이주는 제국주의와 제국이 교차하는 시기에 이루어졌다고 짐작할 수 있다.

농장주, 농장관리인, 한인 노동자로 이루어진 미국이나 멕시코 농장에서는 한국문화를 차단하고 언어교육과 기독교로의 개종을 강요했다. 내부감시인을 통해 규율을 어기는 이들을 체벌하고 노동자들을 체계적으로 감시하며 훈육했다. 농장들은 네트워크로 결속되어 있어서 노동자들이 함부로 도망을 가거나 자유롭게 농장을 옮길 수 없었다. 반면 농장주들은 이들을 교환

12 앞의 책, 『제국』, 16-17면.

하거나 쉽게 사고파는 등 노예와 마찬가지로 여겼다. 훈육통치와 감시를 통해 결속된 농장 간의 네트워크는 농장이 이주노동자들에게 제국으로서 작용하고 있음을 보여준다.

> 메넴이 멕시코시티에서 반정부 살롱들을 드나들며 연애와 정치를 동시에 해치우는 동안 그의 농장에선 감독 알바로가 우아한 농장주를 대신하여 악역을 맡고 있었다. 그는 탈출을 하다 붙잡힌 울릉도 어부 최춘택을 농장 감옥에 감금하고 채찍질을 했다. 쌀과 옥수수를 무상으로 배급하는 대신 탈출자는 엄하게 다룬다는 메넴과 조선 이민자들 사이의 약속을 들먹였지만 최춘택에게 가해진 태형은 너무 가혹했다. (검, 230)
>
> 이 파계 수도사의 후손이 제 농장의 몇 안 되는 조선인들을 완전히 개종시키기로 마음먹은 것은 자연스러운 귀결이었다. (중략) 이번 주일부터 모든 조선인들은 미사에 참석해야 한다. (중략) 따라서 집 안에 우상을 두고 미신을 숭배하면 돈 한 푼 못 받고 쫓겨날 줄 알아라, 만약 개종하여 세례를 받으면 급료를 올려줄 것이다. (검, 178-179)

당시 한인 노동자들을 훈육하고 통제했던 농장의 질서 체제와 장치, 작동방식은 제국으로서 인간 상호작용을 규제하고 인간 본성을 직접 지배하려고 했다. '농장'이라는 보이지 않는 제국은 조선인 사회생활 전체를 지배대상으로 보면서 전형적인 생체권력bio-power 형태를 띠었다.[13]

구한말부터 해방 이전까지(1860-1945) 아메리카 대륙으로 이

13 위의 책, 19-20면.

주한 한인 1세대들의 이주를 보면 미국의 경우 1903년 하와이 사탕수수 농장의 계약노동에 의해서부터 시작되었다. 1830년대 하와이의 대규모 노동집약적 사탕수수 농장주들은 아시아계열 이민자들을 상대로 값싼 노동력을 얻고자 했다. 기존의 중국인 노동자들이 있었지만 1882년 중국인 배제 법력에 의해 이들의 이민이 강제적으로 중지되었다. 이후 일본인들이 대용노동자로서 하와이에 대규모 이민을 오기 시작했다. 1890년 하와이 노동자들의 80%이상을 차지하고 있던 일본인 노동자들이 임금 인상과 처우 개선을 요구하면서 파업을 주도했고 농장주들은 이에 대한 해결책으로 조선인 노동자를 싼값에 들여와 파업으로 인한 농장피해를 막으려고 했다. 조선인들은 값싼 노동력을 제공하는 대용노동자였고 이들을 투입하는 것은 일본인 노동자들의 조직력을 약화시키기 위한 하나의 방편이었다.

하와이 한인 이주노동자들은 빠른 시기에 많은 돈을 벌어 귀국하려는 계획으로 타국 땅까지 왔지만, 루나(농장관리인)들의 가죽 채찍소리와 감시는 농장을 파놉티콘으로 만들고, 턱없이 낮은 임금은 그들이 빚을 갚고 하와이를 떠나는데 쇠고랑이 되었다. 망국으로 인해 돌아갈 곳마저 잃어버린 이들은 하루하루 현지에서 살아나가는 것이 더 중요했다. 사진신부[14]들이 하와이로

14 1910년부터 1927년까지 신랑의 사진 한 장만 들고 하와이로 건너간 이들 대부분은 가난한 기독교인들로 가난에서 벗어나 자신이 원하는 삶을 꿈꾸는 이들이었다. 미국 도착 후 신랑과 나이차이가 많이 난다는 것을 알게 되면서 결혼생활이 평탄하지 않아 이혼하거나 사별하는 이들도 있었다. 여자애국단, 대한부인구제회, 영남부인회 등 조직 활동을 하면서 조선독립을 위해 자금을 후원하는 등 적극적인 사회활동을 하였다. 「한국이민사박물관 탐방-화물선

건너오면서 대부분의 남자노동자들은 성문제를 해결하고 정착할 수 있었다. 1924년 미국이민법에 의해 한인이민이 금지되기까지 총 1,000여명의 신부들이 태평양을 건넜고 이들 사회는 가족중심사회로 변하였다. 계약기간 만료 후 사탕수수 노동자, 도시주변 일용 노동자에서 벗어나 자영업, 쌀농사, 고구마 농사 등 보다 장기적인 사업 분야에 뛰어들었고 미국본토 철도건설 현장, 과수원 등에 투신하면서 미국 본토로 이주하였다.

멕시코 이주는 1905년 1033명의 한인들이 인천항에서 멕시코 유카탄 반도의 에네켄 농장 계약노동자로 가게 되면서부터 시작되었다. 먼저 이루어진 하와이 이주가 나름 성공적이었다는 소문을 들은 노동자들은 가난에서 벗어나고자 멕시코행 배에 올랐다. 멕시코 메리다 지역의 20여개 에네켄 농장에 분산되어 계약노동자로 일했지만 불공정 계약으로 인해 돈을 손에 쥘 수 없었고 노예 같은 생활을 하였다. 계약기간 만료 후에도 오갈 데 없던 이들은 자의로 농장에 남아 일을 하거나 일부는 쿠바, 콜롬비아, 브라질, 아르헨티나, 파라과이 등 남미 전역에 흩어져 노동자 생활을 하였다.

외국 화물선이 인천항, 군산항에 들어오고 흑인들이 일하는 목화농장에 조선인들이 노예로 팔려가게 된다는 소문에도, 망해가는 대한제국의 관리들은 자국민들에게 관심이 없었다. 태평양을 건너 대륙으로 가는 배 안에서는 이미 훈육통치가 시작되고 있었다. 일제의 통치를 피해 도망가는 양반관리들은 선실

타고 하와이로, 사탕수수에 맺힌 한」, 오마이뉴스, 2013. 1. 9.

안에서 사대부의 권리를 주장해도 무참히 묵살되었다. 침침하고 불결한 선실 안에 양반과 걸인, 농민과 천민들의 날카로운 긴장이 팽배했다. 양반들은 스스로를 '고종의 특사'라 여기고 선지자적 태도를 견지하며 자신들의 특권적 지위를 선주에 요구했다. 하지만 백인 선주의 눈에 화물칸 선실에 있는 이들은 양반, 백정, 도둑, 농민 할 것 없이 마소와 같은 미개한 일꾼이었다. 어떤 농장이든 농장주와 관리인들은 채찍을 휘두르며 끊임없이 이들을 감시하고 훈육하였다. 조선인들의 굿상을 박살내고 제대로 된 장례조차 치룰 수 없게 만들었다.

> 굿판이 벌어진다는 소식이 전해지자 부에나비스타 농장의 한인들이 거의 전부 모여들었다. (생략) 굿판은 점점 더 요란해져갔다. 그러나 파하촌의 경계를 넘을 정도는 아니었다. (생략) 그런데 굿판이 절정으로 치달을 무렵, 어디선가 말발굽 소리가 들려왔다. (생략) 뒤미처 달려온 농장 감독들은 주인을 대신하여 상 위에 차려진 모든 것들을 박살내기 시작했다. 이그나시오 벨라스케스는 달아나는 박수무당을 추격하였다. 여자와 아이들의 비명소리가 파하촌 곳곳에 울려 퍼졌다. 그들은 무엇을 잘못했는지도 모른 채 토끼처럼 사방으로 뛰어다녔다. 굿판은 곧 난장판이 되었고 이불을 뒤집어 쓴 병자는 감독의 채찍을 맞고 쓰러졌다. (검, 199-200)

제국의 법률은 기독교적 기원과 밀접히 연결되어 정치적 형상으로 드러난다. 사법적 범주들과 보편적, 윤리적 가치들이 통합되어 유기적 전체로서 제국 안에서 작용한다. 제국 안의 통치자들은 자신 스스로를 '윤리적 진리를 만들어내는 단일한 권력'

으로 여기고 잔인한 착취에 기초하여 권력관계를 구축한다. 제국 바깥에 있는 이들을 선이 결핍되어 있는 죄인이자 적이라고 단정하고, 기독교 전파라는 자신들의 행동을 통해 이주노동자들을 죄에서 구원하려고 한다. 이러한 목적을 달성하기 위해 노동자들을 야만인 혹은 내부적인 반란자라 규정하고 무력을 통한 '정당한 전쟁'을 수행한다.[15]

권력은 타인의 행위를 간섭하고 통제하는 힘이다. 행위자로서 타인의 능력을 전제하며 일련의 개방된 실천적, 윤리적 가능성에 근거해 작동한다. 따라서 인간관계에 편재된 차원이면서도 사회 속에서 고정되거나 폐쇄된 것이 아니라 끝없이 열린 전략적 게임이다.[16] 농장관리인들은 말 잘 듣는 조선인을 자신의 대리자로 내세우고 규율제도를 통해 통제장치를 확산한다. 대리자들은 움막 내에서 현미경으로 동료들을 관찰하듯 일거수일투족을 세밀하게 감시하고, 노동자들은 감독들의 끊임없는 채찍질 아래 농장의 규율을 배우고 부속품이 된다. 농장주들은 이들에게 기독교의 교리를 익히게 하고 미사나 예배를 통해 '전체적인 동시에 개별적'으로 통치한다. 이는 사목권력[17]으로서 훈

---

15 앞의 책, 『제국』, 36, 71면.

16 푸코, 「주체와 권력」, 『미셸 푸코: 구조주의와 해석학을 넘어서』, 서우석 옮김, 나남, 1989, 313면.
____, 「편집자 후기」, 『권력과 지식: 미셸 푸코와의 대담』, 홍성민 옮김, 나남, 1991, 305면.

17 초기 그리스도교(카톨릭)의 통치형태에서 비롯된 것으로 중세 유럽국가에서 로마 교황청을 중심으로 국가이성과 내치권력의 관념을 결부시켜 유럽을 통치한 원리이다. 이는 다시 18세기 자유주의가 등장한 이후 통치합리성이라는 재고의 방식으로서 서구사회는 식민국가, 혹은 후진국가에게 이 방식을

육통치이다.

내치는 일종의 경제적 사목이자 세속적 성직자 정치이다. 국가는 개인을 위해 희생하지 않지만 개인에게는 때때로 국가를 위해 희생할 것을 강요한다.[18] 농장주들은 '신민인 노동자들이 온몸을 바쳐 농장에 종사하는 것이 유용한 삶을 사는 것'이라 생각하며, 노동자들이 행복할 것이라고 믿는다. 이들에게 노동자의 노동이란 '신민이 국가를 위해 희생하듯' 당연한 것으로 개별 신민(노동자)들의 행복과 국력(농장의 경제적 번영)을 등치시킨다.[19]

미국이든 멕시코든 한인노동자들이 강제로 징집되거나 팔려온 농장은 하나의 제국으로서 기능을 한다. 실체는 보이지 않지만 교육과 제도, 종교 안에서 이들을 훈육하고 농장과 농장의 네트워크를 통해 관리한다. 농장은 개개인의 사적 소유물이면서 동시에 고정된 경계를 넘어 팽창하는 잡종적 정체성을 가진다. 농장주는 샤머니즘을 숭배하는 조선인들을 이교도라 칭하

적용하여 실천적으로 통치해 나간다. '전체화'하는 동시에 '개별화'하는데 중점을 둔 정치적 주권형태로 발전해나가면서 권력의 편재적 관계망 안에서 개인의 자유와 가능성을 제거한다. 푸코, 『안전, 영토, 인구』, 오트르망 옮김, 심세광 외 번역, 도서출판 난장, 2011, 193-264면 참고할 것.
콜린 고드 외 엮음, 『푸코 효과 - 통치성에 관한 연구』, 심성보 외 옮김, 도서출판 난장, 2014, 16면 참고할 것.

18 콜린 고드는 이를 '오이코노미'라고 언급하였다. 콜린 코드, 앞의 책, 30면 참고할 것.

19 신약성경에서 '경륜'이라는 의미로 사용된다. 하느님의 집, 성전, 하느님의 돌보심, 우주 등 다양한 의미를 포함하며 '청지기가 집을 관리하고 다스리듯 온 우주의 주인이신 하느님이 인류의 구원을 위해 지상의 교회와 그리스도를 통해 천하를 다스리는 경영'을 말한다. (필자 주)

면서 카톨릭을 전파하고 박수무당에게 개종을 권유한다. 그러나 정작 카톨릭 신부가 로만어로 기도문을 읊자 사탄에 씌어 주절거리는 헛소리라며 그를 감옥과 같은 움막에 가둔다.

제국은 영토와 주민을 관리하고 자신이 존재하는 바로 그 세계를 창조한다. 인간 상호작용을 규제하고 인간본성을 직접 지배하며 소속된 개인을 전체적이면서도 개별적으로 통제한다. 이들은 도망가더라도 어디 농장에서든 다시 붙잡혀 돌아오거나 채무관계를 통해 팔리고 사들임을 당한다. 이런 점에서 한인 이주 노동자들이 팔려온 타국 농장은 전형적인 생체권력이 나타나는 제국이었다. 농장의 규율과 교육, 내부자들의 감시와 종교는 장치의 경제성과 목적이 내부적으로 결합된 익명의 미시권력이다. 이러한 훈육통치들은 지역의 경계를 넘어 농장이라는 제국 안에서 무장소적으로 보인다.

▪ 식민화된 타자들의 생존전략

타자는 나의 한계를 넘는 '그 너머'의 존재이자 절대적 외부자이다. 나는 신체적 경계 끝에서 스스로를 직접 인지하지 못하지만 신체 밖에서 타자는 나를 인식한다. 신체 안에 있는 '나'를 내면의 '나'라고 상정한다면 신체는 '밖'의 나이자 외면이다. 거울과도 같은 나와 타자의 설정은 결국 '나'로 귀결된다. 우리는 신체 안에서 외양이 반영된 상을 볼 뿐이며, 외양 속에 있는 자신은 보지 못한다. 이렇게 반영된 상들은 세계를 보고 체험하는 직접적 요소가 될 수 없기에 나의 모든 것을 포함하지 못한다. 나는 거울 앞에 있는 것이지 그 안에 있는 것은 아니다.[20] 농장주, 농장관리인의 감시와 훈육통치에서 벗어나기 위해 타자들은 나름의 생존전략을 통해 삶을 지속한다. 에네켄조차 자라지 않는 황무지 한복판에서 전직 내관출신의 악사와 박수무당은 카톨릭과 무속의 경계에서 괴로워하는 신부에게 내림굿을 하고 농장을 축제의 장으로 만든다. 타국 땅의 이름 모를 풀대궁으로 만든 피리는 태평소가, 물소 가죽 북은 장구가 된다. 고된 노동에 지친 한인들의 혈관을 따라 친숙하고도 리드미컬하게 흐르는 음율은 사탕수수, 파인애플, 에네켄으로 굳어지고 찢어진 이들의 어깨에 흘러내린다. 신 내림을 거부하는 신부에게 내림굿은 그를 살리는 치유였으면서 운명을 받들게 하는 행위이자 생존을 위한 몸부림이었다. 민중은 어떤 규범적 정의나 한계적 이념으로 설명되지도, 가치의 위계에 결박되지도 않는다. 권력, 돈, 이데올로기와 같은 속박적 장치들이 이들을 특정한 굴레에 가두고 폭력을 통한 훈육을 하더라도 이들을 완전하게 결박할 수는 없다.

> 파업 전야. 남자들은 잠을 이루지 못했다. (중략) 농장주는 그들 중 상당수가 대한제국의 군인들이며 따라서 이들이 언제라도 무력과 편제를 갖출 능력이 있다는 것을 모르고 있었다. (중략) 직영매점의 식료품값을 올리고 애초에 약속한 급료를 깎았

20 바흐친, 「미적 활동에서의 작가와 주인공」, 『말의 미학』, 김희숙·박종소 옮김, 길, 2006, 63면 참고할 것.

다. 처음엔 뭘 몰라 고분고분하던 조선인들도 열흘쯤 지나자 서서히 감독의 부당한 처사에 분노를 품기 시작했다. (중략) 남자들은 일터로 나가는 마차에 올라타지 않았다. (중략) 여자들은 처음엔 파하에 머물러 있었지만 하나둘 남자들 무리에 합류하여 함께 소리를 쳤다. (중략) 누군가, 농장주의 집으로 가자, 고 외쳤다 기세가 오른 이들은 모두 농장주의 저택으로 달려갔다. 소리는 점점 더 요란해졌다. (중략) 그들의 요구는 간단했다. 식료품값을 내려가, 채찍질을 하지 말아라, 우리는 마소가 아니다. 그리고 옥수수를 배급하라 (중략) 사람대접을 해 달라. (검, 139-141)

제국의 권력은 이들에게 인민, 대중, 피지배계급이라는 특정한 이름을 부여하고 형태를 고정하려한다. 그러나 이들은 본디 명확하지 않은 커다란 덩어리mass였다. 덩어리들의 집합체들은 정형성과 고정된 제국의 훈육통치를 거부한다. 카니발 안에서 대중mass이라는 집단은 일체화가 되어가고 자신들이 거대한 대중 즉 다중이며multitude[21] 각각의 기관임을 깨닫는다. 루나(현지

21 대중(mass)과 다중(multitude)의 개념은 네그리가 『다중과 제국』에서 명시한 개념이다. 특이한 것은 인민과 대중(mass), 국민을 구분하고 있다. 농민, 노동자, 소부르주아 계급을 가리키는 민중은 인민과 유사한 개념이다. 인민은 주권을 위해 준비되고 구성된 집합체이며 무차별성을 지닌 대중(mass)이 아니다. 국민은 국가권력의 구도 위에서 통일된 주민집단이지만 내적 역동성이 약하다는 점에서 인민과 차이가 있다. 반면 인민, 대중(mass), 국민에 비해 다중(multitude)은 다르다. 역자에 따라 대중을 mass와 multitude로 구분하면서도 번역시 동일하게 '대중'이라는 용어를 사용한다. 어떤 이는 mass와 multitude를 구분하기 위해 전자를 대중, 후자를 다중이라고 번역한다. 본 연구에서는 multitude를 다중이라 지칭할 것이다. 다중은 공통적으로 소통하고 활동하는 능동적이고 사회적인 주체로서 제국의 간섭이나 위협, 지도를 받는 것이 아니라 스스로 공통성을 만들고 자신들을 조직화해 나간다.

농장관리인)들의 채찍과 어깨를 짓누르는 사탕수수의 무게는 이들의 향수병과 더해져 한인노동자들의 심신을 파고든다. 가시에 찔린 상처에서는 피고름이 흘러내리고 악취를 풍겼지만 일반적 치료를 받을 수조차 없는 이들의 곁에는 항상 죽음만이 기다리고 있었다.

타국에서 맞이하는 죽음은 서러웠지만 이들은 이조차 축제로 만든다. 조선식 관을 새로 짤 수 없어 서양식 관을 대신 쓰더라도 반쯤 벌어진 시신의 입에 쌀알을 넣어주고, 달러와 센트를 입안과 가슴팍 옷깃에 꽂아 먼저 떠나가는 동료의 노잣돈을 보탠다. 한지가 아니지만 서양 색종이로 색색이 꽃술을 달아 가는 이의 저승길을 외롭게 만들지 않았다.

> 상여는 앞으로 두어 걸음, 뒤로 한 걸음, 물결 굽이치듯 대밭 출렁이듯 느리게 흔들리고 묵직하게 움직이며 서러운 하소연인 듯 사무치는 흐느낌인 듯 퍼지고 있는 길닦음 소리에 부축받고 있었다. 그 소리는 회환에 찬 사람들의 저 깊은 속에서 솟아올라 터지는 덕처럼 길게 늘어지면서 탄식이 되고 감기면서 원환이 되고 다시 풀리면서 한숨이 되었다가 휘감겨돌며 원성이 되어 저승길로 가는 넋을 통곡하고 있었다. (중략) "어흐어흐 어아허야 어얼럴러 어으히야, 가네가네 나는 가네, 아아리라앙 아아리라랑 아아라아리요오 아아리라앙 고오개애로 너머어가안다아" (아1, 335-337)

네그리, 『다중과 제국』, 정남영·박서현 옮김, 도서출판 갈무리, 2011, 145-146면 참고할 것.
윤수종, 『제국과 대중 그리고 공통의 부-네그리·하트의 『제국』, 『다중』, 『공동체』 읽기』, 세창미디어, 2014, 118-120면 참고할 것.

나의 경계는 내 신체의 끝이다. 신체의 경계 끝에서 나 자신을 의식하지 못하고 자신의 외양이 반영된 상만을 볼 뿐, 외양 속에 있는 자기 자신은 보지 못한다. 신체 안의 나(내면)와 신체 밖의 나(외면), 나로 귀결되는 의식과 신체라는 사실 사이의 간극을 극복하지 못한다. 이때 내면과 외면의 분리를 이어주는 것은 타자이다.[22]

이들의 상여소리는 태평양 너머 이국땅에서 슬픔과 애달픔을 극복하려는 몸짓이다. 치유굿이나 씻김굿, 장례문화를 타국에서도 여전히 이어나가는 것은 현지에 남아 살아나가야 할 식민화된 타자들의 생존전략이자 카니발이다. 이들은 자신들을 훈육 통치하는 자들의 예측 가능한 범위들을 뛰어 넘어 '다른 것', '새로운 것'을 생산해낸다.[23] 통제의 외부, 판단과 예측 너머에 있는 카니발적 상상력을 통해 다중multitude의 힘을 발휘한다. 내가 이 세상을 창조할 때 주체이지만 그것을 깨뜨릴 때는 이미 그 세계의 주체가 아니다. 오히려 타자의 관점에서 보면 이 세계는 허물어뜨려야 할 낡은 과거이다. 식민화된 타자들은 이러한 생존전략을 통해 '타자'가 될 수 있는 권리를 되찾는다. 이는 '나는 나'가 아닐 권리이자 '나는 타자'가 될 수 있는 권리이다.[24] 이러한 경계를 넘어설 때 이들은 생동하는 주체이며 식민지 이주 노동자로서 덧씌워진 가면의 정체성을 벗어버릴 수 있다.

---

22 최진석, 『민중과 그로테스트의 문화정치학-미하일 바흐친과 생성의 사유』, 그린비, 2017, 110면.

23 위의 책, 279면 참고할 것.

24 위의 책, 311면 참고할 것.

며칠 동안 팽팽한 긴장을 유지하며 진행되었던 파업은 그렇게 끝이 났다. 며칠 후 알바로의 시체가 농장으로 왔다. 조선인들은 모두 줄을 지어 그의 장례식에 참가했다. 몇 명의 남자들은 자신들을 죽어라 괴롭혔던 감독의 시체 앞에서 눈물을 지었다. 메넴에게 그것은 정말이지 기이한 일이었다. 침을 뱉어도 시원찮을 판에 조선인들은 그에게 최고의 경의를 표했던 것이다. (중략) 우리는 사람이 죽으면 웁니다. 그리고 술과 돼지고기를 먹고 마시며 밤새 그의 주검을 지킵니다. (중략) 그는 그날 처음으로 조선인들에게 술과 돼지를 내놓았다. 두 마리의 돼지는 삽시간에 뼈만 남았다. 조선인들은 악질 감독 알바로의 관 옆에서 웃고 떠들며 술을 마셨고 몇몇은 노름판을 벌였다. 장중한 장례식은 순식간에 마치 잔치라도 벌인 듯한 왁자지껄한 분위기로 변해버렸다. (중략) 몇 명의 조선인이 술에 취해 드잡이를 하고 있었고 한쪽에선 어떤 이가 민요를 부르고 있었다. (검, 239)

타자들의 카니발은 모든 계급 조직이 전도되고 대립적인 것들이 혼합되며 성스러운 것과 속된 것의 경계가 불분명해진다. 단 하룻밤 몇 시간 열리는 상례는 망자를 보내는 성스러운 의식이자 한인 노동자들의 축제가 된다. 본인들은 의도하지 않았지만 권위주의적이고 경직된 단성적 농장사회의 지배자를 조롱하는 것이다. 이들의 행위는 기독교라는 절대적 가치로 통일된 단성적 세계관에 카니발적 세계관을 접촉하여 가치를 전도한다. 이들의 축제에는 성스러운 상례 의식과 춤추고 노래하는 속된 행위, 과거 조선에 있을 때 신분의 높낮음, 지식인과 비지식인, 현명함과 우매함 등이 결합하고 있다. 하와이와 멕시코의 이주

노동자들은 어려운 환경 안에서도 민중들의 카니발을 통해 자유롭게 인간 대 인간이라는 상호관계를 중시하고 은폐되어있던 인간 본성을 감각적으로 노출시킨다. 본토인과 이주인, 농장 관리자와 외국인 노동자라는 수직적 질서를 수평적 질서로 통합하고 결합하면서 대중은 다중으로 변화해간다. 대중들은 자기 스스로를 통제하면서 자율적인 자기생산을 위한 다중의 권리를 되찾기 위해 '협동'이라는 이름으로 제국의 소유권에 대항하는 자율적 다중[25]으로서 역능을 발휘한다.

■ 다중의 대항권력과 주체성

수동적 주체인 대중mass들은 이성보다는 감정과 격정에 따라 움직인다. 무차별적인 결집 형태로 스스로 행동할 수 없고 누군가의 지도를 받아야 하는 무리이다. 노예 상태를 유지하는 것이 벗어나는 것보다 더 나은 것이라 여겨 상태를 유지하기 위해 노력한다. 거기에서 벗어난다면 현재보다 더 불행해질 것이라 믿고 자발적 억압을 자청하며 복종을 당연한 것으로 받아들인다. 이들의 자발적 복종으로 인해 제국의 독재자는 자신의 위

25 다중(multitude)은 내적으로 다른 상태에 있으면서 공통적으로 소통하고 활동하는 주체이다. 다중이란 특이성들 위에서 행동하는 능동적인 사회적 주체라 할 수 있다. 다중의 구성과 행동은 정체성이나 통일성(무차별성)에 근거하지 않고 자신이 공통적으로 가지고 있는 것(소통성)에 근거한다. 다중은 군중이나 대중처럼 지도를 받는 것이 아니라 스스로 공통성을 만들고 자신들을 조직화해 나간다. 윤수종,『제국과 대중 그리고 공통의 부-네그리 하트『제국』,『다중』,『공동체』 읽기』, 세창미디어, 2014. 120-121면.

치를 유지할 수 있고 제국은 더 강해져 간다. 이러한 제국권력의 무장소 즉 '실제의 모든 곳'에서 영향력을 끼치는 제국에 맞서 대항하기 위해 대중들은 힘을 모으지만 이것으로는 역부족하다. 제국의 척도를 넘어서는 자율적인 생산 활동이 가능한 다중multitude의 역능이 필요하다. 다중은 자율적 활동을 통해 자신들의 가치가 제국의 척도를 넘어서도록 하려고 하지만 제국은 권력을 행사하여 이것이 전복되지 못하도록 맞선다. 다중들은 끊임없이 제국의 권력과 갈등하며, 특이하고 창조적인 과정 안에서 다중의 주체적 욕망을 표현한다. 제국은 부패를 통해 다중의 협동적 자율성을 부추기고 동시에 통제하지만 다중은 자율성 안에서 그에 대항하는 '구성 권력'을 만들어 나간다. 언어와 소통, 기계, 집합적 경험, 실험, 생체정치 안에서 자신들의 구성 권력과 자기통제 및 자율적 자기생산 권리인 재전유권을 주장한다. 노동이라는 이름의 착취에 대항해서 협동이라는 이름으로 제국의 소유권에 대항한다. 긍정적 노동 안에서 신체들이 지닌 가치와 생산적 지식을 자가 증식하고 스스로 얻은 자유 안에서 실존적 존재로 나아갈 때 제국은 균열이 생기고 우리는 해체의 가능성을 엿볼 수 있다.

농장이라는 제국을 탈주한 노동자가 타국의 혁명군 안에서 국가의 존재가치를 깨닫고 남의 나라 혁명의 도구가 아닌 이미 사라지고 없어진 새로운 대한제국을 꿈꾼다. 타국의 농장 안에서 본인들은 대중으로서 훈육과 통제를 당하지만 자식들만큼은 다중으로서 자율적 활동을 펼칠 수 있도록 한다. 자식들이 한국광복군을 지원했을 때, 죽을지도 모르는 그곳에서 나라의 독립을 위해 몸 바치겠노라고 했을 때, 이들은 숙연한 침묵 속에 눈물을 흘리면서도 겹겹이 쌓인 하와이 꽃목걸이를 목에 걸어주며 기꺼이 보낸다.(아, 286-287) 이들은 대중에서 다중으로 성장하면서 제국에 맞서는 투사로서 권력에 저항하고, 다중의 역능과 욕망을 통해 자신들의 주체성을 드러낸다. 다중이 삶의 생산 및 재생산의 새로운 형태로서 죽음에 맞서 투쟁하기 위해 가지는 활력은 그들만이 가질 수 있는 대안적 상상력이다. 조선에서 건너온 유색의 다중들은 이러한 상상력을 통해 자신들의 노동력 착취를 당연시 여기는 제국의 해체를 꾀한다.

1910년대 '사진신부'로 건너간 여성들이 광복투쟁의 주축이 되어[26] 1908년 <신명 부인회>를 조직하였다. 1909년 송병준, 이완용, 일본 왕에게 각각 독립촉구 전보를 보내면서 7천7백 달러(현재가치)를 모금하였고, 안중근 의사 재판 경비로 6만7천 달러 의연금을 모았다. '국권 광복의 구국운동'을 목적으로 1909년 <부인교육회>를 조직하고 1913년에는 4개의 부인 단체들이 <대한 부인회>로 통합 출범한다. <대한 부인회> 소속 부인들은 회비에만 의존하지 않고, 직접 사업을 벌여 재정을 충당

26 하와이 한인이민연구소 소장 이덕희씨는 2015년 4월 30일 대한민국 광복 70년간 외면해 온 하와이 여성광복투쟁에 대한 생생한 기록인 <하와이 여성 독립운동사>를 공개하였다. "나는 여성운동가 아닙니다. 이것은 남녀평등의 문제가 아니라 하와이 여성들의 국권회복운동이야말로 독립운동사에 빛나는 무대였기 때문이지요. 그분들의 명단을 찾아내 가져왔습니다." 이 소장은 이번에 당시 기록들을 뒤지고 유족들을 만나는 등 동분서주하며 하와이 지역에서 36년간(1909~1945) 독립운동에 앞장섰던 7개 여성단체의 활동 내역과 290명의 유공자 명단을 처음으로 발굴해 냈다. 멕시코이민 110주년 연합뉴스, 2015. 1. 12.

하는 적극적 운영 방법을 통해 독립운동에 참여했다. 재봉일로 옷을 만들어 팔고 간도 동포에게 재난 구제금까지 보냈다. 그러나 『바람의 노래』에서 퇴기 딸이자 사진신부의 몸종으로 하와이를 건너왔던 여성은 한인독립단체의 동지회에서 조선독립을 위해 직접 투신하는 것으로 묘사된다. 『아리랑』에서는 하와이 이주노동자 2세들이 이미 없어져버린, 가보지도 못한 조국을 되찾기 위해 임시정부의 한국광복군에 투신하는 것으로 묘사된다.

실제로 노동자, 사진신부, 유학생들로 구성된 미국의 한인사회 구성원은 1945년 한국이 광복되기까지 하와이에 6,500명 그리고 미국 본토에 3,000명가량의 규모였다. 이들은 미국 주류사회로부터 고립된 생활을 했지만 1930년대에 들어서면서 이민 1세들은 고령화되고 2세들이 성인이 되면서 한인사회의 세대교체가 본격화되고 확장되었다. 1세대가 교회와 각종 단체를 중심으로 해외독립운동에 전념했다면 2세대는 미국문화에 동화되면서 친교모임을 통해 화합을 다지는데 주력하였다. 한인 2세대들은 지역 정치에 관심을 갖고 참여하면서 미국 사회의 일원으로 편입되어 갔다.

다중으로서 성장과정이나 아우또노미아 실현방법이 텍스트와 실제가 다르다는 점이 흥미롭다. 소설에서 한인 2세들이 독립운동에 뛰어드는 것으로 다중의 모습을 보이지만 현실에서 이들은 미국 사회의 일원으로서 자신들의 능력을 펼치고 사회의 중심에 서가는 모습을 보여준다는 점에서 다중의 모습에 더욱 가깝다. 더 이상 민족국가에 의지하지 않으려는 독립적이고 자율적이면서 이질적이고 혼성적인 주체성을 가진 다중들이다.

멕시코 아주 110년이 지난 지금, 흔히 '애니깽'이라고 불리는 이들의 후손은 6세대까지 내려왔다. '멕시코 한인 후손회'에 따르면, 현재 한인 후손은 4만 명을 헤아린다. 1세대는 물론이고 2세대마저도 대부분 세상을 떠났으며, 장년층이 된 3세대와 4~6세대들은 완전히 '현지화'(멕시코화)되어, 이들의 기억하는 이주 역사는 희미하고 기록에서만 찾아볼 수 있다. 1903년 하와이에 뿌리를 내린 뒤 사진신부와의 결혼을 통해 어느 정도 정체성을 유지해온 미주 한인과는 달리 멕시코 한인들은 사진신부를 맞이할 수 없었고 현지 여성들과의 결혼을 통해 정착하게 되었다.[27]

『검은 꽃』에서는 과테말라의 혁명을 돕다가 남의 나라 혁명이 아니라 일제에 의해 없어져버린 대한의 맥을 이어야겠다고 깨달은 한인들이 띠갈의 밀림에 '신대한'이라는 작은 마을 국가를 세우는 것으로 그리고 있다. 하지만 실제 멕시코 이주 한인 후손들은 의사·변호사·교수·기자·회계사·사업가 등 전문가로서 멕시코 주류 사회에 진입하였다.[28] 이처럼 모국에 긍지를 가

27 현지에서 한인 후손을 도왔던 조남환 목사는 "성인 가운데 남자 701명, 여자 135명으로 남자가 월등히 많았던 이민 당시 남녀 성비에 주목할 필요가 있다"면서 "일제 치하에 놓인 고국에 돌아올 수 없는 처지여서 남자들은 한인 여성을 만나 결혼하고 싶었지만 그 수가 적어 대부분 현지인과 결혼할 수밖에 없었다"고 말한다. 멕시코이민 110주년 연합뉴스 인터뷰, 2015. 1. 12.

28 멕시코 의회에서 유일한 한인 후손인 리스베스 로이 감보아 송(34·집권 제도혁명당) 하원의원이 우선 손꼽힌다. 법학을 전공하고 공공정책 분야 석사학위를 취득한 뒤 현지 여성연구소 소장 등으로 일하다 2012년 하원의원에 당선됐다. 현재 한·멕시코 의원친선협회 부회장을 맡고 있다. 한인 4세인 리스벳 로이 송 판사는 여성이라는 약점을 극복하고 킨타나 로주(州) 대법원

지는 이들이 이국에서 주류로 입성하여 활동하는 모습은 자율적 생산 활동이 가능한 다중으로서 역능을 보여주는 것이다.

『아리랑』이든 『검은 꽃』이든 텍스트에서는 인물들은 대안적 상상력과 다중으로서 역능을 가지고 대항권력을 통해 아우또노미아를 실현하려고 노력한다. 이들의 힘은 권력에 대립하는 일종의 내재적 힘이며 창조적이고 생산적인 '활력'[29]이다. 이는 노동을 삶의 욕구와 일치시켜, 산 노동의 힘을 온전히 필요노동으로 전환시킨다. 다중들은 자신들의 활력, 생산적이고 신성한 폭력을 통해 아우또노미아를 행사함으로서 제국의 권력과 기반의 붕괴를 시도한다.

『바람의 노래』에서는 한인 이주민 2세인 삼일을 통해 다중으로서 모습을 보여주려고 하지만 실패하는 모습을 보인다. 폐허가 된 북프랑스에서 보았던 아군(연합군)의 시체, 독일군의 시체, 하와이의 휠러 비행장 근처에서 보았던 일본군의 썩어가는 시체 어느 것이든 삼일에게는 다 똑같았다. 미국인이었으면서도 3.1 독립운동 투사의 아들이었고, 미국과 조선에 대한 애국심과 정체성을 동시에 지녔던 그는 프랑스인들이 자신을 일본인으로 오해하는 것만큼은 참을 수 없었다.

장에 오르기도 했다. 한인 3세 라몬 리 씨는 유카탄 마야 유적지를 상징하는 치첸잇사 관리소장을 맡아 봉사했으며, '서유견문'을 쓴 유길준 집안의 후손인 노라 유 씨는 치와와주 후아레스시 시의원으로 활동했다. 멕시코이민 110주년 연합뉴스, 2015. 1. 12.

29 네그리는 이러한 활력을 산 노동의 코나투스(conatus)로 보았다. 앞의 책, 조정환, 『아우또노미아』, 260-261면.

내가 원수의 나라 사람으로 오해받다니, 참으로 분통 터질 일이었습니다. 일본인과 우리는 왜 그렇게 외모가 똑같은지요. 프랑스 사람들은 비슷해 보이는 외모 속에 엄청나게 다른 생각들이 있다는 걸 알 수 없겠지요. 일본의 군국주의 야욕과 저희 조선인의 독립 의지를요. (중략) 어머니! 저는 새삼 조선인이라면 조선말을 할 줄 알아야 한다는 생각이 들었습니다. 전쟁이 끝나고 돌아가면 열심히 조선말을 배울 생각입니다. 그래야 정말 독립투사의 아들이라 하지 않겠습니까. (바, 306-307)

하와이 이주노동자였던 아버지와 사진신부였던 어머니 사이에서 태어난 삼일은 미국시민이자 연합군으로 2차 세계대전에 참여했다. 항상 자신이 조선인임을 잊지 않았던 삼일은 전쟁이 끝나갈 무렵 파괴된 잿빛 도시 파리의 석양 아래에서 어머니에게 편지를 쓴다.

그러나 종전 후 돌아오는 길에, 삼일은 그를 '독일군 패잔병 혹은 일본인'으로 오해한 프랑스 레지스탕스일지도 모르는 자가 쏜 총에 맞아 죽는다.

그녀는 오래전 이 바람산의 전투에서도 얼마나 많은 원주민들이 죽었는지를 생각했다. 카메하메하 왕을 위해 이름 없이 죽어 간 혼령들이 갑자기 그녀를 따라 우수수 일어서는 것 같았다. (중략) "내가 여기에서 태어나 살다 죽었다는 건 잊겠지만, 사람들은 수많은 군인들이 죽었다는 건 기억할 거예요. 엄마가 여기 바람산에서 수많은 사람들이 죽었다는 걸 기억하듯이……. 엄마! 그거면 됐어요. 나는 더 바라지 않아요. 내가 혹 이렇게 죽기 위해 태어나 엄마의 아들로 살았다 해도 괜찮아요. 너무 많은 사람들이 옛날에도 지금에도 그렇게 죽었는걸 요. 엄마! 울지 마세요." (바, 318-319)

'애국투사의 아들'[30]이라는 긍지를 가지고 집단차원이 아닌 개인 차원에서 스스로 아우또노미아를 조직하려했던[31] 삼일은 다중으로서 활력을 갖는다. 낡은 전략을 무효화하려는 새로운 세계 질서 속에서 그것을 전복할 새로운 주체성의 계보학을 추적함으로써 변혁에 대한 사고를 주체성에 대한 사고로 전환한다. 비록 삼일이나, 김이정 모두 아우또노미아를 실현하지는 못하고 죽지만, 이들이 다중으로서 보여준 주체성은 더 이상 민족국가에 의지하려 하지 않는 독립적이고 자율적인 동시에 이질적이고 혼성적인 것이다. 제국이 열어놓은 전지구적 공간 속에서 요동치는 주체성을 갖는다.[32] 이러한 삼일의 활력은 자기보존의 노력에서 시작한 복합적 생산이자 욕망과 상상을 통해 전진하는 연합적 운동이라는 점에서 다중의 존재를 확인하는 명징한 증거가 된다.

30 아버지 갑진은 우연한 기회에 3.1운동 때 사용할 태극기를 그리고 나눠주다가 헌병의 긴 칼날에 목숨을 잃는다. 조선독립에 대한 특별한 사명이나 의지도 없었고 단순히 한국행 배에서 만난 '최'의 권유로 태극기를 만들고 막대에 붙이는 일을 한 갑진은 거사날 자신이 만든 태극기가 밟히고 찢어지는 것이 안타까워 '밤새 풀로 붙인 자식 같은 태극기'(바, 191)를 주워들다가 변을 당한다. 그러나 미국한인사회에서 갑진은 애국투사로서 사망한 것으로 알려지고 아들 삼일은 이러한 아버지를 존경하며 그에 맞는 정체성과 의식을 가지기 위해 노력한다. (필자 주)

31 위의 책, 조정환, 『아우또노미아』, 262면 참고할 것.

32 위의 책, 249면.

『검은 꽃』에서는 지금껏 남의 나라 혁명에만 앞장서 온 이정을 통해 다중으로서 역능을 보여주려고 한다. 불타는 에네켄 농장에서 나와 마흔 두 명의 조선인들과 함께 새로운 나라 '신대한'을 세운다. 조선의 전직 군인, 아악부 내시, 도둑, 게릴라, 고아, 파계신부로 이루어진 마을국가였지만 조혼과 축첩을 금지하고 반상과 귀천이 없는 나라였다. 마야의 처녀들과 결혼하면서 마야 유적지에 뿌리를 내리고 멕시코 혁명정부처럼 '신대한'도 인정을 받기 위해 노력한다.

> 일본이 대한제국을 강점한 이래 조선 민족에겐 나라가 없었으나 1916년 9월, 지구의 반대편에 있는 과테말라의 띠갈에 비로소 새로운 나라를 세웠습니다. 본국의 정부에 이것을 알려주시기를 바랍니다, 멕시코의 혁명정부를 인정하였듯이 우리의 작은 나라도 곧 인정하여주기를 기대하고 있습니다. (검, 354)

에스트라다 카브레라 대통령은 이들이 조선을 이어받은 나라 '신대한'이 아닌 밀림의 마야 게릴라들이라고 여겼다. 시위대와 혁명군의 공격으로부터 무난히 정권을 지켰던 것처럼 게릴라 소탕작전을 이용해 이들을 공격하고 일망타진할 결심을 한다. 며칠 후 정부군의 공격으로 이들은 전부 사망하고 신전 아래 떨어진 조선인 박광수 시체 위에는 낡고 바랜 '전라도 위도생 28세 박광수' 라는 증명서 한 장만 대한제국 관인이 희미하게 번들거린 채 놓여 있었다. 이제 멕시코에서 그 문자를 해독할 수 있는 사람은 아무도 없었다.

실제 한인들이 주류사회로 유입하면서 보여준 다중으로서 모습은 생체정치 안에서 자신들의 구성 권력과 자기통제 및 자율적 자기생산 권리인 재전유권을 주장하는 아우또노미아 실현이다. 이들은 한인 커뮤니티를 통해 협동을 하고 제국의 소유권에 대항한다. 긍정적 노동 안에서 신체들이 지닌 가치와 생산적 지식을 자가 증식하고 스스로 얻은 자유 안에서 실존적 존재로 나아가려고 노력한다.

반면 텍스트의 인물들이 급격한 대항의 방식을 통해 다중으로서 주체성을 갖고 아우또노미아를 실현하려고 하지만 성공하기도, 실패하기도 한다. 그러나 하와이와 멕시코라는 이국땅 안에서 살아남기 위해 몸부림치던 이들이 실제건, 텍스트이건 활력을 통해 대중에서 다중으로 변모하고, 공통되는 사회적 행위를 통해 공통의 욕구를 추구했다는 점은 동일하다. 이들의 활력은 상상, 사랑, 욕구에 의해 추동되는 현실적인 운동이자 연합적이고 사회적인 주체성이다. 다중들의 새로운 사회적 관계 속에서 규범과 권리는 창조·재창조되고 부단한 변증적 과정을 거친다. 이 안에서 제국의 권력은 다중에 의해 붕괴될 수 있다. 다중들의 정체성인 '활력'은 주체로서의 대항권력이자 민주주의를 창출하는 절대적 내재성을 가진 힘이었다. 이처럼 아메리카 대륙으로 건너간 하와이, 멕시코 한인 이주를 디아스포라 담론이 아닌 제국과 다중 담론으로 충분히 새롭게 읽어낼 수 있다.

■ 다중들의 '활력'과 절대적 내재성

이번 장은 '구한말 아메리카 대륙으로 한인 이주'라는 역사적 사실을 1990년대 이후 '한국문학'이 어떻게 해석하는지 알고자 하는 호기심에서부터 출발하였다. 그동안 디아스포라 담론을 바탕으로 연구되던 이주문학을 '제국과 다중'이라는 관점에서 새롭게 텍스트를 읽어보려고 시도했다. 조정래의 『아리랑』, 김영하의 『검은 꽃』, 박경숙의 『바람의 노래』를 통해 식민화된 대중이었던 타자들이 다중으로 변화되어가는 모습, 이들의 생존전략과 대항권력, 아우또노미아 실현방법 등을 알아보았다. 실제 한인들이 주류사회로 유입하면서 보여준 다중으로서 모습은 생체정치 안에서 자신들의 구성 권력과 자기통제 및 자율적 자기생산 권리인 재전유권을 주장하는 아우또노미아 실현이었다. 이들은 한인 커뮤니티를 통해 협동을 하고 제국의 소유권에 대항하였다. 긍정적 노동 안에서 신체들이 지닌 가치와 생산적 지식을 자가 증식하고 스스로 얻은 자유 안에서 실존적 존재로 나아가려고 노력했다. 반면 텍스트의 인물들은 급격한 대항의 방식을 통해 다중으로서 주체성을 갖고 아우또노미아를 실현하려고 하지만 성공하기도, 실패하기도 했다. 그러나 하와이와 멕시코라는 이국땅 안에서 살아남기 위해 몸부림치던 이들이 실제건, 텍스트이건 활력을 통해 대중에서 다중으로 변모하고, 공통되는 사회적 행위를 통해 공통의 욕구를 추구했다는 점은 동일하였다. 이들의 활력은 상상, 사랑, 욕구에 의해 추동되는 현실적인 운동이자 연합적이고 사회적인 주체성이다. 다중들의 새로운 사회적 관계 속에서 규범과 권리는 창조·재창조되고 부단한 변증적 과정을 거친다. 이 안에서 제국의 권력은 다중에 의해 붕괴될 수 있다. 이런 점에서 다중들의 정체성인 '활력'은 주체로서의 대항권력이자 민주주의를 창출하는 절대적 내재성을 가진 힘이었다. 이처럼 아메리카 대륙으로 건너간 하와이, 멕시코 한인 이주를 디아스포라 담론이 아닌 제국과 다중 담론으로 충분히 새롭게 읽어낼 수 있다.

4

일본 유학 시기 노신과 춘원의 서구문학 수용과 영향*

- 노신과 이광수
- 니체 사상의 수용과 국목전독보(國木田獨步)
- 일본에서 만난 러시아 작가들 : 투르게네프, 톨스토이, 레르몬토프
- 바이런과 신체시
- 서구문학의 수용과 한·중 근대문학의 시작

* 제4장은 『중국학보』 48집, 한국중국학회, 2003년에 게재된 것을 수정·보완한 것이다.

일본 유학 시기 노신과 춘원의 서구문학 수용과 영향

엄영욱

■ 노신과 이광수

이미 필자는 중국과 한국, 양국 근대문학의 선구자였던 노신(魯迅)과 이광수(春園 李光洙)의 소설을 여성주의 시각과 역사소설을 중심으로 살펴본 바 있다.[1] 이렇게 필자가 노신과 춘원에 집착하는 이유는 이들 두 사람이 한·중 양국의 신문학을 이해하는데 있어서 매우 중요한 코드code이며, 문학사에 있어서 그들이 차지하는 비중이 여전히 크기 때문이다.

소설뿐만 아니라 시, 산문, 잡문 등 다양한 장르의 작품을 남

1 필자는 <魯迅과 李光洙의 女性主義 比較研究>(『中國現代文學』. 제14호, 1998. 6)와 <魯迅과 춘원의 歷史小說 比較研究>(『한중언어문화연구』. 제8집 2005. 3)를 연구한 바 있다.

긴 이 두 작가의 문학세계를 완전히 이해한다는 것은 사실 불가능하다. 그러므로 본 연구는 노신과 춘원의 문학을 한층 더 깊게 이해하고자하는 또 하나의 작은 행보에 다름 아니다.

노신 문학 연구에 관해서는 '노신학'이 나올 만큼 심화되어 이제 새로울 것이 없는 지경에 이르렀다. 동구와 서구, 일본과 연계해서 이뤄진 연구 또한 상당한데, 이에 비해 한국작가와의 비교연구는 저조한 편이다. 노신과 한국작가 사이에 직접적인 교류 사실이 없었다는 데에 그 주된 요인이 있는 것으로 보인다. 그러나 일찍이 한국의 많은 작가들이 직접 중국어 원본이나 일역본을 통해 노신을 읽음으로써 그 문학적 영향을 받은 것은 사실이다. 예컨대 한설야는 1956년 『노신과 조선문학』에서 1930년대 쓴 자신의 단편「모색」,「파도」 등이 노신의 <광인일기>, <공을기>에서 적지 않은 암시를 받은 것이라고 스스로 밝히기도 하였던 것이다.[2] 직접적인 영향 관계가 없을지라도 한국과 중국은 타자에 의한 근대화의 체험을 똑같이 경험했고, 근대문학의 변혁의 주체들이 대부분 일본유학을 통해 일본문화와 서구문화를 수용했다는 점 등 많은 동질성을 가지고 있다. 이광수, 최남선, 김동인, 홍명희 등이 일본유학의 선구자로서 한국문단을 이끌었던 사람들이라면 중국에서는 노신을 필두로 한 곽말약, 모순, 주작인 등이 있었다.

노신과 춘원은 나이 차이가 9살 정도 나지만 유학은 거의 동일한 시기(1904-1909년은 두 작가가 일본에 함께 있었던 시기임)에 이루

2 全炯俊 엮음, ≪魯迅≫, 서울, 文學과 知性社, 1997, p.vi (서론 6면).

어졌으며 당시 일본문학사조와 문단의 영향을 많이 받았다. 하목수석(夏目漱石)을 비롯한 백화파(白樺派), 신사조파(新思潮派)의 영향과 자연주의 문학의 영향, Byron, Tolstoi의 영향 등은 두 작가의 초기 문학과 사상을 이해하는데 있어서 간과할 수 없는 요소이다.

인간의 성장 과정에서 청년시절은 매우 중요하다. 청년 시기는 사상의 맹아기로서 한 인간의 사상의 초석이 되며 그 인간의 뿌리를 이해하는데 중요한 단서이다. 춘원과 노신은 사상형성의 가장 중요한 시기에 일본유학을 하였고 일본을 통해서 서구문화의 영향을 받아 창작하였다.

이번 장에서는 두 청년 작가들이 감수성이 예민한 청년시절에 어떠한 고민을 하였으며 그 고민을 해결하기 위해 어떠한 사상과 문학에 심취하였는가, 그리고 일본과 서구를 어떠한 형태로 수용하였는가 알아보자.

■ 니체사상의 수용과 국목전독보(國木田獨步)

노신과 이광수의 일본 유학 시기는 노·일 전쟁 전후로 인하여 일본 지식인들을 둘러싸고 새로운 경향, 즉 민주주의와 자유주의 풍조가 생기기 시작한 때였다. 이 풍조는 사상, 문화, 문학에 그치지 않고 각종 민중 운동에까지 침투하여 정치면에서도 큰 영향을 주게 되었다.

당시 노동자는 빈곤과 무권리의 상태에서 억압당하여 인간으로 대접받지 못하는 존재였다. 이 노동자들의 문제를 해결하고자 일부 지식인들이 행동으로 실천하기 시작하였다. 그 가운데 노동자, 농민들의 입장에 서서 평민주의를 주장한 재야 집단 '전사신사(田舍紳士)' 일파가 많은 농민들에게 절대적인 지지를 받고 탄생하였다. '전사신사' 일파의 대표적인 존재인 덕부소봉(德富蘇峰)은 대단히 혁명적이었다. 그는 기독교적 평화주의 입장에서 구도덕에 의한 누습에 대하여 맹렬히 비난하였으며, 개화되고 진보적인 평민사회를 만들기 위해 아직 때 묻지 않은 청년들을 계몽하려고 노력하고 있었다. 춘원은 그로부터 내외면적으로 강렬한 영향을 받지 않을 수 없었다. 그의 사상을 지지하고 추종한 춘원은 그처럼 개화된 신(新)사회를 건설하기 위하여 청년들을 계몽시키고자 문필활동을 시작하였다.

노신과 춘원이 유학할 즈음은 또한 일본에서 니체(尼采)에 관한 연구가 가장 활발한 시기였다. 1901년 ≪미의 생활연구(美的生活論爭)≫가 출판되었고, 1902년에는 등장죽풍(登張竹風), 상목엄익(桑木嚴翼)에 의해 니체에 관한 전문서적들이 출판되는 등 니체의 열기가 정점에 달하였던 것이다. 일본에서 니체주의(尼采主義)가 처음 유행할 당시의 니체관(尼采觀)은 청일, 노일전쟁 시기의 시대사조를 짙게 반영하고 있다. 니체 사상의 유행과 함께 일본에서는 진화론이 널리 보급되어 있었는데, 이는 노신의 초기 사상형성에 주된 배경이 되었다. 일본 유학시기에 쓴 <문화편지론>과 <마라시력설>을 보면 노신이 니체 사상을 어떻게 수용하였는가 잘 드러나 있다.

<문화편지론>에서 노신은 니체를 대표로 하는 19세기의 문

예, 철학의 접촉을 통하여 "세계에서 생존을 다투고 각국과 승부를 겨루려면 무엇보다도 인간을 일으켜 세워야 한다."[3]라고 주장하고 있다. 이러한 사상관은 노신이 중국 위기의 원인을 외적 요소보다는 내적 요소로 돌리고 있다는 것을 나타내준다. 제국주의 침략의 원인을 인간 확립이 되지 않았기 때문인 것으로 여긴 것이다. 그리고 인간의 확립을 위해서는 각각 개개인의 확립이 요구된다는 것이다. 니체주의에 기초하여 "물질을 배격하며 개인을 중시하자"[4]라는 노신의 주장은 이런 인식 위에서 성립된 것이다.

노신은 <마라시력설>에서 이러한 부류의 인간형상을 정신계의 전사, 초인의 이미지로 대두시키고 있다. 노신이 생각한 '정신계의 전사'란 깨어있는 지식인이나 선구자, 시인으로서 독자적인 주장으로 어둠을 통찰하고 세상을 평정하며, 세상 사람들의 칭찬과 비난에 자만하거나 낙심하지 않은 굳센 개혁의지와 불굴의 투쟁정신으로 대중을 이끄는 자이다. 니체에서 영향받은 노신의 초인 형상이란 강렬한 의지와 주체적 정신을 가진 "과학자의 정신"과 같은 연장선상에 있다. 그는 <과학사교편>에서 Bacon의 말을 인용하여 '모고(慕古), 위지(僞智), 이습(泥習), 혹상(惑常)'[5]의 4가지를 과학의 쇠퇴의 원인으로 열거하면서 "진리만을 표준으로 하는 과학자의 정신"과 대치시키고 있다.[6] 이

3 《文化偏至論》, 《魯迅全集》 1卷, 北京, 人民文學出版社, 1981, 56면.

4 위의 책, 46면.

5 하나는 고인을 모방하는 것, 둘은 가짜 지혜, 셋은 습관에 빠져 있는 것, 넷은 상식에 미혹되는 것이라 하였다.

것은 위기에 처한 프랑스에서 전 국민을 궐기시키고 그 활력소를 집결시킬 수 있었던 과학자 Gaspard Monge의 애국정신을 찬미하는 것으로서, 과학자의 형상과 <마라시력설>에 나타난 반항의 시인에는 니체의 초인 사상이 똑같이 나타나 있다.

또한 다윈의 생물학적 진화론과 니체의 진화론을 수용하여 인간사에 적용시킨 노신은 곧잘 "미래는 현재보다 더 낫고 청년은 노년보다 더 나을 것"[7]이라고 주장하면서 생태계의 진화와 마찬가지로 사회도 변화와 발전 속에서 존속하리라 생각했다. 노신은 또한 생물학적 진화론의 견해를 민족의 생존과 연결시키고, 조국의 멸망이 국권의 상실이나 민족의 노예화 등과는 다르게 민족 자체의 도태와 퇴화라는 관점으로 사고하였다.[8]

그런데 니체는 생존경쟁 및 적자생존을 중시한 다윈의 진화론과는 달리 환경을 극복하는 능동성과 적극성을 강조하면서 강자생존을 주장하였다. 노신은 니체의 관점에 대하여 "두 사람이 호흡하면 공기를 쟁탈하게 되므로 폐가 강한 자가 이길 것이며", "연약한 민족은 강한 민족보다 전사를 당하는 일이 늘 많으며 비겁한 민족은 용감한 민족보다 죽음을 당하는 일이 많다"[9]라고 말하였다.

이처럼 니체의 초인철학은 중국이 처한 위기적 상황에서 노

6 <科學史教篇>, ≪魯迅全集≫ 1卷, 29면.

7 <≪三閑集≫序言>(北新書國, 1932. 9), ≪三閑集≫, ≪魯迅全集≫ 4卷, 5면.

8 김하림, 「노신문학 사상의 형성과 전변연구」, 고려대학교 박사학위논문, 1992. 12.

9 위의 논문, 69면.

신에게 구국의 체현자로 다가왔고 또한 이것은 당시 노신이 가장 절실하게 몸으로 느꼈던 '국민성의 개조'라는 욕구에 부합된 것이었다. 또한 니체를 통해 유럽 근대문명의 정수인 개인주의를 받아들여 개인의 주체성을 확립할 것을 주장하였고 이것은 민족의 주체성 확립이라는 요구로 확대된 것이다. 그러나 당시 노신은 이러한 니체사상이 제국주의 침략의 방패막이가 될 수도 있다는 이면을 보지 못했던 것 같다.

1894년의 청일전쟁으로부터 1904년의 노일전쟁까지의 일본 문단을 개관한다면 그 당시 문단에는 미기홍엽(尾岐紅葉)이 인솔하는 현우사 일파(硯友社一派)가 패권을 잡아 모든 것을 좌지우지하였고, 이에 대항하여 평내소요(坪內逍遙), 행전노반(幸田露伴), 산전미묘(山田美妙), 삼구외(森鷗外) 등이 작품활동을 하고 있었다.

미기홍엽(尾岐紅葉), 행전노반(幸田露伴), 산전미묘(山田美妙) 등이 역사제재 소설의 창작을 시도하였으며, 삼구외(森鷗外)가 본격적으로 근대소설의 수법으로 역사소설을 썼다. 그는 명치문단에서 "최초로 서구의 문예를 소개하는데 공헌한 사람"[10]으로서 많은 작품을 남겼다. 삼구외(森鷗外)의 역사소설은 명확한 주제를 중심으로 하는 작품을 창작함으로써 개천룡지개(芥川龍之介) 및 국지관(菊池寬) 등 주제 작가들의 주제소설에 본보기가 되었다. 신사조파의 대표적인 작가인 개천룡지개(芥川龍之介)와 국지관(菊池寬)은 삼구외(森鷗外)를 뒤이어 현대적 의식이 접목

10 魯迅, <《現代日本小說集》附錄<關於作者的說明>>, 《魯迅全集》 10卷, 217면.

된 수준 높은 역사소설들을 창작함으로써 역사소설의 창작영역을 넓혔다. 노신에게 가장 영향을 끼쳤던 신사조파 작가들은 삼구외(森鷗外), 개천룡지개(芥川龍之介), 국지관(菊池寬) 등이다.

국지관(菊池寬)은 인성과 전통적 도덕 간의 첨예한 모순을 깊이 있게 파헤쳐 보인 작가였다. 그의 소설은 전통적 도덕에 대한 멸시와 풍자를 가함으로써 강렬한 현실적 의의를 획득하였다. 노신은 국지관(菊池寬)의 『삼포우위문의 최후』 <三浦右衛門의 最後>와 한 무사의 끈질긴 복수 과정을 묘사한 <복수의 이야기>에 영향 받아 후에 <주검>을 완성한다. 노신은 또한 '희망이 이루어진 후의 불안'이라는 개천룡지개(芥川龍之介)의 창작 방법을 자신의 작품에 사용하였는데, <보천>, <주검>, <분월> 등이 그 예이다.

또한 당시에는 명치 10년 이후에 흥기하였던 서방의 과학 환상소설과 정치소설들이 여전히 그 영향을 미치고 있었다. 노신은 일본 유학 초기에 과학에 관심을 가지고 있었으며 《절강조》 8호(1903. 10)에 <중국지질약론>을 기고하여 천연론(진화론)의 입장에서, 당시 중국의 위기가 심화되면 결국 중국은 자연 도태되어버릴 것이라고 하며 중국의 살길은 부국강병, 식산흥업이라고 하였다. 이외에 <설구(說鉬)>와 <인간의 역사(人之歷史)>을 편역하였고, 과학소설 <달나라 여행(月界旅行)>, <땅속의 여행(地底旅行)>을 번역하였다.

노신은 백화파 문학을 번역 소개하였는데 창작 방법에 착안한 것이 아니라 인도주의 선양을 중시하였다. 그는 <한 청년의 꿈(一個青年的夢)>을 번역할 때, 인도주의 사상의 정치와 윤리의 함의를 분명하게 해석하였고 인도주의가 정신과 심리를 개조한다는 측면에서 매우 중시하였다. 일본 유학 시기에 이미 중국인의 마비된 정신을 개조하고자 했던 노신은 5·4시기에 이르러 그의 계몽사상을 다시 심화시켰을 때 백화파 문학을 다시 읽게 되었으며 자연히 공감이 생겨났던 것이다.

한편, 장곡천이엽정(長谷川二葉亭)은 평내소요(坪內逍遙)의 ≪소설신수(小說神髓)≫의 사실주의 이론을 작품화한 소설 ≪뜬구름(浮雲)≫으로 인기를 얻는 동시에 Turgenev의 ≪사냥꾼 일기(獵人日記)≫를 번역하여 ≪밀회(密會)≫를 출판함으로써 청년층의 애독자를 얻고 있었다. 또한 내전로암(內田魯庵)이 Dostoevskii의 ≪죄와 벌≫을 번역, 출판하여 문단에 새로운 바람을 불러일으키고 있었다.

이러는 동안에 문단의 주류는 낭만주의로부터 점차 자연주의로 움직였으며, 20세기 초에 이르러 국목전독보(國木田獨步), 도기등촌(島崎藤村), 전산화대(田山花袋), 정종백조(正宗白鳥), 덕전추성(德田秋聲) 등이 Maupassant의 사실주의, E. Zola의 자연주의를 모방하여 많은 작품을 내놓았다.

국목전독보(國木田獨步)는 명치시기에 있어서 기독교인으로서 혁명계의 문학운동에 참여했던 자연주의 작가로 알려져 있다. 그는 일찍이 기독교 세례를 받았고 자연주의 작가로 성장한 이후에도 그의 사상적 근거는 종교와 밀접한 관련을 갖고 있었으며, 병과 빈곤 속에서 자연과 사회, 인간의 생사에 대해 깊이 응시했던 작가였다. 그는 기독교의 감화로 참다운 인간이 되기를 원했으며 문학과 교사의 길을 통해 세상을 일깨우자 하였다.

『강본의 수장』≪岡本의 手帳≫은 그의 사상을 잘 드러내고 있는데, 우주에는 먼저 자연이 있고 인간은 그 속에서 극히 일부의 사회를 만들어 부침하는데 불과하다는 것이다. 따라서 인간은 자연의 소산이며, 짧은 생명이 끝나면 자연으로 돌아갈 수밖에 없는 인간이 사회에 정력을 쏟고 일생을 끝내는 것이라 했다. 그러므로 인간이 자연의 아들로서 자신의 지위를 깨달을 때 비로소 그의 참다운 생활이 시작된다고 믿었다.

춘원의 경우, 초기 작품들 중 특히 단편에서 국목전독보(國木田獨步)의 것과 비슷한 문학적 성향을 보여주고 있다. 그의 「어린 벗에게」는 사랑을 강조하면서 자유연애와 주체적인 결혼관의 존엄을 말하고 있으며, 「혁명가의 아내」는 여주인공의 간통을 용서하는 내용을 골간으로 하고 있다. 당대에 있어서 간통을 범한 처를 용서한다는 것은 매우 혁명적이고 충격적인 일이었다. 이렇게 춘원의 작품에 담긴 자유연애주의와 인도주의적 요소, 계몽적이고 자연주의적인 요소 등은 강한 인간애와 기독교적인 박애주의에서 근거하고 있는데, 이는 국목전독보(國木田獨步)의 문학세계와 상당한 유사성을 보여주는 것으로서 유학시절 국목전독보(國木田獨步)의 영향을 나타내주는 것이라 하겠다.

■ 일본에서 만난 러시아 작가들: 투르게네프, 톨스토이, 레르몬토프

자국문학보다는 외국문학에 더 관심을 갖고 있었던 당시 일본 청년들과 지식인들은 외국작품의 번역을 환영하였고, 작가

측에서도 외국문학작품을 많이 읽음으로써 일본문학을 배양하는데 자양분으로 삼고자 하였다. 당시 일본에 널리 애독된 Turgenev의 ≪부초(浮草)≫는 일본 재래의 권선징악적인 인생관을 떠나서 광대무변한 우주에 대한 인간의 순간성, 약소성을 강조하여 인생문제에 대하여 많은 생각을 하게 한 소설로서 자연묘사가 몹시 청신하여 국목전독보(國木田獨步), 덕부로화(德富蘆花), 길전현이랑(吉田絃二郎) 등에게 큰 영향을 주었다. 도기등촌(島崎藤村)의 명작 ≪봄≫은 Turgenev의 ≪처녀작≫의 자연묘사를 그대로 모방했다고 한다. 그밖에 ≪욕천기≫ ≪욕(慾泉記)≫은 역시 러시아의 Lermontov의 작품으로, Byron의 작풍을 사숙하여 그것을 모방하였다고 하는데, ≪부초≫와 ≪욕천기≫는 모두 러시아의 청춘을 노래한 작품이었다.

그러나 이 세 소설보다도 압도적으로 일본문단과 청년독자에게 감명을 준 작가는 역시 Tolstoi이었다. Tolstoi의 인도주의와 박애주의는 당시 청년과 작가들에게 커다란 영향을 주었고 당시 일본에 유학하였던 노신과 이광수에게도 영향을 미쳤던 것이다.

이광수는 특히 Byron과 Tolstoi에 심취하였는데 그의 일기 「나의 소년시대」를 보면 일본문학작품으로는 도기등촌(島崎藤村) 것이 많고, 서구작품으로는 역시 Byron과 Tolstoi의 작품이 압도적이었음을 알 수 있다. 이광수는 Tolstoi에 대한 사모가 더욱 돈독해서 소설 「그의 자서전」, 「나의 문단생활 삼십년」 등에서 Tolstoi에게서 받은 감명을 술회하였으며, 특히 「두옹과 나」 <杜翁과 나>라는 단문에서 그 감명이 가장 단적으로 드러난다.

> 나는 그때부터(중학 4년 때) 소설도 쓰고 논문도 썼거니와 나의 예술관에 가장 큰 영향을 준 것은 Tolstoi 선생이었습니다. 지금 와서는 종교적 인생관에 있어서, 나는 Tolstoi와 길이 달라졌지만, 그의 예수교의 해석과 실천적 인생관에 있어서는 전과 같이 Tolstoi를 선생으로 섬기고 있습니다.[11]

이처럼 Tolstoi의 인도주의, 박애주의 사상은 춘원의 일생을 통한 전 작품에 침투되어서, 그의 사상적 지주가 되었다. 그의 첫 번째 소설인 「어린 희생」에 이것이 잘 드러나 있다. 「어린 희생」에는 "적을 사랑하라"는 박애주의 사상이 드러나는데 이것은 바로 말할 것도 없이 Tolstoi 사상인 것이다.

Tolstoi에 심취하기는 노신 또한 마찬가지였다. 그는 서양의 모방에 지나지 않았던 일본의 자연주의 문학의 성행에는 무관심하였지만[12] 서양과 동구의 문학에는 많은 관심을 가지고 있었다. 그래서 그는 5·4시기에 인도주의를 일종의 인본주의로 받아들여 자신의 지도사상으로 삼았으며 장차 인도주의 시대가 도래할 것이라 믿었던 것이다.

그밖에 일본 유학기에 노신과 춘원에게 깊은 영향을 준 작가로 夏目漱石을 언급하지 않을 수 없다. 그는 자연주의에 반대하면서 도덕, 교훈을 주장하였다. 그는 해학·풍자소설인 「나는

11 ≪李光洙全集≫ 16卷, 서울, 三中堂, 1962, 412면.

12 檜山久雄 著, 정선태 역, ≪동양적 근대의 창출≫, 서울, 소명출판사, 2000, 23면.

고양이로소이다(吾輩は猫である)」(1905), 「도련님(坊っちゃん)」(1906)을 썼고 그의 인생관·예술관인 '비인정'(非人情), '저회취미'(低徊趣味)를 구현한 「풀베개(草枕)」(1906)를 발표했다. 「산시로(三四郎)」, 「마음(心)」, 「명암(明暗)」 등에서 현실과 이상의 모순을 추구하고 전통과 근대의 문제를 염두에 두면서 문명비판을 시도했다.

서양문학에 뿌리를 두고 있는 하목수석(夏目漱石)의 문학은 개인주의적인 인생관에 입각하면서 에고이즘이 얼마나 인간을 비뚤어지게 하는가를 주과제로 취급하고 있다. 그래서 지식인의 지적 오락과 일반 독자들에게 부응하려는 도덕적 계몽성을 가진 작품이 주류를 이룬다.

춘원은 유학 중 하목수석(夏目漱石)의 작품에 매료되어 그 작품을 애독하였으며 문학을 통해 낡은 인습을 타파하고자 하였다. 하목수석(夏目漱石)의 ≪우미인초(虞美人草)≫의 영향을 받아 춘원은 『무정』을 창작하였다. ≪우미인초≫의 공간적 구성이 동경과 경도를 중심으로 되어 있다면, 『무정』은 서울과 평양이라는 신도시와 구도시를 배경으로 한다. 사건의 전개 과정이 두 작품 모두 '소야(小野)의 회상'과 '영채의 과거 이야기'로 이뤄져 있으며 주로 교육현장을 배경으로 하는 점, 남녀의 삼각관계로 갈등을 겪는 점 등 매우 비슷한 점이 많다.

두 작품에 등장하는 등장인물의 성격도 아주 비슷하다. ≪우미인초≫의 갑야(甲野)가 햄릿형이라면 종근은 강한 실천가형인데 반하여 주인공인 소야는 무성격에 가까운 수동적인 인간이다. 『무정』에 나오는 주인공 이형식은 정직하고 마음이 약하며 판단력이 없는 우유부단한 성격의 소유자이다. 반면에 우선은 신교육을 받은 신문기자로 신념에 의해 살아가는 사람이다. 그리고 소설 속에서 사건이 잘 진행되도록 형식을 도와주는 ≪우미인초≫의 종근과 비슷한 역할을 한다. 현명하고 진보적인 여성 계자(系子)(≪우미인초≫)와 병욱(『무정』), 신여성인 등미(藤尾)(≪우미인초≫)와 선형(『무정』), 봉건적 여인 소야자(小夜子)(≪우미인초≫)와 영채(『무정』) 등의 인물 성격이 너무도 비슷하여 ≪우미인초≫ 영향을 가히 짐작할 수 있다.

두 작가 모두 봉건적이고 전근대적인 사회를 계몽하기 위하여 이 작품을 창작하였고 자유연애 사상을 구가하였다. 작품에 내포된 사상적 배경을 보면, 하목수석(夏目漱石)는 영국유학을 통해 근대화의 왜곡된 물질문명에 대해 깊은 주체적 자각을 했고, 춘원은 일본유학을 통해서 일본에 확산되어 있던 서구문물을 접하고 조국의 구습과 모순을 깨달았으며 이러한 것을 작품에 각각 반영하였다.

노신도 하목수석(夏目漱石)에 대한 관심이 지대했다는 점은 꽤 흥미롭다. 주작인(周作人)에 의하면 "그는 러시아와 동유럽문학 등 서양의 변경에서 생산된 문학을 편애하였지만 자신이 살고 있는 일본의 근대문학에 대해서는 거의 눈길을 주지 않았음에도 불구하고 오로지 하목수석(夏目漱石)의 작품만은 전부 사들여 독파했다"고 증언하고 있다.[13] 노신은 ≪우미인초≫의 연재분도 빠뜨리지 않고 읽었을 정도이다. 노신이 하목수석(夏

13 위의 책, 22면.

目漱石) 문학을 좋아했던 이유에 대해서는 일절 말하지 않았기 때문에 그의 관심의 소재가 어디에 있는지 알 수 없지만, 어떤 이유가 내재되어 있음에 틀림없다. 당시 청년 노신은 서양의 모방을 일차적인 목표로 삼는 개혁의 방향에 반발하고, 자국의 전통에 뿌리를 둔 독자적인 근대의 창출을 막연하게나마 염두에 두기 시작했다고 말할 수 있을 것이다.[14] 또한 노신은 하목수석(夏目漱石)의 풍자문학, '저회'와 '배회의 풍격'에 관심을 가지고 있었으며 무엇보다도 문학의 효과적인 기능에 유사한 공감대를 형성하고 있었다. 일본유학시기 노신은 가장 이상적인 인성은 무엇이며 중국국민에게는 무엇이 결핍되었으며 그의 병근은 어디에 있는가 고민하고 있었다. 이러한 국민성 개조와 이상적인 인성을 만들어내는 데에는 자연과학으로는 인식할 수 없는 것이다. 사회의 모순과 추악한 현실을 드러내고 마비된 정신을 고치며, 사회를 개조하는 데에는 문학이 가장 효과적이었다는 것이다. 노신은 바로 이점에서 하목수석(夏目漱石)의 문학적 기능에 대하여 관심을 가졌고 그의 작품을 탐독하였던 것이다.

■ 바이런과 신체시

노신과 춘원이 유학할 당시에는 신체시가 유행하였는데 그들에게 어떠한 영향을 미쳤는지 살펴볼 필요가 있겠다. 먼저 일본

14 위의 책, 23면.

에서 신체시가 생겨난 경로를 살펴보자.

1882년(명치 15年)에 동경대학 문학부 연구실에서 외산정일(外山正一), 시전부랑길(矢田部良吉), 절상철차랑(井上哲次郎)의 3인 공동으로 ≪신체시초(新體詩抄)≫가 발간되었다. 이 책에는 William Shakespeare를 비롯한 서구시인의 번역시 14편, 창작 5편이 실려 있으며 신체시에 대해 최초로 정의하고 있다. 이러한 노력은 처음에는 결실을 맺지 못하고 6년 후 1888년 삼구외(森鷗外)가 번역 시집 ≪오모카게 (於母影)≫을 낸 뒤부터 신체시 운동이 활발히 전개되었다. 이어서 10년 후인 1888년 도기등촌(島崎藤村)의 ≪약채집(若菜集)≫이 나오고, 배천투곡(北村透谷), 박전읍근(薄田泣菫), 포원유명(蒲原有明)에 이르러 낭만주의 신시 운동으로 전변하였다.

노신과 춘원의 유학 시기인 1905년 전후를 보면 일본국내의 신체시보다도 미국, 독일, 프랑스 등의 외국시가 많이 번역 출판되었다. 춘원은 이때 Byron의 영향을 받아 신체시 <우리 영웅>이란 작품을 지어낸다. 여기서 그는 해전을 중심으로 한 영웅 이순신의 조국에 대한 충성심과 무장으로서의 그의 기백을 찬양하고 있다. 이 작품은 Byron의 <대양>과 상당한 유사성을 갖고 있는데, 이는 당시 서구와 일본의 문학사조 영향이라 보아야 할 것이다. 바위와 곰의 사투를 묘사한 <곰>이라는 그의 장시는 당시 일본에서 유행한 신체시와 판이한 힘차고 웅장한 음조를 띠고 있는데, 이 또한 Byron의 영향인 것이다.

동시대에 일본에 유학 간 한국의 최남선도 Byron에 경도되어 Byron의 <대양>이라는 시의 내용과 형식을 완전히 모방하여

「해에게서 소년에게」라는 한국 최초의 신체시를 발표하였으니, 그의 영향을 가히 짐작할 수 있다.

이렇게 춘원을 비롯한 많은 한국작가들이 신체시의 형식과 내용에 영향을 받은 반면, 당시의 노신은 신체시의 영향을 받지 않는다. 일본 유학기, 민국초를 망라하는 1900 - 1912년 사이에 쓰여진 시는 총 11편인데 모두 구시인 것이다. 1918 - 1927, 4·12 정변 사이에는 백화 자유체시, 산문시 형태의 신시가 31편이 된다. 일본유학시기 노신은 형식면에서는 일본 신체시의 영향을 받지 않고 다만 내용 면에서 Byron의 반항정신에 영향을 받았던 것이다. 노신은 Byron을 위시한 악마파 시인을 정신계의 전사, 초인, 깨어있는 선구자로 간주하면서 그들을 찬양하였다. 노신의 Byron에 대한 관점은 이를 잘 반영해 준다. "그는 부딪치는 것마다 언제나 저항하였고 의도했던 바는 반드시 이루려 하였다. 그가 좋아한 전쟁은 야수와 같은 전쟁이 아니었고 독립과 자유와 인도를 위한 것이었다."[15] 노신은 Byron과 같이 허위를 두려워하지 않고 독립을 중시하고 자유를 사랑하기를 갈구하였던 것이다. 강건하고 흔들리지 않으며 성실하고 진지함을 유지하며 사람들에게 아첨하거나 구습을 순순히 따르지 않는 인물, 그런 인물들이 출현하여 자국의 새로운 탄생을 일으키고 온 세상에서 자기 나라를 위대하게 만들기를[16] 노신은 절실히 소망했던 것이다.

15 <摩羅詩力說>, ≪魯迅全集≫ 1卷, 81면.

16 위의 책, 99면.

노신과 춘원이 유학한 시기에는 또한 일본에서 언문일치의 새 문장을 쓰자는 운동이 한창 벌어지고 있었다. 일본의 언문일치운동은 신체시 운동보다 훨씬 늦었는데, 소설가인 산전미묘(山田美妙)와 장곡천이엽정(長谷川二葉亭)에 의해 발단되었다.

영국문학을 공부하였던 산전미묘(山田美妙)는 Chaucer의 <The Can-terbury Tales>를 읽고 계몽되어서 1884년에 ≪풍금조일절≫ ≪風琴調一節≫이라는 언문일치체의 소설을 발표하게 된다. 1885년에는 평내소요(坪内逍遙)가 ≪소설신수≫를 발간하여 언문일치를 주장함과 동시에 재래의 일본인이 가진 문학에 대한 관념 — 교훈이나 도덕을 전달한 것이 문학이 본질이라 생각함 — 을 타파하여 사실을 중시하고 문체를 개혁할 것을 주장하였다. 이 새로운 소설론은 일본인의 소설에 대한 관념을 변화시켰고 일본문학은 봉건적 후진성을 탈피하고 세계의 근대문학의 조류 속에 합류된다.

장곡천이엽정(長谷川二葉亭)은 노어과 출신으로 Turgenev, Dostoevskii 등 러시아 작가들의 작품을 열독하였다. 평내소요(坪内逍遙)의 소설론에 공감하여 ≪뜬구름(浮雲)≫이라는 작품을 지었는데 이는 평내소요(坪内逍遙)의 ≪소설신수≫ 이론을 실천한 작품이었다. 그는 인간의 복잡한 삶을 생생하게 묘사하려면 한문을 많이 섞은 딱딱한 문장보다는 구어체의 문장이어야 한다고 통감하여 구어체 문장인 <..だ>체의 글을 썼던 것이다. 장곡천이엽정(長谷川二葉亭)에 이어 전산화대(田山花袋), 도기등촌(島崎藤村), 국목전독보(國木田獨步) 등이 ≪소설신수≫와 ≪뜬구름≫에 공감하여 이에 상응한 창작을 함으로 말미암아 자연주의 문학이 일본문단에 시작되었다.

노신과 춘원이 일본에 간 것은 바로 이 즈음이었다. 당시 소설은 거의 언문일치로 되어있었으며 일본에서는 봉건적 소설론을 탈피하여 새로운 근대문학이 시험되고 있던 상황이었다.

춘원은 전산화대(田山花袋)의 ≪이불(蒲團)≫, 도기등촌(島崎藤村)의 ≪파계(破戒)≫, ≪봄(春)≫, 국목전독보(國木田獨步)의 작품들을 열독하였고[17] 이들의 영향 하에 언문일치의 글을 썼던 것이다. 1910년 『소년』지에 「어린 희생」(제3년 2권)이라는 단편을 발표한 춘원은 이어서 「헌신자」(제3년 8권)를 발표하였다. 그 뒤에 시베리아와 상해를 방랑하고 나서 1917년 『청춘』에 단편소설 「소년의 비애」(제8권), 「어린 벗에게」(제11권), 「방황」(제12호), 「윤길호」(제13호) 등을 발표하였다. 이 작품들은 당시 한국문단에 시험적으로 지어진 단편소설로서 문학사적 가치는 있지만 소설로서의 미적 구조를 완벽하게 갖춘 것들은 아니다.

일본 유학시기 노신은 순수 창작은 거의 하지 않았다. 대부분이 외국문학작품의 번역과 산문이다. 노신에 있어서 언문일치의 영향은 1918년 <狂人日記>에 나타난다. 최초의 백화소설인 <광인일기>는 형식뿐만 아니라 내용에 있어서 매우 경천지동할 만한 것이었다. 구소설의 형태와 봉건적 관념을 탈피하여 새로운 형태를 시도했다는 점에서 중국현대문학의 선성을 울린 신호탄이었던 것이다. 그럼에도 불구하고 <광인일기>는 일반 독자들이 읽기에는 어려운 문언문들이 상당히 내재되어 있고

17 이광수, 「나의 少年時代」, 『李光洙 全集』 19권, 9-19면.

외국문학의 영향이 짙게 반영되어 있다는 점을 지울 수 없다. 일본유학시기의 일본 사조와 유럽사조의 영향이 <광인일기>에 집약적으로 나타나있는 것이다.

■ 서구문학의 수용과 한·중 근대문학의 시작

이상에서 살펴본 바와 같이 일본유학시절 노신과 춘원의 문학수업은 일본문학에 국한된 것이 아니고 Tolstoi와 Turgenev 그리고 Byron 등 서구근대작가의 영향 하에 있었다. 노신과 춘원은 직접 자신의 선택으로 서구작품을 읽은 것이 아니라 일본사람의 안목으로 선택, 번역된 서구작품을 통해서 영향을 받은 것이었다. 그것은 당시 상황으로 보아 두 사람에게 있어서 불가피한 일이었을 것이라 생각된다. 따라서 한·중 근대문학이 서구화란 형태로 진행된 것은 사실이지만, 그 서구문명의 수용과 이식이 상당부분 일본을 통해서 간접적으로 이입, 수입된 것이었다 하겠다.

두 작가의 일본유학 시기는 노일전쟁 전후 일본 지식인들을 둘러싸고 새로운 경향, 즉 민주주의, 민족주의, 자유주의, 니체주의, 진화론, 자연주의 등이 생기기 시작한 때였다. 모두 문학을 통해 우매한 민중을 계몽하고 새로운 사회를 건설하고자 하였다는 점에 있어서 두 사람은 공통점을 가지고 있었다. 노신과 춘원은 둘 다 일본의 근대문학의 대표적인 작가 하목수석(夏目漱石)의 영향을 받았으며 자유정신에 불타는 Byron과 박애주의

자 Tolstoi의 영향을 받았다. 노신은 백화파와 신사조파의 작가에 관심을 가졌고 춘원은 자연주의 작가와 사실주의 작가에게서 많은 영향을 받았다. 그러나 사상적인 면에 있어서 노신은 니체주의와 진화론의 영향을 받았고 춘원은 덕부소봉(德富蘇峰)의 평민주의와 기독교 사상, 국목전독보(國木田獨步)의 자연주의와 기독교 사상의 영향을 받았다.

진화론과 니체사상을 기반으로 한 노신의 사상은 현실비판과 문화수용에 있어 하나의 틀로써 제기되는데, 노신은 서학을 수용하는데 있어 무비판적인 수용이나 안이한 접합에 대해서 반대하였다. 그는 서구문화의 근저인 물질보다는 정신을 강조하는 풍토를 받아들여 중국적 상황에서 수용하고 이것으로써 망국에 처한 중국을 구제하고자 하였다. 춘원은 식민지 조국을 생각하면서 조선 민중의 보수적 인습을 우려해서 봉건사회를 타파하고 새로운 문명과 도덕을 세우고자 적극적으로 문명개화를 주장하였다. 그는 도교와 유교를 봉건문화로 간주하고 부정하였으며 기독교 사상에 바탕을 둔 이상적 사회를 건설하고자 하였다.

두 사람 모두 당시 언문일치의 신 문장 건립운동, 권선징악을 배척한 사실주의 운동의 영향을 받아 소설을 창작하였다. 신체시 운동의 영향을 받아 춘원은 형식과 내용에 있어, 노신은 그 정신을 이어받아 Byron의 반항 정신을 구가하였다.

노신이 <광인일기>를 통하여 중국에 최초의 백화소설을 창도하였듯이 춘원 또한 소설로서 언문일치의 신문장을 정립시켰고, 아울러 권선징악의 구식관념을 타파하고 사실주의적인 작품을 창작하였다.

일본과 서구문화를 수용하여 민중을 계몽하고 국가를 일으켜 세운다는 점에서 많은 유사점을 가지고 출발했던 노신과 춘원의 문학은 후기에 들어서서 많은 차이점을 낳고 만다. 결국 춘원은 친일분자로 낙인찍힘과 동시에 작가의식의 부재로 인해 비판의 대상이 되어온 반면, 노신의 작품과 정신은 오늘날까지 중국에서 높이 평가받고 있다.

5

이주 한인들의 혼종적 욕망과 언어권력*

- 문화번역은 무엇인가
- 자국화 번역과 외국화 번역의 경계에서
- 타자언어 사용의 폭력성과 정체성의 문제들
- 문화권력 안에서 자발적 포섭과 욕망의 좌절
- 소설 번역의 문제와 제대로 읽기

* 제5장은 『현대소설연구』 67호, 한국현대소설학회, 2017년에 게재한 것을 수정·보안한 것이다.

이주 한인들의 혼종적 욕망과 언어권력

전영의

■ 문화번역은 무엇인가

다른 언어권이나 국가 간의 상호 문화성을 이해하고 학문적 담론을 비롯한 직·간접적 교류 방법 중 하나가 바로 번역이다. 서로 다른 언어 사용자들이 원활하고 정확한 의사소통을 하기 위해 시작된 번역은 이제 자문화와 타문화 간의 바람직한 관계를 형성하기 위한 기본적 행위라 할 수 있다. 벤야민은 번역을 '깨어진 화병'에 비유한다.[1] 이는 원본을 깨뜨리지 않고는 번역이 완성될 수 없음을 의미한다. 대부분의 작가는 문장을 쓸 때 표면적인 의미 외에도 자신이 독자들에게 전달하고자 하는 잠재적 혹은 내포적 의미를 포함하곤 한다. 번역자들이 번역을 할

---

1 Benjamin, *The Task of the Tlanslator, Illuminations*. Glasgow: Fontana / Collins, 1982, pp.69-82.

때 가장 신경 써야 할 부분이 바로 작가가 의도한 내포적 의미까지 온전하게 전달할 수 있는가이다. 만약 적절한 혹은 정확한 언어를 사용하지 않아 의미가 누락되거나 삭제, 혹은 다른 의미로 바뀌진다면 그 번역은 실패한 것이라고 볼 수 있다. 하지만 모든 언어의 의미가 일대일 대응으로 치환되지는 않으므로 언어를 보완하고 잉여적 부분을 드러내는데 필요한 방법이 문화를 고려한 번역이다.[2] 문화란 기존의 어떤 문화에서 파생되어 만들어지기도 하지만 접변과 혼합, 혼종과 수용의 과정을 거쳐 만들어지는 생명체이기도 하다. 단순히 언어 번역만을 시도하거나 작가, 혹은 인물의 정체성을 기존의 고정관념 안에서 판단하고 이를 근거로 텍스트를 번역한다면 오독을 하고 번역을 잘 못해낼 수 있다. 이런 점에서 벤야민은 '원문의 의미를 그대로 모방'하고 '그 의미에 동화하는 번역작업'에 관한 일반적 개념을 부정하면서 번역을 할 때 '언어적 경계를 확장하고 심화하는 것'이 더 중요하다고 말한다.[3] 번역 불가능한 것을 잔여적 차이로 보는 벤야민의 입장은 데리다의 차연différance의 의미와도 상당히 유사하다. 기표는 자신을 다른 기표에 이양함으로써 기의에 도달하려 하지만 두 기표의 의미는 완전히 합치되지 못하고 끊임없이 간극을 형성하면서 다양한 번역 가능성을 열어준다. 이 과정의 연속 안에서 언어의 의미는 형성되고 다른 언어로 변형

2 필자는 이러한 번역을 앞으로 '문화번역'이라고 명명하겠다.

3 번역은 애정을 가지고, 그리고 디테일한 부분까지 원문의 표현방식을 번역 언어 속에서 체화해야 한다. 벤야민, 반성완 편역, 『발터 벤야민의 문예이론』, 민음사, 1983, 257면.

된다.[4]

유럽에서 근대 자본주의 팽창의 일환으로 시작된 식민주의는 아시아와 아프리카에 대한 일방적인 폭력행위로 나타났지만 이로 인해 언어와 사상의 접촉 및 교류가 시작된 것도 사실이다. 서구적 근대성을 확산시키는 기제로서 번역은 서구의 식민지 국가들에게 '계몽'이라는 명목으로 불평등한 권력과 폭력[5]을 행사한다. 그러나 탈식민 관점에서 번역이란 모방이 아닌 새로운 공간 즉 식민지 문화와 제국 문화가 섞이는 공간을 찾기 위한 하나의 방법이 될 수 있으며, 단순히 기표에서 기표로의 번역이 아닌 서로 다른 문화 안에서 발생하는 혼종적 문화공간을 번역하는 것으로 그 경계를 확장할 수 있다. 그렇다면 텍스트 번역에서 문화번역은 포스트식민과 포스트모던이라는 시·공간 안에서 이주성과 혼종성을 고려해야하는 새로운 번역행위이다.

한국계 미국작가인 이창래는 1.5세대 이민자로서 3세때 미국으로 건너가 미국인으로서 자란 지식인 계층의 작가이다.[6] 그의

---

4 이에 대한 자세한 논의는 데리다의 '기호학과 그라마톨로지'에서 참조할 수 있다.
데리다, 박성창 편역, 『자끄 데리다: 입장들-기호학과 그라마톨로지』, 도서출판 솔, 1992.

5 로빈슨은 1. 양적인 면에서 피지배문화가 지배문화를 더 많이 번역, 2. 지배문화가 피지배문화를 신비화, 타자화하고 식민적 차이를 배제, 3. 지배문화는 지배에 필요하고 피지배인들이 지배문화에 순응할 수 있는 피지배문화 작품만 주로 번역, 4. 피지배문화의 작가는 성공을 위해 지배문화요구에 부응하는 텍스트만 주로 번역한다고 말한다.
Robinson, D. *Translation and Empire: Postcolonial Theories Explained*, Manchester: St. Jerome Publishing, 1997.

6 이창래(Changrae Lee)는 한국계 미국인으로 1965년 서울에서 태어나 3세

초기작인 『영원한 이방인』[7]에서 본인과 유사한 1.5세대 한국계 미국인 헨리를 통해 그가 가지고 있는 혼종성과 정체성의 경계를 이야기한다. 처음 한국에서 번역될 때에는 작가가 한국인이라는 전제하에 이루어졌지만[8] 두 번째 재번역 될 때에는 그가 미국인이라는 전제하에 새롭게 번역되었다. 물론 텍스트의 줄거리는 달라지지 않았으나 전자와 후자의 번역 차이는 분명이 드러난다. 특히 그동안 『영원한 이방인』에 관한 연구가 언어 번역[9], 디아스포라[10], 정체성[11], 다문화주의[12], 정신분석학[13] 등에

때 정신과 의사인 아버지를 따라 미국으로 이민을 갔다. 예일대 영문과와 오리건대 대학원(문예창작학과 석사)을 졸업하고 1995년 Native Speaker로 미국문단에 등단한 후 *Gesture Life*(1999), *Aloft*(2004), *The Surrendered* (2010), *On Such a Full Sea*(2014) 등 작품을 출간하였다.

7 Lee, Chang-Rae, *Native Speaker*, New York: Riverhead, 1995.
______________, 정영목 역, 『영원한 이방인』, 나무와 숲, 2003.

8 이창래, 현진만 역, 『네이티브 스피커』 1-2, 미래사, 1995.

9 이형진, 「이창래의 *Native Speaker*의 한글번역본 비교연구」, 『세계문학비교연구』 36집, 세계문학비교학회, 2011년 가을호.
이상빈, 「문화번역의 텍스트적 재현과 '번역'-이창래의 *Native Speaker*와 그 번역본을 중심으로」, 『통번역학연구』 제18권 4호, 한국외국어대학교 통번역연구소, 2014.
위의 두 연구는 번역쌍이나 이탤릭체 사용, 비문법적 영어 등 언어적 측면에서의 문화번역을 연구하였기에 본 논문과는 차이를 갖는다. 번역쌍이란 '차용어와 소통중심번역의 쌍'이라고 흔히들 말한다. 예를 들어 "Gaen-cha-nah" I mutter, chuckling, telling him it's okay(p.266) 라는 예문에서 "Gaen-cha-nah"와 "okay"를 번역쌍으로 텍스트 속에서 자연스럽게 융화되거나 병렬식 독립절로 구성되었다고 보는 것, 아버지가 "Hen-ry" 라고 부를 때와 "Byong-ho" 라고 부를 때 언어와 태도가 달라지는 점을 작가가 이탤릭체 사용 유무를 통해 구분했다고 보는 것이다. 이런 점은 언어적 측면의 문화번역 태도이다.
박성원, 신동일, 「이창래의 '네이티브 스피커' 분석에 나타난 언어와 정체성의 결속성 연구-후기구조주의 관점에서-」, 『이중언어학』 54호, 이중언어학회,

서만 제한적으로 이루어져 있다는 점에서 아쉬움이 남는다. 그러나 텍스트는 작가의 정체성을 어떻게 규정하느냐에 따라 차이를 가지고 다르게 번역될 수 있다. 이런 점에서 '문화번역읽기'는 이창래의 『영원한 이방인』을 기존과는 다른 새로운 방법으로 읽어볼 수 있는 하나의 방법론이 될 것이다. 이번 장에서는 이창래의 『영원한 이방인』을 새롭게 읽어봄으로써 언어로 표상되어지는 인물들의 혼종적 욕망과 권력관계를 찾아보자.

2014.

10 이선주, 「미국이주 한국인들의 디아스포라적 상상력-이창래의 『네이티브 스피커』」, 『미국소설』, 15권 1호, 미국소설학회, 2008.
차민영, 「이창래의 『원어민』과 토니 모리슨의 『재즈』에 나타난 디아스포라적 양상」, 『현대영어영문학』 53권 3호, 한국현대영어영문학회, 2014.

11 박수정 「누가 네이티브 스피커인가?: 이창래의 『네이티브 스피커』에 나타난 인종과 언어의 관계」, 『효원영어영문학』 22집, 부산대학교, 2004.
장경렬, 「정체성의 위기, 언어의 안과 밖에서: 이창래의 소설 『네이티브 스피커』 읽기」, 문학판 1권, 열림원, 2002.
정혜욱, 「한국계 미국소설에서 민족의 번역: 이창래의 『네이티브 스피커』를 중심으로」, 『새한영어영문학』 49권 4호, 『새한영어영문학회』, 2007, 73-100면.

12 김미영, 「이창래 소설에 재현된 한국여성과 한국문화」, 『어문연구』, 34권 1호, 한국어문교육연구회, 2006.
정정호, 「주변부 타자의 정체성 탐색의 가능성」, 『서평문화』 52집, 충남대학교 문리과대학 어문연구회, 2003.
조규익, 「바벨탑에서 자아찾기」, 『어문연구』 34권 2호, 한국어문교육연구회, 2006.
지봉근, 「이창래의 원어민에 나타난 한국계 미국인의 정체성: 문화적 차이와 잡종성」, 『비교문학』 33집, 한양대 인문학연구소, 2003.

13 고부응, 「이창래의 『원어민』: 비어있는 기표의 정체성」, 『영어영문학』 48권, 한국영어영문학회, 2002.

■ 자국화 번역과 외국화 번역의 경계에서

영미권에서 컬쳐culture라고 일컫는 문화는 19세기에 문명civilization과 동의어처럼 사용되었다. 이때 문화 혹은 문명이 '서구, 제국주의적, 남성주의적, 기득권'의 문화를 의미한다고 본다면 이에 대한 부정태negativity는 '서구를 제외한, 동양의, 아프리카의, 미개한, 원시적인, 야만의, 여성적인' 그것이라 하겠다. 그러나 오늘날에는 인간의 다양한 삶과 그 방식을 문화라고 하기에 이런 이분법적이고 구조주의적 구분을 더 이상 타당하다고 생각하지 않는다. 다른 언어를 사용하는 개인이나 집단의 다양한 문화를 이해하기 위해서는 의사소통에 필요한 언어를 이해하고 문서를 번역하는 것이 일차적인 행위일 것이다.

번역은 크게 무엇을 번역하는가what to translate와 어떻게 번역하는가how to translate로 나눌 수 있다. 우리가 번역을 하는데 있어 고려해야 할 것이 첫째, 등가성의 문제, 둘째, 번역의 가능성 문제, 셋째, 정체성의 문제, 넷째, 번역의 타입 혹은 형태의 문제, 다섯째, 시간의 흐름 혹은 역사의 문제 등이다. 이런 문제들을 해결하고 올바른 번역을 하기 위해서는 언어와 문화와의 관계를 살피는 것이 선행되어야 한다. 그러나 문화를 고려한 번역이 이루어진다 하더라도 분명 번역의 결과물에는 얻고 잃는 것이 존재할 것이다.[14] 최근에는 원 텍스트에 관한 오역의 문제

14 바스넷 맥과이어는 번역학에서 다루어야 할 문제로 1. Equivalence, 2. Relation of Language & Culture, 3. Translatability or Untranslatavility, 4. Identity of Translation Studies, 5. Type of Translation, 6. History of

를 들어 재번역 출판이 종종 이루어지고 있는데 이 역시 원문 텍스트와 번역문 텍스트 간에 문화차이에서 비롯된 등가성 문제가 해결되지 않아서라고 본다.

번역이 자연스럽고 유창하게 읽혀야 한다는 것은 당연한 것이지만 여기서 고려해야 할 부분이 바로 원본(번역해야 할 대상 원 텍스트)에 대한 충실성 유무이다. 먼저 독자들을 고려한 자연스럽고 유창한 번역을 자국화 번역domesticating translations이라 한다. 독자들의 자연스러운 가독성을 위해 원본을 '번역되는 언어와 문화에 보다 가깝게' 해석하는 번역이다. 가독성을 중시하다 보니 작가가 생각하는 중요한 의미나 어휘가 삭제되거나 변형되어 원본에 대한 왜곡이 발생한다. 반면 이런 경우를 방지하기 위해 원본에 충실한 직역을 하는 방법도 있다. 이를 외국화 번역foreignizing translations이라 하는데 원본의 충실성을 지킬 수 있다는 점에서 상당한 지지를 받은 번역 방법이다. 그러나 직역 중심의 번역은 독자들이 원본의 의미를 이해하기 힘들게 하는 요인이 되고 결국 각주나 주석 없이는 읽기가 불가능한 경우가 발생할 수 있다. 특히 번역되는 텍스트가 해당 국가의 문법에 맞지 않는 비문법적인 문장으로 이루어진 경우가 많아 결과적으로 독자들의 가독성을 해치는 결과를 초래한다. 번역자들이 번역과정에서 가장 고민하는 부분이 바로 자국화 번역과 외국화 번역의 경계이다. 원본에 가장 충실하면서도 독자들의 가독

Translation 등을 언급하고 있다.
Susan Bassnett-McGuire, *Translation Studies*, New York: Methuen, 1980. 참조할 것.

성을 방해하지 않고 번역된 텍스트 자체도 비문법적이지 않아 하나의 문학 텍스트로 인정받을 수 있어야 한다는 점에서 번역의 경계는 중요한 문제이다.

최근에는 이러한 문제를 해결하고자 언어 번역에서 문화번역으로 그 범위를 확장하고 있다. 문화번역은 단순한 언어의 변환, 혹은 치환 과정이 아니라 문화의 해석에 더 가깝다. 원본에 나타나는 타문화의 모습을 번역자가 자문화로 덮어버리는 것이 아니라 문화 간의 상호침투와 협상을 통해 두 문화 모두 혼종된 형태로 살아있을 수 있게 하는 일련의 인식론적 번역 방법이다. 문화번역이 언어와 문화의 재배치, 혹은 탈중심을 도모하는 이론적이고 실천적이며, 경험적인 이데올로기 행위라고 본다면 번역문학은 크게 세 가지 관점에서 생각해볼 수 있다. 첫째, 외국문학작품과 유사한 주제를 주관적으로 실현하고 원작의 특수성을 확장시켜 자기작품의 고유성을 모색한 경우, 둘째, 외국작품을 차용했다고 먼저 밝히고 다시쓰기나 이를 가장하여 번역자가 독창적 글쓰기를 한 경우, 셋째, 독자들이 번역된 텍스트를 읽음으로써 번역의 과정과 특징을 추측하고 원 텍스트와 번역 텍스트 간의 사상적 교류흔적과 가치를 찾아내는 경우이다.[15] 첫 번째 관점[16]과 두 번째 관점[17]은 패러디나 모티브 차용

15 이에 대한 자세한 논의는 조재룡, 「번역문학이라는 불가능성의 가능성-개념 정의에 대한 고찰을 중심으로」, 부산대 인문학연구소 기획발표 논문, 2015, 8면 참조할 것.

16 위의 논문, 21-22면

17 위의 논문, 25-32면

과도 연결 지을 수 있다는 점에서 세 번째 관점이 문화번역의 개념에 가장 가깝다고 할 수 있다.

이민 1.5세대들을 주인공으로 한 텍스트들을 보면 이들은 자국과 타국의 문화가 만나는 지점에서 혼종성과 정체성의 혼란을 경험한다. 그러나 과정 안에서 스스로 갈등하고 협상함으로써 창조적인 문화변형을 할 수 있는 제3의 공간을 만들어낸다. 단순한 언어 번역으로는 찾기 힘든 이런 공간들을 우리는 문화번역을 통해 찾아낼 수 있기에 문화번역은 기존의 번역방법과 함께 연구되고 행해져야 한다. 미국이민 1.5세대이자 미국 사회의 엘리트 코스를 밟아온 한국계 미국 지식인 이창래의 첫 작품 『영원한 이방인』에서는 주인공 헨리를 통해 작가의 혼종성과 정체성에 대한 고민이 여실히 드러나고 있어 문화번역으로 다시 읽어보는데 적절한 텍스트이다.

■ 타자언어 사용의 폭력성과 정체성의 문제들

한국계 미국인 헨리는 미국의 정규교육을 받고 영국계 미국인 아내 릴리아와 결혼한 미국인이지만 동양인 피부와 외모로 미국 주류사회에 들어가지 못하고 자신의 정체성에 대해 늘 고민한다. 원어민Native Speaker으로서 정확하고 훌륭한 영어 발음을 하면서도 항상 자신의 발음이 혹시나 어눌하게 들리거나 틀릴까 봐 신경을 쓴다. 미국인이면서도 영어를 잘하는 아시아인으로 인식되어왔던 그는 완벽한 미국인이 되고자 노력한다. 자신보다 훨씬 영어를 못하는 한국인 아버지에게 '영어라는 권력'을 휘두르는 미국인 헨리는 스스로 인종적 타자와 언어적 타자의 경계에 머물며 나아가지 못한다. 미국 국적으로 가지고 미국인으로서 살아가면서 항상 자신이 지닌 한국인 유전자를 지우고 싶어 하는 헨리의 모습에서 이창래가 스스로 생각하는 자신의 이미지를 읽어낼 수 있다.

3세 때 의사인 부모님을 따라 미국으로 이민 간 이창래는 엘리트 교육을 받고 미국 문단에 등단한 작가이다. 평소 한국계 혹은 한국 작가가 아닌 미국 작가라고 스스로 주장하면서 초기 한국 비평가들이 만들어놓은 한국인 작가, 교포 소설가, 교포 작가의 이미지[18]를 거부하고 미국 작가로 보아주기를 요구한다. 흔히 교포 문학들이 주제로 삼은 탈식민성이라던지 한국인으로서의 정체성 회복과 같은 진부한 소재는 던져버리고, 그는 전형적인 미국인의 시각에서 한국 1.5세대 이민자들을 바라보고 다룬다. 그렇지만 다문화 사회 안에서 미국인이면서도 인종적, 언어적 타자가 될 수밖에 없는 자신의 고민, 모국어와 자국어, 한국과 미국의 문화 사이에서 갈등하고 정체성을 고민하는 모습, 미국 사회에서 살아남기 위해 방법을 모색해가는 방법 등은 분명히 드러난다.

---

18 권택영(「응시로서의 『제스쳐 인생』-이창래와 라캉의 다문화적 윤리」, 『영어영문학』, 48집, 한국영어영문학회, 2002, 243-261면) 등 초기 이창래 연구자들은 작가에게 한국인 작가로서의 정체성을 덧씌워 그가 탈식민성, 정체성 회복을 주제로 한 작품을 썼다고 말한다. 그러나 이러한 견해는 이창래가 한국계 미국인 작가라는 고정관념에서 비롯된 것이 아닌가 싶다.

정체성이란 자기 자신의 주체성(자아 주체성) 문제와 누군가와 동일시 되는냐(타인동일성) 문제를 내포한다. 자주적이고 독립적 생존을 강조하는 주체성은 타자Other가 전제되었을 때만이 생길 수 있는 개념으로 차별화된 주체성은 독자적 성격을 가진 내면적 현상이자 정체성을 형성하는 주요한 요소이다. Native Speaker는 현진만(1995)과 정영목(2003)에 의해 두 번 번역 출간되었는데 주인공 헨리의 정체성을 어떻게 보느냐에 번역에 미세한 차이를 갖는다.

My father, a Confucian of high order, would commend me for finally honoring that which is wholly evident. For him, all of life was a rigid matter of family. I know all about that fine and terrible ordering, how it variously casts you as the golden child, the slave-son daughter, the venerable father, the long-dead god. (pp.6-7)

1. 상당한 지체 높은 양반 집안에서 자란 아버지는 늘 사람이 분명해야 한다고 가르치곤 했다. 당신에게 가장 중요한 게 있다면 그것은 가문이었다. 나는 훌륭한 점도 있지만 무서울 정도로 엄격한 위계질서라는 것에 대해 익히 알고 있다. 그 질서는 당신을 옥동자로도 만들고, 하인으로도 만들며, 지금은 이미 사라진 지 오래인 존경스러운 아버지로 만들기도 했다. (현, 1, 16)

2. 높은 수준의 나의 아버지라면 내가 마침내 아주 자명한 것을 존중하게 되었다는 점을 들어 나를 칭찬할 것이다. 아버

> 지에게는 인생의 모든 것이 반드시 가족 문제였다. 나는 그 섬세하고 무시무시한 서열에 대해 그것이 사람들을 황금같이 귀중한 자식, 노예와 같은 아들이나 딸, 존경받는 아버지, 오래전에 죽은 신으로 다양하게 등장시키는 방식에 대해 모든 것을 알고 있다. (정, 27)

여기서 두 가지 문장에 주목할 수 있다. 'My father, a Confucian of high order'를 현진만은 '상당히 지체 높은 양반 집안에서 자란 아버지'라고, 정영목은 '높은 수준의 나의 아버지라면' 이라고 다르게 번역한다. 또 'the golden child'를 전자는 '옥동자'로 후자는 '황금같이 귀중한 자식으로 번역한다. 전체적으로 볼 때 현진만은 독자를 중심으로 의역을 하였으면 정영목은 원어에 충실한 직역을 하였다. 필자가 보았을 때 'My father, a Confucian of high order'의 정확한 번역은 '수준 높은 유학자인(유학자 같은) 나의 아버지'가 정확하다. 전자나 후자 모두 의역이라고 할 수 있는데 전자는 인물에 대한 번역자 나름의 판단이 개입되어 있다. 후자는 독자들이 유학, 유학자의 의미를 잘 모를 것이라는 전제 하에 confucian의 의미를 삭제해 버렸다. 'the golden child'의 번역은 정영목의 것이 더 정확하다. 현진만은 헨리의 정체성보다는 한국인 독자들의 가독성을 고려하여 영어로는 표현할 수 없는 단어인 '옥동자'를 사용하였지만 그 의미는 확장되거나 미세하게 변하였다. 이렇게 번역자의 개입에 따라 달라지는 번역은 곳곳에서 찾아볼 수 있다. 그러면 다음 비속어 부분을 살펴보자

He started speaking, but in English. Sometimes, when he wanted to hide or not outright, he chose to speak in English .... Once when he was having some money problems with a store, he started berating her with some awful streams of nonsensical street talk, shouting "my hot mama shit ass tight cock sucka", and "slant-eye spic-and-span motha-fucka" (p.63)

1. 아버지는 영어로 말하기 시작했다. 때때로 아버지는 무슨 일을 숨기려고 하거나 털어놓고 할 이야기가 못 되는 경우에는 영어로 말했다. ... 한 번은 가게로 인해서 돈 문제가 생겼을 때 아버지는 아주 상스러운 말로 어머니를 심하게 꾸짖기 시작했다. "니기미 쓰벌 엿같으니라구. 그 눈이 째진 동양 놈들, 스페인 새끼들, 엿이나 먹으라지" (현, 1, 99)

2. 아버지가 입을 열었는데, 영어였다. 가끔 아버지는 거짓말을 감추고 싶거나 대놓고 거짓말을 하고 싶지 않을 때면 영어로 말을 했다. ... 한번은 가게에서 어떤 돈 문제가 생겼을 때, 아버지는 말도 안 되는 거리의 욕설을 끔찍하게 내뱉으며 어머니를 호되게 나무라기 시작했다. 아버지는 "마이 핫 마마 쉿 애스 타이트 칵 서카my hot mama shit ass tight cock sucka(성에 관련된 욕설-옮긴이)"니 "슬랜트-아이 스픽-앤-스팬 마다-퍼카slant-eye spic-and-span motha-fucka(인종[동양인+남미인])과 관련된 욕을 발음 나는 대로 표기한 것-옮긴이"니 하는 소리를 질러댔는데 ... (정, 117)

자국화 번역을 시도하는 현진만은 한국인들이 생소한 미국욕을 들었을 때 비슷한 감정을 느끼도록 "한국어라면 아마 이러한 욕설일 것이다."라는 작가의 추측이 들어간 번역을 하였다. 바로 번역자의 문화적 개입이 시도된 것이다. 그러나 외국화 번역을 시도한 정영목은 철저하게 발음나는 대로 옮기고 번역자의 각주만 달아 독자들이 이해할 수 있도록 하였다. 이는 서사적 상황 안에서 들어가 생각해보면 더욱 쉽게 답이 나온다. 헨리는 1.5세대이며 한국어를 하긴 하지만 유창하지 못하고 오히려 영어가 더 편안하다. 생활 속에서도 미국인들의 욕설을 들어본 적이 있기 때문에 아버지가 어머니에게 욕을 하는 장면을 들었을 때 현진만처럼 한국 욕으로 들리는 것이 아니라 원어 그대로 들렸을 것이다. 이는 번역자가 문화적 동질성을 의도적으로 최소화하여 자신의 문화적 개입을 배제하려고 노력하고 있으며 독자들이 이를 낯설게 읽음으로써 미국 이민 1.5세대로서의 헨리의 정체성을 독자 스스로 판단하게끔 유도하고 있다. 이렇듯 정영목의 번역본을 가지고 텍스트를 분석하다보면 인물들의 정체성을 독자들이 판단하는데 조금 더 수월하다.[19] 이창래가 3세 때 이민을 가 한국어 욕을 들어보지 못한 상황에서 현진만이 번역한 욕을 알지 못하는 것은 당연하다. 정영목은 이창래의 자라온 환경을 고려했을 때, 또 텍스트 속 인물인 헨리의 환경을 고려했을 때 독자들에게는 낯설지만 외국화 번역을 통해 이러한 분위기를 독자에게 그대로 전달하려는 의도를 보인다. 작가의 정체성을 한국인이나 한국을 마음속에 담은 교포로 생각하기보다는 미국식 교육을 받은 작가로, 한국을 모르는 것은 아니나

19 이런 이유로 본 논문에서 번역문을 인용할 때에는 정영목 번역, 『영원한 이방인』, 앞의 책을 인용할 것이다.

한국인이라기보다는 미국인이라는 정체성을 지닌 작가로 생각하고 원문을 읽을 때 작가의 의도가 좀 더 정확하게 읽혀진다고 하겠다. 작가의 정체성을 하나로 규정할 수 없지만 한국보다는 미국에 기울어져 있다고 볼 때[20] 텍스트 곳곳에 나타나는 언어의 폭력성, 혼종성, 정체성 등은 기존의 연구와 다른 결론을 도출할 수 있다.

서울에서 일류대학을 졸업하고 공대 석사학위까지 소지한 헨리의 아버지는 엘리트임에도 미국에서는 슈퍼에서 야채 장사를 한다. 미국 내 한국인들과 좋은 관계를 유지하며 백인 이웃에게도 친절한 미소와 여유로움을 보인다. 그들에게는 언제나 점잖고 성실하며 상냥한 야채 가게 주인이지만 자신이 고용하는 다른 유색인종들, 미국에 온 지 얼마 되지 않아 영어를 아예 하지 못하거나 어눌하여 자기주장을 펼칠 수 없는 고용인들에게는

20 이창래는 자신을 한국계, 혹은 한국인 작가로 보는 시선들을 단호히 거부하고 미국작가로 미국문단에 인정받기를 바란다. 등단 후 펜/헤밍웨이 문학상을 비롯, 반스앤드노블 신인작가상, 아메리칸 북어워드, QPB 뉴비전 문학상, 오리건 북어워드 등 주요 문학상을 석권한 것을 볼 때 그의 이런 바람은 어느 정도 이루어진 것 같다. 그러나 *Native Speaker*가 번역되어 들어온 1995년부터 (현진만 역, 『네이티브 스피커』, 앞의 책) 정영목의 번역본이 출간된 2003년까지 초창기 연구자들은 그를 '한국계' 또는 '한국인'이라는 전제하에 연구하였다. 이때 주제가 거의 탈식민성, 식민성 극복, 정체성 확립 등으로 나타났고 현재 연구에서도 이런 연구결과들이 영향을 끼치고 있다. 그러나 작가의 주장처럼 그런 시선들을 거두고 텍스트를 바라보면 기존의 연구가 타당하지 않을 수도 있다. 이런 점에서 작가의 정체성을 하나의 시선으로 바라보고 규정하는 것은 상당히 위험하다. 작가 스스로도 데이브 김(Dave Kim)과의 인터뷰에서 자신의 작품들이 독자들에게 소수인종의 세계와 규칙들에 따라 평가받지 않았으면 한다고 밝혔다. 김대중, 「이창래와 카즈오 이쉬구로의 소설들 속에서 나타나는 내러티브와 간극들」, 『동서비교문학저널』 29호, 한국동서비교문학학회, 2013, 37-60면 참조할 것.

언어적 폭력과 차별을 일삼는다.[21] 이는 영어를 한마디도 못 하는 어머니에게도 마찬가지이다. 자신이 화가 나거나 불리할 때 영어로 어머니에게 말을 하거나 욕을 함으로써 그 폭력을 행사한다. 이는 헨리가 아버지에게 언어폭력을 행하는 것과 마찬가지이다. 어렸을 적 유치원에서 아이들은 헨리를 '공깃돌 입'이라고 부르며 놀렸다. "내 묶인 혀가 올바른 방향으로 움직이려고 비틀리는 바람에 잡음이 뒤섞인 듯한 목소리가 나왔기 때문이다."(정, 388) 정확한 발음에 대한 트라우마를 지닌 어린 헨리는 정규교육을 받고 원어민Native Speaker으로서 완벽한 발음을 구사하게 되었지만 여전히 발음을 신경쓰는 미국인 아닌 미국인이었고, 자신보다 영어를 못하고 발음이 나쁜 아버지 앞에서는 언어 권력자로서 그를 비웃으며 희열을 누린다.

> 한국어에는 L발음과 R발음이 구별되지 않는다. (중략) 내가 처음으로 대마초를 피운 뒤에 아버지가 나를 노려보며 하던 말이 기억난다. 네 눈이 온통 끌렸구나(led, 빨갛다는 뜻의 red를 잘못 발음한 것-옮긴이) 나는 그 말을 듣고 내 방으로 가서 눈물이 나오도록 웃어젖혔다. (정, 387)

헨리에게 원어민Native Speaker의 유무를 판단하는 기준은 백

21 아버지는 결국 흑인들을 내보내고 푸에르토리코인이나 페루인들을 썼다. 아버지는 '스페인계'가 더 열심히 일한다고 하면서, 그것은 그들이 우리처럼 영어를 잘 못하기 때문이라고 했다. 이것은 아버지에게 일종의 경험 법칙이 되었다. 즉 영어를 못하는 사람을 고용한다는 것이다.... 그들은 이·땅에 처음 왔기 때문에 아무도 그들을 공짜로 도와주지 않는다는 사실을 이해하고 있다는 것이 아버지의 생각이었다. (정, 313)

인들이 사용하는 표준영어이다. 원어민성Nativelikeness에 속박된 감정 때문에 영어에 대한 강압적인 폭력을 겪으면서 동시에 행하는 모순을 보여준다. 영미 문화권에서 문화적으로 우세하다고 생각하는 백인들은 상대적으로 영어에 취약한 유색인종 특히 아시아인들을 열등한 하부계층으로 인식한다. 심리적 경계선 밖에 그들을 놓아둠으로써 철저하게 타자화하고 이들을 스트레오 타입으로 정형화한다. 이들의 우월의식은 신체적 외연과 이에 수반되는 문화권력에 근거하여 생성된 것이다. 이들은 언어적, 외모적 차이를 이유로 아시아인들의 고유한 개성을 무시한다. '수동적, 복종적, 미개한, 더러운, 멍청한' 등 온갖 부정적 어휘로 이들을 정형화시키며 유색인종, 아시아인들에 대한 적극적 차별화와 타자화를 시행한다. 이런 언어적 폭력은 아들 미트의 죽음에서도 드러난다.

미트는 한국계 미국인 아버지 헨리와 영국계 미국인 어머니 릴리아 사이에서 태어났지만 외모는 거의 동양인의 모습을 하고 있다. 미국인으로 자라난 헨리는 동양적 외모로 인해 인종적으로 타자가 될 수밖에 없었고, 완벽한 영어 발음을 구사하면서도 자신의 발음이 조금이라도 틀릴까 봐 전전긍긍하는 언어적 타자였다. 자신의 아이에게만큼은 동양인의 유전자를 남겨주지 않기 위해 코카서스인인 릴리아와 결혼했고 아이를 교육하는데 있어서도 한국어나 한국문화는 전혀 가르치지 않았다. 헨리는 아이에게 차별의 근거가 되는 어떤 것도 남겨주고 싶지 않았지만 노란 피부와 검은 머리, 찢어진 눈을 가진 미트는 다른 미국 백인 아이들에게 여전히 타자였고 미국인이 될 수 없었다. 백인 아이들은 mitt를 mutt(비속어, 잡종 개, 바보라는 뜻)라 부르며 놀리고 은연중에 차별을 하였다. '중국놈, 일본놈, 동양놈, 황인종, 혼혈아, 바보, 잡종'으로 불리다가 결국 놀이 도중 백인 소년들 밑에 깔려 질식사하고 만다. 이런 언어적 폭력은 다민족, 다인종주의를 인정하는 미국 사회가 갖는 폭력성을 고스란히 보여준다. 겉으로 보기에만 소수민족에게 차별이 없는 것처럼 보일 뿐 실제로는 철저하게 소수 아시아 이민자들을 타자로 인식하는 백인 중심주의 사회의 민낯이다. 원래 본토인들이었던 아메리카 인디언들을 내쫓고 백인 이주민이었던 이들이 갖는 문화적, 인종적, 정치적 차별은 모순적이지만 이들에게는 너무나 당연한 사고였다.

존재의 근원을 규정하고 자아를 개념화하는데 언어는 필수적 요소이다. '내가 누구인가' 정의하기 위해서는 '내가 무엇을 말하느냐'가 전제되어야 하는데 이때 '어떤 언어를 사용하여 이야기하느냐'가 전제된다. 정체성은 언어와 밀접한 관계를 가지기에 언어는 타인에게 자신을 드러내고 자아를 구성하는 중요기제라 할 수 있다.

영어라는 기표를 완벽하게 구사하지 못하는 아버지는 미국인이 될 수 없었고, 완벽한 발음을 하는 헨리는 영어라는 기표를 완벽하게 습득하고 있었지만 자신의 언어기표를 의식하고 믿지 못하기에 여전히 주류사회로 나아갈 수 없었다. 엘리트 교육을 받았으면서도 스파이라는 직업을 택하고 아시아계 미국 중산층 지식인, 정치인 등의 비리를 캐고 다니는 헨리는 미국 사회의 주변부에서만 머물러 있다. 아들 미트는 완벽한 미국인 원어민

Native Speaker이었으면서도 역시 동양적 외모로 인해 차별을 받고 죽게 된다. 철저하게 미국인이 되고 싶었지만 스스로 미국인의 정체성을 의심하는 헨리는 한국적 세계에도 속하지 않고 백인 미국 사회에도 편입되지 못한 혼성적 상태, 미국인의 주변부에 위치한 혼성적 정체성을 가진 텅 빈 기표일 뿐이다.

▪ 문화권력 안에서 자발적 포섭과 욕망의 좌절

『영원한 이방인』에서 문제적 인물은 단연 Jhon Kwang[22] 이다. 한국계 미국인으로 엘리트 교육을 받은 그는 흔히 말하는 아메리칸 드림을 이룬 정치인으로 한국인에 대한 헨리의 고정관념을 바꾸어 놓을 정도의 영향력을 가진 사람이다. 헨리가 볼 때 그는 아름답고 정확한 영어를 사용할 뿐만 아니라 '순수한 평화주의자'(정, 93면) '야심 있는 소수민족 출신의 정치가이자 대

22 Kwang은 강, 광, 꽝, 콱 등으로 번역이 되는데 존 Kwang이라는 인물이 한국인이라는 것을 고려할 때 강씨일 확률이 크다. 또 '강하다'(强)라는 음에서 덧씌워진 Kwang의 이미지는 실제로도 미국 유색인종 이민자 사회에서 강한 영향력을 행사하는 존의 이미지와 일치한다. 차기 미국 시장을 노리는 그는 유색인종 이민자들의 인권을 위해 노력하는 것처럼 비춰진다. 물론 Kwang은 '광'이라는 발음을 영어로 적은 것이기에 강씨가 아닌 '광씨' 일까 생각도 들지만 한국에서는 광씨가 없다. 또 영미권에서는 '꽝'이나 '콱'으로도 발음되면서 동남아적 느낌이 나는 성으로 그 이미지가 확 바뀐다. 연구자들은 Jhon Kwang의 성을 '존 강, 존 광, 존 꽝, 존 콱'이라고 혼용해서 쓰지만 한국문화에 익숙하지 않은 작가의 실수이건, Jhon Kwang이라는 인물을 한국계가 아닌 유색인종을 대표하는 인물로 극대화하기 위해 의도적으로 사용했건 그것은 중요하지 않다. 그러므로 본 논문에서는 Kwang을 그대로 사용하기로 한다.

중을 사랑하는 사람'(정, 139면) '완벽한 영어를 구사할 수 있는 사람'(정, 139면)이다. 영어 발음을 기준으로 상대의 정체성을 판단하는 헨리는 자신이 관찰하는 Kwang을 볼 때마다 그의 유창하고 훌륭한 발음에 탄복하고 유색인종임에도 미국 사회의 주류에 위치했다는 점에서 오히려 아버지처럼 존경하게 된다. 헨리가 지금까지 부정하고 숨기려고 했던 한국인으로서의 정체성을 Kwang으로 인해 오히려 깨닫고 받아들이려고 노력한다. 그러나 이러한 환상도 얼마 가지 않아 깨지게 된다. 뉴욕 시장 선거 출마를 앞두고 있던 Kwang은 유색 이민자들의 단합과 정착을 위한 자본을 마련하기 위해 '계'를 시작한다. 그러나 경쟁상대이던 다른 당 후보가 글리머 앤 컴퍼니Glimmer & Company의 스파이 에두아르도에게 그를 조사할 것을 의뢰한다. 한국의 '계' 문화를 알지 못하는 미국 사회에서 Kwang은 사설 은행을 만들고 탈세를 통한 불법 이익을 창출했다고 알려지게 된다. 그를 스파이하던 에두아르도까지 죽게 되자 Kwang은 그동안 보여주었던 진취적이고 영웅적이던 모습이 아닌 무기력한 모습을 보이며 순간 무너지고 만다.

그의 몰락의 징표들은 그가 사용하는 언어에서 나온다. 정치적으로 위기가 찾아오자 목소리가 갈라지고 외국어 억양이 섞이며(정, 294), 아내에게 때로는 애인 셰리에게 폭력을 휘두른다.(정, 309) 음주운전으로 한국계 매춘부에게 중상을 입히고도 책임을 회피하는 등(정, 322) 극단적인 부정적 모습을 보여준다. 그동안 보여주었던 성공한 한국계 미국인으로서 정치인이 아니라 나약하고 실패한 동양인으로 전락한 것이다. 한국인 가게에서 흑인이 '자신이 사용했던 시계를 교환해달라'고 부당한 요구를 하며 행패를 부릴 때, Kwang은 한국인 주인을 달래며 교환은 물론 흑인 남자의 아내를 위한 귀걸이까지 선물로 주게끔 했다. (정, 278-280) 한국인 주인이 13달러 99센트짜리 시계값과 5달러짜리 은 귀걸이값을 벌기 위해서 드는 노력은 생각하지 않고 자신의 지역구에 많이 사는 흑인들의 편을 들어줌으로써 차기 뉴욕시장으로서 입지를 굳히려고만 노력한다. 이는 소수인종 게토 내에서 분쟁을 무마하고 시의원으로서 자신의 영향력을 행사해 한국인을 보호하려는 듯 하지만 이 역시 소수인종 출신의 권력자로서 자신의 권력을 행사하려는 것뿐이다.

Kwang이 만든 '계'가 한국계 이민자뿐 아니라 다른 소수민족 이민자들을 하나의 공동체로 통합하려는 시도라 본다면 '계'는 아메리칸 드림을 이루기 위한 하나의 방법이다. 반면 미국 국세청은 한국식 '계'를 이해하지 못하고 탈세를 위한 사설 은행이라고 본다. 한국의 문화개념으로 볼 때 국세청의 제지는 소수 이주민들의 합법적 정착을 위한 자본조차 모으지 못하게 하려는 시도이고 이는 아메리칸 드림 자체를 막아버리는 행위이다.

이런 점에서 미국 사회로 진입하려는 소수인종 이민자들과 이들의 합법적 진입을 거부하는 미국 사회의 간극은 상당히 크다고 볼 수 있다. 또 소수인종 이민자로 이루어진 계원들 중 대다수가 알고 보니 불법 이민자였다는 점에서 '계'의 불법성은 더욱 강하게 인식된다. 불법 이민자들로 인해 자신들이 실업자가 되었다고 믿는 백인 남자들은 Kwang을 "밀입국 주선자"라 부르며 집 앞에서 시위를 계속 이어나갔고, Kwang은 미국 사회에서 주류가 되고자 한 꿈을 이루지 못한 채 한국으로 추방당한다. 미국 사회에서 동양인, 유색인종이 갖는 한계를 극복하지 못하고 실패자가 되어버린 그가 한 때 보여주었던 행위들은 주류 백인사회에서 미국 사회의 차별과 부조리를 극복하려는 탈식민 행위가 아니었다. 오히려 동포를 자기 기반으로 삼아 성공하고 백인 주류문화에서 그들처럼 권력을 누리고자 했던 주류문화 동화전략이었던 것이다. Kwang의 도덕적 타락은 한국 전통문화(동양의 문화)가 다른 문화(서구의 문화)에서는 순수하게 받아들여지지 못한다는 것을 폭로하는 것이며 그의 몰락은 여전히 미국 백인사회가 동양인, 유색인종의 진입을 허락하지 않는다는 것을 의미한다.

아들 미트가 죽고, Kwang이 추방당한 후 헨리는 스파이를 그만두고 별거 중이던 아내 릴리아 곁으로 다시 돌아간다. 그동안 자신의 말, 자신의 영어 발음에만 귀를 기울이던 헨리는 타인의 말에 귀를 기울임으로써 자기중심적 편견과 자기혐오에서 벗어나려고 노력한다. 이러한 급작스런 헨리의 변화는 독자들이 납득하기 힘들지만, 시종일관 긍정적이면서 소수인종 이민자들을 위해 봉사하는 릴리아 곁에서 영향을 받았을 것이라고 독자들은 억지스러운 이해를 할 수는 있다. 그녀로 인해 달라진 모습을 보여주는 헨리의 일련의 변화들은 긍정적으로 묘사된다. 사실 릴리아와 헨리의 관계는 오리엔탈리즘이 만들어놓은 환상이다. 릴리아는 영국계 미국인으로서 완벽한 영어 발음을 구사하는 백인 코카서스인이다. 매주 소수인종 이민자들의 영어교육을 위해 봉사활동을 하면서 자신의 사소한 언행이 한국계 미국인인 헨리의 자존심을 상하게 하지 않을까 조심한다. 아버지와 헨리조차 존재를 무시하는 '아줌마'를 인격체로 존중하고 친밀한 관계를 만들어보고자 노력한다. 그녀의 이런 행동들은 서구를 상징하는 긍정적인 요소들로 가득 차 있다. 우아하고 고상하며 상대를 배려하는 젠틀함은 오리엔탈리즘에서 서구와 동양을 가를 때 서구를 상징하는 플러스 기표이다. 반면 헨리는 마이너스 기표로 가득 찬 인물이다. 비(非)백인 즉 아시아인이며 엘리트 교육을 받은 미국인이지만 아내 릴리아가 가지고 있는 기표들의 부정적 요소들로 가득 차있다. 항상 자신의 발음에 신경을 쓰고 영어를 자신보다 잘하지 못하는 인물(아버지, 아줌마, 다른 소수 인종)들을 철저하게 무시한다. 소위 원어민 콤플렉스에 강하게 사로잡혀 있는 인물이라고도 볼 수 있다.

그러던 그가 릴리아에게 돌아와 예전과는 다르게 소수인종 아이들을 받아들이고 배려하는 모습을 보여준다. 그녀 역시 변화된 헨리의 모습에 재결합을 한다. 여기서 주목해야 할 것은 바로 헨리의 태도이다. 그동안 가지고 있었던 비원어민Non-Native Speaker에 대한 혐오에서 벗어나 민족의 다양성을 수용하고 이들의 주체성과 정체성을 인정하려는 듯한 모습은 갑작스럽기는 하지만 긍정적 변화처럼 비춰진다.[23] 소수인종 아이들에게 영어를 가르쳐주는 릴리아를 도와 영어 수업의 보조역할(영어괴물)을 맡으면서 헨리는 과거와 달리 자신의 정체성을 되찾는 듯하다. "우리의 존재가 누구인가를 알려주는 어려운 이름들을 호명하

23 기존의 연구들은 이 부분을 근거로 *Native Speaker*의 탈식민성을 주장한다.

는 것을 통해 나는 릴리아가 수십 개의 멋진 언어를 말하는 것에 귀를 기울인다."(정, 349)라고 말한다. 아이들이 정확한 발음을 하지 않으면 영어괴물이 되어 아이들을 잡아먹는 역할을 하면서 1.5세대 미국인으로서 자신의 정체성을 되찾는 듯한 헨리의 자세는 과연 올바른 것일까 의문스럽다. 미국인이면서 완벽한 영어 발음을 하는 헨리이지만 그의 동양적 외모는 언제나 그를 타자화한다. 그가 가면을 써 동양적 표지를 감출 때에만 완벽한 원어민Native Speaker이 될 수 있다. 어떻게 이름을 읽어야 할지도 모르는 소수인종 이민자 아이들 앞에서 가면을 쓰고 완벽한 영어를 구사할 때에만 헨리는 비로소 진정한 원어민Native Speaker으로서 '권위'와 '자신감'을 가지게 되는 것이다. 평소 원어민이 비원어민에게 없는 권리와 특권을 가지고 싶어 했던 헨리는 '영어 괴물'이 되어서야 권리와 특권을 가지는 듯 여기고 만족해한다. 이때 영어 수업의 장소는 하나의 언어 권력을 행사하는 장으로 바뀐다. 이런 점에서 헨리의 행위는 백인 권력의 조력자로서 행위이며 이들의 권력 아래서 새로운 보호를 받는 것이라 할 수 있다. 상위문화의 권력 강화를 위해 조력자가 된 헨리의 행위는 지배문화에 대한 적극적 순응이며 이를 감추기 위한 위장전략이었다. 가면을 쓰고 발음이 좋지 않은 아이들을 잡아먹는 영어 괴물 헨리는 릴리아로 표상되는 지배문화에 자발적으로 동조하고 종속되어가는 피지배자일 뿐이다.

■ 소설 번역의 문제와 제대로 읽기

이번 장에서는 이창래의 『영원한 이방인』을 텍스트로 하여 언어와 정체성의 문제들, 문화 권력 안에서 인물들의 욕망이 어떻게 표현되고, 성취되거나 좌절되는지 문화번역읽기를 통해 밝혀보았다. 그동안 『영원한 이방인』에 대한 기존 연구가 교포작가, 한국계 작가라는 것에 방점을 찍고 작가 이창래를 바라보았다는 데 아쉬움이 있었다. 아시아계 작가라고 해서 작품의 범위를 규정하고 상상력의 폭을 좁히는 것은 올바른 텍스트 번역읽기가 아니었다. 그러나 이창래를 인종이나 출신과 상관없이 작가 자신의 주장대로 '미국 작가'로 바라보았을 때 텍스트의 인물들은 문화권력 안에서 주류가 되어가기 위해 자발적으로 포섭되어가는 동화주의자였다. 특히 이런 분석에는 외국화 번역이 직접적으로 도움이 되었다.

주류사회에 진입하는 데 성공한 Kwang은 소수인종을 대표하는 정치인으로서 이들의 권익을 위해 노력하지만 이면에는 한국계 이민자들을 희생시켜서라도 자신의 정치적 야망을 실현하고자 하는 철저한 동화주의자였다. 헨리는 미국의 엘리트 교육을 받고 미국인 아내와 결혼한 한국계 미국인이지만 여전히 자신에게 남겨진 한국의 DNA를 지우고 싶어 하고, 미국 사회 내에서 원어민Native Speaker으로서 완벽한 발음과 회화를 통해 권력을 행사하고 싶어 했다. 결국 아내 릴리아의 곁으로 돌아와 소수인종 아이들에게 영어를 가르침으로써 언어 권력을 행사하고, 아내로 상징되는 백인지배문화에 순응하는 헨리의 모습을 통해 작가 스스로도 자신의 정체성을 한국계, 한국인이라기보다는 미국인으로 규정하려는 모습을 찾아볼 수 있었다. 주류 미국인이 소수민족을 착취하고 이용하는 방식을 그대로 모방하여 미국 사회에 정착한 헨리나 Kwang이야말로 문화권력 안에서 자발적으로 굴종하고 자신의 욕망을 성취하기 위해 포섭되어가는 동화주의자였다. 미국에 대한 체제순응적이고 백인사회에 의존하려는 태도, 정체성에 대한 고민을 접고 백인 기득권 동조자로 안주하려고 노력했던 이들의 모습에서 '억압받는 소수민족 내부에도 여전히 작동하고 있는 권력관계'를 읽어낼 수 있다.

6

20세기 디아스포라 작가 김학철과 존 쿳시의 소설 세계*

- 김학철과 존 쿳시
- 디아스포라의 생애와 문학적 삶
- '대약진 운동'의 허구성과 '인민공사'의 참상 고발 : 『20세기 신화』
- 민중적 국제연대를 통한 이상사회 도모 : 『격정시대』
- 은폐된 제국, 남아프리카공화국의 현실 : 『야만인을 기다리며』
- '아파르트헤이트' 고발과 역사적 반성 : 『추락』
- 동아시아 문학과 아프리카 문학의 연대 : 디아스포라 문학의 경계 넘기

* 제6장은 『중국학논총』 64집, 한국중국문화학회, 2019년에 게재된 것을 수정·보완한 것이다.

20세기 디아스포라 작가 김학철과 존 쿳시의 소설 세계

엄영욱·임환모

■ 김학철과 존 쿳시

'디아스포라diaspora'는 그리스어에서 온 말로 '분산', 또는 '이산'을 의미한다. 처음에는 바빌론에 강제로 유배당한 유대인들을 가리켰는데, 점차 이 용어는 노예제도에 의해 촉발된 대규모 인구의 분산을 의미하게 되었으며 오늘날에는 본국을 떠나 외국을 떠도는 모든 이주자들의 삶의 방식을 설명하는 데까지 폭넓게 적용되고 있다. 이주자는 이중 언어와 이산 자아, 다문화적 상황에 놓이게 마련이며, 자기 정체성 추구, 고국에 대한 향수, 문화의 혼종성, 타국에서의 차별과 배척 등의 조건 속에서 디아스포라 정체성을 획득한다. 디아스포라 문학은 민족국가의 영토를 벗어나 거주하는 그 이주자들의 문학을 통틀어 지칭한다.

19세기 말 이후 세계는 전례 없는 사회적 대재난을 경험했다. 식민주의 쟁탈, 1차·2차 세계대전, 일본제국주의 침략과 식민지화, 영국을 비롯한 유럽의 인도, 아프리카의 식민지 개척 등은 수많은 이민자를 만들었으며 망명을 위해 국경을 넘는 이주자들이 출현하면서 디아스포라 문학에 대한 관심 또한 높아져왔다.

일본 제국주의의 식민지 지배에 격렬히 항거했던 김학철은 문학적으로는 '중국의 고리끼', 정치적으로는 '아시아의 솔제니친'이라 일컬어진다. 조선 의용군으로 항일투쟁에 참전했던 그는 광복 후 정치적 탄압으로 말미암아 다시 중국으로 이주해 생을 마쳤다. 한민족이되 중국인인 '모순과 분열'의 정체성 속에서 우리 민족의 수난사를 온몸으로 체현했던 김학철은 우리시대의 대표적인 디아스포라 작가이다.

김학철과 달리 남아프리카공화국의 존 쿳시John Maxwell Coetzee는 식민지 개척자의 후예, 다시 말해서 네덜란드계 백인 후손의 아프리카너이다. 그는 1974년 『어둠의 땅』을 출간하여 등단한 이후 인종차별 정책인 아파르트헤이트에 반대하면서 야만스런 서구 문명의 근본 원인을 탐색한다. 1980년 『야만인을 기다리며』Waiting for the Barbarians를 발표했으며, 1983년 『마이클 K』The Life and Times of Michael K에 이어 1999년 『추락』Disgrace으로 2회 부커상 수상이라는 신기록을 남겼다. 쿳시는 남아공에서 벌어지는 식민지배자와 피식민지인, 백인과 흑인 등의 대립을 주로 '지배와 예속의 대립'이라는 보편적 상황으로 형상화한다.

이번 장에서는 쿳시의 많은 저작 중에서 세계적인 명성을 얻기 시작한 『야만인을 기다리며』와 『추락』을, 김학철의 대표작 『20세기의 신화』와 『격정시대』를 살펴보자. 『야만인을 기다리며』가 출판된 1980년은 남아프리카의 흑백 갈등이 고조되던 시점으로 사회주의 리얼리즘이 선호되던 시기였다. 당시 남아공의 다른 작가들과 달리 쿳시는 반리얼리즘 문학, 즉 실존적이고 자의식적인 글쓰기에 천착했다. 그러므로 사회주의 리얼리즘 작가인 김학철의 '전투적인' 문학과는 당연히 대척점에 서 있다. 그러나 '디아스포라'라는 카테고리 안에 묶어서 이들을 다시 본다면 이것이 전부일지 의문이 든다. 디아스포라의 어원만큼이나 동떨어져 보이는 이 두 작가를 한데 불러 모아 살펴보는 것이야말로 역설적으로 '디아스포라' 문학을 더 잘 설명해 줄 수 있을 것이다.

물론, 이 두 작가에게서 직접적인 문학적 영향 관계를 찾기란 어렵다. 동쪽 끝 아시아에서 중국의 소수민족으로 태어난 김학철(1916년~2001년)과 남아프리카에서 백인으로 태어난 존 쿳시(1940년~)의 삶은 공간적 거리만큼이나 민족적, 사회적, 문화적 배경이 현격하게 다르다. 그럼에도 불구하고 우리가 간과할 수 없는 것은 두 작가가 보여주는 디아스포라 문학의 스펙트럼이다. 먼저 김학철은 일본의 제국주의 침략을 반대하고 식민주의를 비판함과 동시에 독재자의 전횡과 왜곡된 이데올로기의 허위성을 공격하며 자유를 구가했던 망명자였다. 반면 쿳시는 남아프리카에서 벌어지고 있는 서양 제국주의의 식민지에 대한 만행과 허위 그리고 인종차별의 심각성 등을 묘파하고 식민지

통치자로서의 반성과 참회, 유랑자로서의 고통과 번뇌를 그려낸 디아스포라 작가이다.

21세기에 들어서 제국주의의 직접적인 식민통치와 지배는 단절되었지만 아직도 세계 곳곳에서는 경제적 식민주의와 문화적 식민주의가 그림자처럼 드리워져 약소국을 지배하고 있다. '지배와 피지배'의 수직적인 논리는 강대국과 약소국 사이에, 지배계층과 민중 사이에 여전히 작동되고 있으며, 세계 무역전쟁과 분쟁은 날로 첨예화되어가고 있다. 이 같은 상황 속에서 우리가 두 작가의 텍스트를 주목하고 다시 읽어보는 것은 세계정세와 무관하지 않다.

그동안 김학철에 관한 연구는 중국과 한국에서 많이 연구되어 왔지만 디아스포라 관점이나 동아시아 관점의 연구는 부족한 편이다.[1] 쿳시도 영미권 뿐 아니라 한국 영문학 전공자들 사

---

1 『20세기 신화』나 『격정시대』에 대한 연구는 수십 편 있지만 디아스포라 관점으로 연구한 논문은 아직 보이지 않는다. 아래 연구 현황은 본 논문과 관련 있는 것으로 개략적으로 소개한 것이다.

a. 박태일, 「김학철의 조선의용대 이야기와 『항일 영웅』」, 『영주어문』 35집, 영주어문학회, 2017. 본고는 김학철이 평양에서 발표했던 미발굴 소설 『항일 영웅』은 최지남과 문명철의 이야기를 소설화한 것으로 광복 기간 김학철이 놓여있던 과도적 양상을 엿보게 한다.

b. 고명철, 「혁명성장소설의 공간, 민중적 국제연대 그리고 반식민주의 – 김학철의 『격정시대』론」, 『반교어문연구』 22집 반교어문학회, 2007. 본고는 장편소설 『격정시대』를 '혁명성장소설'이란 측면에서 고찰한 것으로 김학철의 분신이라 할 수 있는 작중인물이 어떻게 혁명가로 성장하는지 그 과정에 초첨을 맞추고 있다. 한 지역에 갇혀 있지 않고 지역의 경계를 넘는 과정 속에서 혁명가로 거듭나는 삶의 구체적인 계기에 대해 주목하였다. 여기서 쉽게 간과할 수 없는 게 바로 공간성이다. 필자는 혁명가로 거듭나기 위해 거쳐 가는 공간의 구체성과 그 공간을 통과하면서 겪는 혁명가로서의 성장과정에 주목하였다.

이에서 활발하게 연구가 진행 중이다.2 그러나 반식민지, 반제

---

c. 이새아, 「냉소적 리얼리즘, 그 낭만적 희극성의 이야기판 짜기 – 김학철의 『20세기의 신화』를 중심으로」, 『현대소설연구』 47호, 한국현대소설학회, 2011. 본고는 『20세기의 신화』를 통해 절대적이라고 믿었던 이념의 허상을 냉소적인 웃음의 미학으로 폭로하고 있다. 동시에 김학철 식의 낭만적 희극으로 현실을 풍자하면서 비극적 현실을 심화시키는 서사전략을 고찰하고 있다.
d. 고명철, 「중국의 맹목적 근대주의에 대한 조선족 지식인의 비판적 성찰 – 중국 조선족 작가 김학철의 『20세기의 신화』의 문제성」, 『한민족문화연구』 22집, 한민족문화학회, 2007. 본고는 김학철을 한 국가의 한 작가, 한 작품으로 보는 것이 아니라, 경계를 허무는 동아시아 시각에서 고찰해야 한다는 것이다. 김학철은 조선족이자 한국인 그리고 중국인이며 그가 체험한 것은 동아시아의 체험이기에 그의 문학은 단지 한 국가의 국민문학이 아니며, '노마드적 주체'로 새롭게 인식해야 한다고 보고 있다.
e 김호웅, 「작가의 사명과 용기 : 『20세기의 신화』를 논함」, 『한국어와 문화』 7집, 숙명여자대학교 한국어문화연구소, 2010. 본고는 『20세기 신화』가 나온 배경 그리고 이 작품으로 말미암아 일어난 필화사건, 주제사상과 국제공산주의 운동과의 관계를 살펴봄과 동시에 작가의 사명감과 용기, 모택동의 개인숭배에 맞서 싸운 중국의 여성강자–장지신을 고찰한 것이다.
f. 김경훈, 「중국에서의 『집중캠프』 소설 연구 – 김학철과 장현량 작품 비교 연구」, 『Comparative Korean Studies』 16권 2호, 국제비교한국학회, 2008. 본고는 김학철의 『20세기의 신화』와 장현량의 『남자의 절반은 여자』라는 두 작품을 통해 인류의 진정한 자유와 행복을 위한 공통된 주제를 강렬하게 추구한다는 점에서 많은 공통점을 가지고 있다면서 그 서사구조와 함께 문학성을 고찰하고 있다.
g. 김관웅, 「1950~60년대 국제공산주의운동 콘텍스트 속에서의 『20세기의 신화』 –김학철의 문학세계에 대한 비교문학적 접근을 위한 시론(試論)」, 『민족문학사연구』 32집, 민족문학사학회·민족문학사연구소, 2006. 김학철의 정치소설 『20세기 신화』는 중국의 반우파, 대약진, 인문대공사 등의 일련의 정치운동뿐만 아니라 소공 20차대회 이후의 소련의 정치문화배경, 중소론전, 중국과 조선에서의 공산주의자들 내부의 권력투쟁 등 국제공산주의 운동중의 중대한 정치 사건들과 밀접한 관련성을 맺고 있다. 본고는 『20세기 신화』를 통해 인간이 만들어낸 현대의 神에 대한 우상화, 그로 인해 파생된 인간성과 인권의 무자비한 유린을 날카롭게 폭로, 비판한 것으로 비교문학적 관점에서 접근하였다.
h. 김관웅·김정은, 「김학철(金學鐵) 문학에서의 루쉰(魯迅)정신의 수용 양

국주의, 반이데올로기를 포괄한 디아스포라 관점에서 두 사람의 작품을 비교 연구한 시도는 아직 보이지 않는다. 그러면 이

상」에서는 김학철과 루쉰의 인생경력 및 성격의 유사성, 루쉰의 문학정신과 김학철 문학 사이의 구체적인 관련양상, 루쉰 문학과 김학철 문학 사이의 상호텍스트성 등 김학철의 루쉰 문학의 수용양상을 서술하였다.

Ⅰ. 우상열, 「김학철과 사회주의 사실주의의 허(虛)와 실(實)」, 「한국어문학연구」 46집, 한국어문학연구학회, 2006. 본고는 김학철의 창작 경향을 사회주의 사실주의, 혁명적 사실주의, 비판적 사실주의 등의 용어로 규정하려는 경향에 대해 비판적인 문제의식을 가지고 고찰하였다. 김학철의 작품 경향은 한 마디로 규정하기는 힘들다. 그의 창작은 워낙 복잡한 양상을 나타내고 있기 때문이다. 이런 상황을 감안하여 본고는 김학철 문학의 구체적 궤적을 추적하면서 『해란강아 말하다』, 『격정시대』, 『20세기의 신화』 등의 창작 경향상의 특징을 논한 것이다.

2 왕은철, 「J.M.쿳시의 소설과 미국의 식민주의/제국주의 - 『어둠의 땅』의 「베트남 프로젝트」를 중심으로」, 『영어영문학』 54권 1호, 한국영어영문학회, 2008.

왕은철, 「J.M. 쿳시의 소설에 나타난 식민주의 및 제국주의 - 『야만인을 기다리며』의 상호텍스트성에 관하여」, 『영어영문학』 50권 1호. 한국영어영문학회, 2004.

김현아, 「J. M. 쿳시의 반인종주의 윤리학 - 『야만인을 기다리며』」, 『영어영문학21』 22권 2호, 21세기영어영문학회, 2009.

허동범, 「쿳시의 『치욕』 - 성찰의 서사전략」, 『영어영문학』 23권 1호, 미래영어영문학회, 2018.

전소영, 「타자를 환대하기 - 쿳시의 '글쓰기'」, 『현대영미소설』 19권 2호, 한국현대영미소설학회, 2012.

송지연, 「로빈슨 크루소 다시 쓰기 - 투르니에의 『방드르디』와 쿳시의 『포우』의 탈식민주의적 읽기」, 『불어불문학연구』 114집, 한국불어불문학회, 2018.

황정아, 「너무 '적은' 정치와 너무 '많은' 윤리 : J. M. 쿳시의 『치욕』」, 『현대영미소설』 14집 2호, 한국현대영미소설학회, 2007.

백진, 「탈/경계(의/에서) 글쓰기 : 버지니아 울프와 존 쿳시의 페미니즘」, 『영미문학페미니즘』 21권 2호, 한국영미문학페미니즘학회, 2013.

연구의 대부분은 인종주의, 탈식민주의, 남아공 역사의 폭력성, 이방인의 수용성, 쿳시의 글쓰기 등에 대한 것이다. 학술논문은 60여 편, 학위논문을 포함하면 200여 편이 넘는 것으로 파악된다. 그러나 디아스포라 관점에서 『추락』, 『야만인을 기다리며』를 집중적으로 고찰한 논문은 거의 없다.

번 장에서는 혼란시대에 태어난 디아스포라인 김학철과 존 쿳시의 소설에서 나타나는 동질성과 차별성을 파악하여 디아스포라 문학의 경계를 넓히고, 서구 중심의 이항적 대립세계에서 벗어나 세계체제에 대한 객관적인 시각을 확보해 보자.

■ 디아스포라의 생애와 문학적 삶

김학철이 태어난 1910년대 후반기는 청조가 끝나고 신중국이 탄생할 즈음이자, 세계사적으로는 제1차 세계대전이 막 시작한 시기이다. 한국에서는 3·1운동, 6·10만세운동, 광주학생항일운동, 중국에서는 5·4운동, 3·18사건, 5·30운동, 4·12정변, 만주사변 등이 발생했으며 일본의 침략과 억압은 더욱 가속화되었다. 이러한 상황에서 1935년, 김학철은 중국 상하이로 건너가 조선의용대에 입대해 항일 무장투쟁을 벌인다. 중국공산당 당원이자 분대장으로서 태항산 전투에 직접 참여하다 부상당한 그는 일본 형무소에서 4년간 감옥 생활을 하면서 전투정신과 현실의식이 더욱 뚜렷해졌다. 광복 후 서울과 북한에서 머무르다가 정치적 탄압으로 인해 1949년 중국으로 건너가 작가로서 활발한 활동을 펼쳤지만 1957년 반우파투쟁에 휘말려 우파분자로 숙청당한다. 1966년 문혁시기에는 모택동의 개인숭배와 극좌교조주의를 비판한 원고 『20세기의 신화』가 발각되어 징역 10년 형을 받고 24년간 유배생활을 한다. 1980년 12월에 복권된 그는 65세를 넘겨서 다시 글을 쓰기 시작한다.[3]

그의 문학적 삶은 크게 셋으로 나눌 수 있다. 출생하여 광복까지, 즉 조선의용군의 삶과 서울에서의 삶이 전반기라면, 후반기는 광복 후부터 1980년까지 『해란강아 말하라』, 『20세기의 신화』 등 대표적인 작품을 발표하는 시기로 문혁에 항거하는 저항문학가의 삶이다. 종반기는 복권되어 사망할 때까지 『격정시대』를 중심으로 다양한 작품을 발표하는 중국인이자 조선족으로서의 삶이다. 한마디로 그는 독립군으로 시작하여 무정부주의자를 거쳐 사회주의자로 변신한 것이라 말할 수 있다. 그는 조선 의용군이자 중국 공산당원으로서 중국의 민족해방투쟁을 통해 조선의 민족해방투쟁을 동시에 달성하고자 한 국제주의적 민족해방투쟁의 성격을 띤 항일무장투쟁을 벌였다.[4] 조선인이자 중국인의 이중적 신분을 가진 김학철은 한평생 민족과 국가와 자아의 신분에서 '분리(分離)'의 아픔을 가장 처절하게 겪은 '디아스포라 작가'였다. 불의에 타협하지 않는 불굴의 정신, 권

3 1982년 김학철은 조선국적에서 중국국적으로 옮겼고, 중국공산당 당적(黨籍)도 회복하였다. 이로부터 작가로서의 김학철의 치열한 인생이 다시 시작되었다. 예컨대 전기문학 『항전별곡』(1983), 『김학철 단편소설집』(1985), 『격정시대』 상·하(1986), 『김학철 작품집』(1987), 보고문학 『고봉기유언』(1989), 단편소설집 『무명소졸』(1989), 산문집 『태항산록』(1989), 『누구와 함께 지난 날의 꿈을 이야기하랴』(1994), 자서전 『최후의 분대장』(1995), 장편소설 『20세기의 신화』(1996), 산문집 『나의 길』(1996), 산문집 『우렁이 속 같은 세상』(2001), 『김학철 문집』 1·2 ·3(1998-1999) 등 수많은 책들을 펴냈다. 1980년 복권한 뒤(당적 복귀는 1989년) 이듬해 65살 때부터 죽을 때까지 왕성한 창작활동을 하였다.
http://v.media.daum.net/v/20071130193108125?f=o

4 고명철, 「혁명성장소설의 공간 민중적 국제연대, 반식민주의-김학철의 『격정시대』론」, 『반교어문연구』 22권, 반교어문학회, 2007, 243면 재인용, 이혜영 94면.

위주의와 정치권력에 대한 도전 등 그의 작품이 전해주고 있는 굵직한 메시지는 유랑인으로서의 고통의 소산이다.

존 쿳시John Maxwell Coetzee[5]는 1940년 남아프리카공화국 케이프타운에서 태어났다. 조상은 반세기 걸쳐 남아공을 통치한 네덜란드 보어인이다. 그는 아프리칸스어가 아닌 영어로 글을 썼는데 그의 소설은 세련된 작문과 풍부한 대화, 분석적 명료함을 특징으로 한다. 케이프타운 대학에서 수학과 영문학을 전공한 그는 1960년대 초 영국으로 이주했고 그 후 미국으로 건너가 텍사스 대학교에서 언어학을 전공, 박사학위를 받았으며, 1971년까지 머물렀던 버팔로의 뉴욕 주립대학에서 영문학을 가르쳤다. 그가 첫 소설 『어둠의 땅』Dusklands을 쓰기 시작한 것은 버팔로Buffalo에서였다. 베트남 전쟁에 관한 이야기와 네덜란드계 백인이 아프리카 원주민을 식민화하는 일화를 다룬 이 소설에서 작가는 서로 다른 시대의 이야기를 병치함으로써 식민주의의 본질을 탐색했다. 1968년부터 그는 미국 영주권을 신청했는데 베트남 전쟁에 반대하는 시위에 참여했기 때문에 결국 성공하지 못했다. 1970년 3월, 45명의 교직원 중 한 명으로 그는 이 대학의 헤이스 홀Hayes Hall을 점거하고 있다가 형사입건 된 후, 남아프리카공화국으로 돌아와 케이프타운 대학교의 영문학 교수로 2001년까지 재직했다. 두 번의 부커상 수상 때마다 상업성에 동조하지지 않겠다는 신념으로 수상식에 나타나지 않았던 다소 '은둔적인' 작가 쿳시는 흑백 차별의 혼란스러운 남

5 '쿳시(coezee)'는 영어식 발음이다.

아프리카공화국 사회의 모순과 잔인한 인종주의, 서구문명의 위선을 끊임없이 비판해 온 작가로 인정받아 마침내 2003년 노벨 문학상을 수상한다. 직접적인 화법보다는 우의적인 형태를 띤 그의 작품 전반에는 페미니즘, 후기구조주의, 포스트모더니즘 등 현대 서구사회의 다양한 담론들이 녹아 있다. 부조리한 현실을 직접 고발한 동료작가 나딘 고디머와 달리 쿳시가 즐겨 사용하는 방식은 알레고리 방식을 통한 간접적인 화법이다.

왕은철은 쿳시의 미학적 특징을 리얼리즘으로부터의 거리두기와 미니멀리즘의 지향, 이 두 가지로 꼽았다. 쿳시는 용기있는 작가로 찬사 받거나, 혹은 완전히 반대의 지점에서 "리비도적인 언어의 만족감"에 천착한 작가로 매도된다.[6] 남아프리카의 제3세계적 현실은 작가들로 하여금 고발적이고 교훈적인 리얼리즘을 강요했다. 하지만 쿳시는 이를 거부하고 자신만의 글쓰기로 백인작가로서의 '원죄의식'을 치열하게 해부한다. 동시에 그 한계를 드러낸 정직하고 용기 있는 작가이다. 작가에게 있어서 시대와 역사, 정치적 리얼리즘으로부터 거리두기는 적지 않은 부담이다. 작가는 불안과 일종의 죄의식에 강박되기 쉽다. 동료 아프리카 작가들에게 비판의식, 투쟁의식이 부족하다는 공격을 받으면서도 쿳시가 리얼리즘 소설을 통해 흑인들을 대변하려고 하지 않았던 것을 두고 왕은철은 "백인작가인 자신이 그렇게 하는 과정에서 부지불식간에 텍스트에 투사할지 모르는 허위와 우월감과 자기만족감을 차단하기 위함이었

6 http://blog.naver.com/PostView.nhn?blogId=flipitup&logNo=70170023688

다"고 설명한다.[7]

쿳시는 2002년 정년퇴임한 후에 오스트레일리아로 이주했다. 그러나 남아공 현실에서 벗어나 쓴 글[8]들은 비평가들과 달리 대중으로부터 그다지 큰 반응을 얻지 못하고 있다. 그의 작품에서 드러났듯이 쿳시가 바라본 남아공은 어둡다. 조국을 등졌지만 어쩌면 그에게 가장 잊을 수 없는 추억은 남아공에서 식민지 개척자로서의 경험일 것이다. 비평가들의 찬사처럼 아직 '현존하는 가장 위대한 영어권 작가'인 쿳시, 그가 어쩔 수 없는 가해자라는 입장의 아프리카너로써 책임의식을 안고 살아가는 운명적인 디아스포라 작가인 것 또한 변함없다.

■ '대약진 운동'의 허구성과 '인민공사'의 참상 고발 : 『20세기의 신화』

김학철의 현실주의 정신은 정치소설 『20세기의 신화』에서 가장 극명하게 드러난다. 이 소설에서 그는 모택동과 김일성의 독재와 전횡, 개인독재와 유일지도체계에 의해 빚어진 인간말살의 그릇된 정치, 부패한 공산당의 극좌정치노선 등을 폭로하고 날카롭게 비판, 풍자한다.

---

7 위의 글.

8 여전히 이민의 문제를 다루면서 청춘과 노년의 삶을 건조한 문체로 써낸 『슬로우맨』을 비롯하여 『서머타임』, 『어느 운 나쁜 해의 일기』 등을 예로 들 수 있다.

……객관적 사실이란 아무짝 소용없는 것입니다. 모택동 교주님의 논단만 있으면 그만입니다. 사람의 발이란 원래 문제도 되잖는 것입니다. 오직 구두만이 표준으로 될 수 있는 것입니다. 구두가 발에 끼면 즉시 발을 깎아서 구두에 맞춰야 합니다. 이것은 만고의 진리입니다. 중국화한 맑스-레닌주의주의라는 백전백승의 모택동 사상이 가르치는 유익 정확한 진리입니다. ……[9]

당시 모택동의 한마디는 진리이자 지침이었다. 수백만의 인민이 죽어도 그 누구하나 올바른 말을 하는 사람이 없었다. 모택동의 실체와 팽덕회의 실각을 늦게 깨달은 김학철은 중국의 암담한 현실에 좌절을 느꼈으며 그의 정책과 통치를 강렬히 비판했다.

제 맘에 들지 않는 공산주의자들을 종파분자, 현대수정주의분자로 몰아서 모조리 죽을 때까지 강제노동에 내몬 겁니다. 무고한 피해자의 가족들까지두 모조리 프롤레타리아 독재의 재물루 만들어 참혹하게 박해한 겁니다. ……. 조조 말이 났으니 말이지만 모택동이나 김일성이가 현재 하구 있는 정치가 그래 조조의 전제정치나 하등 다를 게 뭡니까?[10]

모택동과 김일성의 정치를 조조의 전제정치로 간주한 그는 『20세기의 신화』에서 모택동의 대약진 운동의 허구성과 인민공사(사실상의 강제수용소)의 참상을 알리고 모택동 정권이 조작한

---

9 김학철, 『20세기의 신화』, 창작과 비평사, 1996, 21면.
10 위의 책, 270면.

이른바 반우파투쟁의 정치적 오류와 '우파분자'들의 고뇌 어린 삶을 통해 모택동 1인 독재의 실상을 더욱 신랄하게 비판했다. 그는 반우파 투쟁을 신판 '분서갱유'이자 신판 '바돌로매의 학살'로[11] 비유했다. 이 시기에 의식이 있거나 지도자급에 있는 사람들은 우파분자로 몰렸고 조선족 지식인, 학자, 기술자 등이 대거 중국에서 북한으로 망명하거나 이주를 했다. 그 후 반우파 투쟁이 한 고비를 넘기자 1965-1967년 사이에 조선족의 약 70%가 다시 중국으로 이주해왔다."[12] 김일성과 모택동의 독재 정치는 당시 수많은 조선족 지식인들을 어느 곳에도 정착하지 못하고 방황하는 디아스포라로 내몰았다. 이들은 문혁시기에 다시 반동분자, 간첩으로 몰렸고 대거 하방 혹은 숙청당했다. 『20세기의 신화』의 심조광과 임일평은 이러한 예의 대표적인 인물이다.

심조광은 경상도 동래 사람으로 중산대학과 황포군관학교에서 공부했으며 일찍이 항일전쟁시기에 조선의용군 일원으로 태항산 일대에서 활약했던 항일전사였다. 중국공산당의 당원으로 또 조선족독립 동맹으로 이중 소속을 가졌던 그는 조선이 해방된 날까지 일본과 싸웠으며 1945년에 북조선으로 돌아갔다. 그러나 그는 독재자 김일성의 박해를 받고 더 이상 견딜 수 없어 중국으로 도망가 망명인이자 경계인으로 살아야 했다. 모택동을 맹목적으로 숭배했던 그는 문혁시기에 이르러 "진실을 써야

---

11 위의 책, 34면.

12 이광규, 『격동기의 중국조선족』, 백산서당, 2002, 99면.

한다."라는 한마디 말 때문에 반당, 반사회주의 죄로 졸지에 당적을 박탈당하고 강제수용소에 갇히게 된다.

> 우리는 생동한 사실을 하나의 틀 속에 밀어넣고 판에 박아가지군 각기 다른 題名들을 달아서 세상에 내놓았습니다. ……도식주의의 미이라에다 오만가지 안료루 화장을 시켜서 문단에 올려놓는 걸 우리는 일컬어 창작이라구 해왔습니다. ……문학작품이 다 선전물루 될 수는 없습니다. 그러나 선전 물이 죄다 문학작품으루 될 수는 없습니다. 우리는 선전물을 쓰지 말구 문학작품을 씁시다. 진실을 씁니다..[13]

이 같은 심조광의 모습은 바로 작가 자신의 투영이기도 하다. 조선인 임일평 또한 김학철의 또 다른 분신이다. 일찍이 문학에 뜻을 둔 그는 대학을 졸업하자마자 조선인 자치주에서는 유일한 문학 잡지사 아리랑의 편집인으로 취업된다. 그러나 1년 만에 하나의 사건[14]으로 말미암아 그는 우파분자, 인민의 적이라는 가공할 적으로 낙인찍히고 수용소로 들어가게 된다.

> "이상화가 지금 살아 있다면 그 입에서도 '절세의 애국자 김일성 원수' 소리가 나왔을까? '태양보다 더 밝은 모택동 주석'

13 김학철, 앞의 책, 112면.

14 "모택동 시대의 아침이여! 아, 가슴 벅찬 모택동 시대여!"라는 시를 어떤 청년이 아리랑 잡지사에 투고를 하였는데 이 시가 단지 모택동 시대니 가슴 벅찬 시대니 하는 구호의 외침이어서 사람들에게 감동을 줄 수 없다는 평가를 하여 임일평이 우파분자로 내몰려 출판사에서도 해임되어 수용소에게 갇히게 된다. 김학철, 위의 책, 24면.

소리가 나왔을까? 당신 어디 좀 말해보우. 그두 역시 타락해 곽말약(郭末若) 같은 철면피한이 되었을까? 궁정시인이 됐을까? 빨치산 김대장을 써내놓구 꼬리를 치는 게 개 같은 어용시인이 됐을까?"15

해방은 되었지만 북한에도 중국에도 머무를 수 없는 디아스포라인 임일평의 마음을 극단적으로 대변해주는 대목이다. 사실을 사실로 진실을 진실로 말하지 못하는 자신의 조국인 조선, 그리고 그곳에서 살 수 없어 택한 중국. 그러나 이상적 낙원으로 여겼던 두 사회주의 국가는 폭압과 억압, 독재와 전횡의 정치로 그를 어느 곳에서도 안주할 수 없게 했으며 종국에는 정치수용소로 보내고 만다.

이 시기 김학철 또한 반우파투쟁의 희생자였다. 팽덕회의 실각, 지식인과 민주인사, 혁명 간부들의 탄압에 대한 절망으로 말미암아 그는 소련으로 망명하고자 했지만 실패하고 더욱 견디기 힘든 탄압을 당한다. 『20세기의 신화』는 모택동의 극좌노선과 반우파 투쟁, 작가 자신의 소련 망명 실패, 지식인의 탄압 등 일련의 사건들이 동기가 되어 창작된 것이다.

북한이나 남한에서 온 조선인들은 대부분 간첩이다. 중국인이 아니기에 미제의 간첩이라는 것이다. 그 대표적인 사람이 서진이다. 그는 해방되던 해, 하얼빈에서 5년제 중학교를 졸업하고 자치주로 와서 8년째 번역 일을 하는데 남조선 간첩의 혐의를 받으며 핍박당한다. 해방 직후 남조선에서 파견되어 활동한

15 김학철, 위의 책, 230면.

어느 간첩의 이름과 동명이인이었다지만 그것은 한낱 핑계이고 출신 성분이 조선인이라는 것 때문이었다.[16] 모택동의 정치적 노선에 부합하지 않는 자, 자본주의 책들이 발견되는 자, 공산당을 비방하는 자, 진보적인 지식인, 소수 민족의 지식인과 민족주의자들은 모두 우파분자들이었고 숙청대상자였다. 루쉰은 일찍이 외부의 적보다 내부의 적이 무섭다했는데 모택동과 공산당이야말로 제국주의자보다 더 가혹하고 보이지 않는 내부의 적이었다. 이렇게 김학철은 『20세기의 신화』에서 중국 공산당에 의해 전횡된 반우파 투쟁과 문혁이 얼마나 반사회주의적이며 반인간적인지를 통렬히 고발하였으며 조선족 디아스포라의 고단한 삶과 조선족들의 영원한 고향 찾기, 반독재투쟁, 공산당의 오류, 독재자들의 폭력과 전횡 등을 사실적으로 묘사했다.

김명인은 『20세기의 신화』에 대해 다음과 같이 평가한다. "전편 '강제수용소'의 경우 수용소의 참상을 리얼하게 드러낸 것을 넘어, 그 참경 속에서도 결코 희망과 낙관을 잃지 않는 인간들의 위대함을 절실한 필치로 그려내고 있다. 또한 비장과 해학, 풍자의 절묘한 균형으로 읽는 이들을 비극적 감상주의나 패배주의, 근거 없는 주관적 낙관주의와 기계적 역사관으로 이끌지 않으면서, 인간의 미래에 대한 굳은 믿음에 이르게 하는 미학적 승리를 거두고 있다."[17] 또한, 전반적으로 볼 때 비판적

16 남궁달, 안봉숙 등 이들 모두 조선인이기에 전과자, 우파분자로 몰려 수용소에 감금된다.

17 김명인, 「어느 혁명적 낙관주의자의 초상」, 『창작과 비평』 2002 봄, 245면.

사실주의가 관류하고 있으나 결말로 가면 갈수록 혁명적 낙관성, 투쟁성으로 밑받침되는 혁명적 낭만주의로 치닫고 있다[18]는 우 교수의 지적 역시 김학철 창작의 일면을 설명한 것이다.

한마디로 김학철은 비판적 리얼리즘, 사회주의 리얼리즘, 낭만주의 리얼리즘 등 다양한 리얼리즘에 기반하여 전형을 창조해내었다는 점에서 쿳시의 반리얼리즘 창작수법과는 확실히 대별된다.

■ 민중적 국제연대를 통한 이상사회 도모: 『격정시대』

『격정시대』는 한 소년이 원산 총파업 등을 겪으면서 민족의식에 눈뜨고 마침내 민족해방을 위해 일제와 맞서게 되는 일종의 '혁명성장소설'이다. 작가 자신이 체험한 태항산 항일운동을 소재로 한 이 작품에는 아름다운 서울말이 잘 표현되어 있을 뿐만 아니라 문학적 형상이 뛰어나 예술적 가치를 인정받고 있다. 그 예술성에 대해서 김명인은 다음과 같이 말한다. "이 작품의 열린 서사형식은 혁명적 낙관주의의 주조를 아주 잘 뒷받침한다. ……김학철 소설들은 다성적이고 개방적인 서사구조를 가장 주요한 특징으로 갖는다. 그것은 우리 전통의 민담과 같은 서사구조에 가깝다. 작자는 마치 옛날의 이야기꾼처럼 자신의 삶 속에서 보고 듣고 직접 겪은 수많은 이야깃거리들을 한 보따리 싸

18 우상열, 「김학철과 사회주의 사실주의의 허(虛)와 실(實)」, 『한국어문학연구』 46집, 한국어문학연구학회, 2006, 287면.

안고서 큰 줄거리가 흘러가는 중간 중간에 틈나는 대로 하나씩 꺼내놓는다. 그 이야기거리, 즉 에피소드들은 나름대로 또 발전하면서 소설 전체를 넉넉하게 열어놓는데 기여한다."[19]

『격정시대』의 역사적 가치 또한 빼놓을 수 없다. 김학철의 이 작품이 나타나기 전에는 한국에서 조선의용군의 존재를 알지 못했다. 이에 대해 김윤식 교수는 조선의용군의 초창기 모습을 생생이 증언한 것이 김학철 기록의 최대 강점이라면서, "조선의용군의 일단이 구체적으로 언제, 어떤 이유로 중국공산당의 집결지 태항산까지 넘어가게 되었는가를 증언하는 기록은 김학철의 것이 유일한 것으로 보이는데, 이 경우 유일하다 함은 체험적이라는 뜻이다"[20]라고 말한다.

리얼리즘의 주된 특징 중 하나는 전형의 창조이다. 『20세기의 신화』와 『격정시대』에는 루쉰 소설처럼 영웅적 인물이 거의 보이지 않는다. 『20세기의 신화』에 등장하는 심조광, 임일평, 복수주의자, 잰나비, 황너구리, 과부의 설움, 활기존관 등은 모두 보통사람들일 뿐, 주목받는 역사적 인물도 영웅도 아니다. 이는 『격정시대』도 마찬가지이다. 우상열은 「김학철과 사회주의 사실주의의 虛와 實」에서 "『격정시대』는 인물들을 부각함에 있어서 '모두 우점도 있고 결점도 있는 보통사람으로 부각하였으며 적들을 다 총받이가 되려고 이 세상에 태어난 것 같은 허

19 김명인, 「어느 혁명적 낙관주의자의 초상」, 『창작과 비평사』, 2002년 봄호, 249면.

20 김윤식, 「항일 빨치산 문학의 기원-김학철론」, 『실천문학』, 1988년 겨울호, 412면.

수아비로 만들지도 않았거니와 아군을 다 전설적 영웅으로 다듬어세우지도 않았다.' 그는 '신화가 아닌, 날조가 아닌 진실한 역사적 면모 즉 있는 사실 그대로를 꾸밈없이 적어서 세상에 내놓음으로써 사람들로 하여금 영광스러운 전통에 대한 긍지감으로 가득 차게 할'수 있다고 보았다. 이것은 조선의용군 생활 그 자체에 대한 그의 강한 자부심의 표출에 다름 아니다. 격정시대는 조선의용군 생활에 대한 실록적인 추구 그 자체로 나아가게 되었던 것으로 볼 수 있다."[21]라고 말했다.

한편, 『격정시대』의 주인공은 반제국주의, 반식민지의 차원을 넘어 국제주의자의 모습을 보여준다. 국제주의자로서의 면모는 항일 독립운동을 협소한 차원의 민족해방운동이 아니라 식민지 근대의 야만과 폭압으로부터 약소 민중의 진정한 해방을 성취해내고자 하는 보다 더 넓은 차원의 성격을 갖게 한다. 따라서 선장에게서 독자들이 주목해야 할 것은 선장이 혁명가로서 성장하는 가운데 보이는 민중적 연대감의 그 진정성이다.[22]

예컨대, 다음과 같은 스토리는 그 점을 극명하게 보여준다. 중국 식당에서 일하는 사환(심부름꾼)은 조선인 나무 장사와 가격흥정을 심하게 하면서 나무를 싸게 산다. 그 모습을 지켜본 선장은 중국인 사환에게 민족적 차별 감정을 갖는다. 그런데 싸게 나무를 구입한 사환은 대신 그 이익을 석필로 그림을 그리는 가난한 조선 아이에게 적선을 한다. 그 모습을 본 선장은 증오

21 우상열, 앞의 논문, 293-294면.

22 고명철, 「혁명성장소설의 공간 민중적 국제연대, 반식민주의-김학철의 『격정시대론』」, 『반교어문연구』 22집, 반교어문학회, 2007, 244면.

심을 가졌던 것이 얼마나 부끄러운 일인지 반성하게 된다. 작가는 이 같은 장면을 통해 민족적 차별을 넘어선 민중적 연대의 소중한 가치를 전달하고자 한 것이다. 또한 작가는 조선인이라 할지라도 중국과 일본에 마약을 유통시켜 막대한 돈을 버는 천박한 자본주의 주구는 타도되어야 할 대상으로 삼았다. 국가와 민족의 경계를 떠나 어떤 민족이게나 해를 끼치는 사람이라면 그것은 적이며 제거되어야 할 대상이었다.

이처럼 민중적 연대감에 기반 한 국제주의적 인식은 『격정시대』를 관통하는 가장 중요한 문제의식이며 반식민지, 반제국주의와 긴밀한 관계를 맺고 있다. 비록 일본인이지만 깨어 있는 지식인들은 조선의 노동자와 연대하였는바, 그는 민중적 국제연대를 통해 억압과 핍박이 사라진 이상사회를 도모하고자 했다. 그런 작가의 의도는 소설의 서두에서부터 잘 그려져 있다. 주인공 서 선장은 비록 어린 소년이지만 원산항의 노동자 파업에 동조하는 일본 노동자의 모습에서 민족문제와 사회문제, 인도주의에 대한 의식이 열리게 되는데, 다음과 같은 원산항 총파업은 그의 의식을 전환해주는 중요한 계기가 된다.

"바로 이때다. 안벽에 선복을 붙이고 정박한 '쯔루가마루(敦賀丸)'라는 화물선의 갑판 위에서 관전을 하던 일본선원들이 별안간 고함을 지르며 발들을 굴렀다. 그들의 외치는 소리를 들으라치면 ……파업만세!, 형제들 버텨라!

이것을 신호로나 한 듯이 (중략)……도대체 이것은 어찌된 일일까. 아무리 궁리를 해보아야 알 수 없는 일이었다. 일본사람이 조선 사람의 편을 들다니! 선장이는 입에다 물어 깰 수 없는 무슨 땅땅 한 덩어리를 둔 것만 같았다. 열서너 살 먹은 아이의 이빨로는 물어 깬다는 것이 무리였다."[23]

이후, 청년이 된 그는 협소한 민족주의를 벗어나 식민지 근대를 극복하는 반식민지를 향한 투쟁을 불태울 수 있었다. 『격정시대』의 선장을 통해 김학철은 국가 간 경계를 넘어 민중의 존재를 소중히 인식하고, 민중적 연대를 통해 제국주의의 파행적 근대를 극복하고자 한 것이다.[24]

인도주의에 바탕을 둔 『격정시대』는 배타적인 민족주의 문학을 뛰어넘은 반식민주의, 반제국주의 문학이며 국제적으로 연대할 수 있는 가능성을 열어줌으로써 동아시아와 아프리카, 중동의 분쟁을 해결하고 평화를 모색할 수 있게 하는 우리의 소중한 디아스포라 문학이다.

■ 은폐된 제국, 남아프리카공화국의 현실: 『야만인을 기다리며』

이 소설은 출판되기 5년 전인 1976년 소웨토 폭동Soweto Uprising을 배경으로 만들어진 것이다. 이 때, 남아프리카의 역사와 반인종차별운동이 전환점을 맞았는데 소웨토 봉기 동안 남아프리카의 서남 타운십(남아프리카공화국 정부에 의해 흑인들이 강제로 이주된 지역)의 약 15만~20만 명의 학생들이 정부의 교육 정

23 김학철, 앞의 책, 191-192면.

24 고명철, 앞의 논문, 245면.

책에 항의하여 행진했다. 흑인분리지역에서 아프리칸스어(남아프리카의 네덜란드 정착민들의 언어)를 사용해야한다는 이 정책은 여러 가지 문제가 있었는데, 특히 학습하기 어려워서 이 언어는 학생과 교사 모두에게 잘 알려져 있지 않았다. 시위는 평화롭게 시작되었지만 결국 경찰은 학생들에게 총격을 가해 최소 176명이 사망하고 그 후 전국 160개의 다른 흑인 마을에서 시위가 발생했다. 14,000명의 학생들이 남아공 정부를 반대하는 저항운동Umkontho we Sizwe(또는 "국가 연설")이 전개되었다. 1977년, 반인종주의 운동가 스티븐 비코Steven Biko가 정부에 체포되어 억류된 지 18일 만에 사망했는데, 쿳시는 그의 죽음을 소설에 언급한다. 비코의 체포를 담당한 장교는 "싸움이 있었다… 비코 씨가 벽에 머리를 부딪쳐서 쓰러졌다"고 주장한다. 하지만 결국에는 비코가 가혹한 고문을 당했다는 사실이 밝혀진다. 이는 우리에게 낯익은 장면이지 않는가. 책상을 '탁'치니 '억'하고 쓰러졌다는 1987년 박종철의 고문 사건을 떠올리지 않을 수 없는 것이다.

『야만인을 기다리며』에서 작가는 "문명이라는 게 야만인들이 가진 미덕들을 타락시키고 그들을 종속적인 존재로 만드는 것이라면, 나는 문명에 반대하는 입장"이라는, 한 치안판사의 내적 고백을 통해 제국의 모순과 부조리를 묻는다. 여기서 '야만인'이라는 개념은 백인들이 타자화된 유색인종의 열등성을 내재화하여 효과적으로 권력을 빼앗기 위해 붙여진 이름에 불과함을 역설적으로 보여준다.[25] 제국이 끊임없이 '야만인 만들기'에 주력하는 것은 "억압의 대상인 야만인들이 존재하지 않으면 제국은 더 이상 아무런 의미도 없다는 것을 갑자기 깨닫기 때문"이다.[26] 그래서 작가는 제국의 실현을 위한 백인의 공모성과 같은 '제3의 공간'을 통해, 은폐된 제국의 영역을 파헤쳐 총체적으로 남아공의 현실을 상기시키고자 하는 데 초점을 둔다.[27]

『야만인을 기다리며』의 주인공은 어느 제국의 변방의 치안판사이자 유랑자이다. 그는 아버지와 함께 잡혀 온 야만인 딸을 동정한 나머지 그녀를 부족에게 데려다줌으로써 제국주의자인 졸(Joll) 대령에 의해 감옥에 갇히게 된다. 우여곡절 끝에 주인공은 감옥에서 나와 사실상 치안판사의 역할을 다시 하게 된다. 주인공은 졸 대령이 폭력적인 수단으로 제국을 유지하려는 것에 대해 비판하지만, 자신도 온정적인 수단으로 제국을 영속화하는 데 기여한다는 사실을 부인하지 않는다. 그는 가혹한 억압과 착취를 당하는 '야만인'에 대한 동정이 바로 식민지 개척자의 원죄란 것을 깨닫는다. 식민주의의 정신적 지주가 흔들리게 되자 그는 이제 더 이상 식민지 개척자의 행렬에도 식민지 원주민의 행렬에도 들어갈 수 없게 되며, 정신과 육체적으로 이중적인 유랑을 겪게 된다. 이렇게 『야만인을 기다리며』의 빼어난 미덕은 식민지 개척자의 반성과 참회를 표현함을 넘어, 제국주의자와 원주민, 가해자와 피해자, 식민주의자와 피식

---

25 김현아, 앞의 논문, 34면

26 왕은철, 「J. M. 쿳시의 소설에 나타난 식민주의 및 제국주의 - 『야만인을 기다리며』의 상호텍스트성에 관하여」, 앞의 글, 295면.

27 김현아, 앞의 논문, 34면.

민주의자, 백과 흑 등의 이분법을 넘어, 체제에 순응하기를 거부하는 진보적인 인물을 내세워 체제 이데올로기의 허구성을 안으로부터 폭로함과 동시에 그것에 대한 자신의 공모성을 부각시켰다는 점이다. 이렇게 함으로써, 쿳시는 리얼리즘 작가들이 흔히 빠지는 함정, 약자를 두둔하면서 자신을 합리화시키거나 그 과정에서 자신의 도덕적 우월감을 드러내는 경향을 뛰어넘을 수 있었다.

『야만인을 기다리며』는 서구제국주의가 원주민에게 가한 문화적 왜곡과 언어적 폭력이 남아공의 인종적 갈등, 그리고 전 지구적인 인종적 갈등과 폭력의 근원이 되고 있음을 서술한 쿳시의 역작이다. 제국의 존속을 위해서는 필연적으로 존재해야만 하는 야만인, 그들을 지배하고자 하는 자들의 폭력과 억압의 사슬은 시공을 초월하여 존재하다는 것을 쿳시는 리얼하게 그려낸 것이다. 그는 현재 서방세계의 우려를 드러낸다. 예를 들면 미국이 핵무기를 찾겠다고 이라크와 벌인 전쟁이 바로 그것이다. 이라크에는 핵무기도 핵무기를 만들 우라늄도 없었다. 이라크의 야만인들은 바로 미 제국주의가 필요로 한 해결책에 지나지 않는 것이다. 타자를 야만인으로 규정하는 전쟁이 진정한 해결책인가. 『야만인을 기다리며』는 이 전쟁의 진정한 야만인이 누구이며 그 해결책은 무엇인가를 전 지구인들에게 묻고 있다.

■ '아파르트헤이트' 고발과 역사적 반성: 『추락』

『추락』은 남아프리카 공화국을 무대로 하여 흑백간의 갈등과 폭력의 원인, 식민통치의 폐해와 제국주의가 남긴 후과를 탐구한 작품이다. 쿳시는 식민지와 후기 식민주의의 문제를 정면으로 다룸으로써 그의 진면목을 보여줬다.

남아프리카공화국은 수년 동안 인종 차별 제도 하에서 통치되었다. '별거, 분리'를 뜻하는 아파르트헤이트는 1948년부터 1994년까지 유지된 제도였다. 소수 백인들의 통제 하에 흑인의 권리가 심각하게 제한되는 공식적인 정책이었다. 흑인들은 합법적인 시민으로 간주되지도 않았고 별도의 학교와 병원에 가야했으며 별도의 공공 서비스를 받을 수밖에 없었다. 흑인들은 시민권을 박탈당하고 반투스탄Bantustans이라고 불리는 자치부족으로 나뉘어 살았다.

소설은 이런 인종차별 정책의 그림자가 드리운 남아프리카공화국의 먼 서쪽 지역 케이프타운에서 시작된다. 주인공 데이비드 루리David Lurie는 기득권을 충분히 누리면서 살아가고 있는 이혼남으로서 백인들 삶의 전형을 보여준다. 그는 케이프 기술대학Cape Technical College의 커뮤니케이션 부교수로 재직 중이며 낭만주의 시인들을 강의하는 교육자이다. 그러나 성추행을 참회하지 않아서 학교에서 쫓겨난다. 그는 딸의 시골 농장을 찾아가고 현지 사람들과 잘 어울리도록 노력한다. 어느 날 세 명의 토착민이 딸 루시David Lucy를 강간하고 그는 폭행을 당한다. 흑인들에게 윤간을 당하면서 느낀 감정을 루시는 아버지에게 이렇게 말한다.

> "그것은 너무나 개인적인 일이었어요. 그들은 제게 개인적인 원한이 있는 것처럼 그 일을 하더군요. 무엇보다도 그것 때문에 더 간담이 서늘해지더군요. 나머지는……예상되는 것이었어요. 하지만 그들이 저를 왜 그렇게 증오했을까요? 저는 그들을 한 번도 본적이 없었는데."[28]

아버지 루리는 딸에게 다음과 말을 하자 루시는 자신이 증오의 대상이었다는 것이 믿기 않은 듯이 응답한다. 우리는 이 모녀간의 대화 속에서 당시의 리얼한 현실을 읽어낼 수 있다.

> "그것은 역사가 그들을 통해서 말을 하기 때문에 그래. 죄악의 역사가 말이다. ……그것은 개인적인 것으로 보였을지 모르지만 그렇지는 않았을 게다. 그것은 조상들로부터 물려받은 것이지 …… 그렇다고 그게 쉽게 받아들여지지는 않아요. 제가 증오의 대상이었다는 충격이 가시지를 않아요. 그 행위 중에요."[29]

루시는 윤간의 피해로 끝나지 않고 그들 중 누구의 아이인지도 모를 아이를 임신한다. 그녀는 개인으로서 종족 차별과 식민통치의 속죄양이 된 것이다. 아버지 루리는 딸이 흑인들의 손아귀에서 벗어나 문명인이 되길 원한다. 그는 자신과 함께 딸이 도시로 돌아갈 것을 권유한다. 그러나 루시는 자신이 겪은 사건

---

28 J. M쿳시 저, 왕은철 역, 『추락』, 동아일보사, 2000, 235면.

29 위의 책.

을 하나의 의식적인 통과의례라고 간주하고 이 땅에서 그들과 공존하기 위해서 치러야 할 대가라고 생각한다. 비문명의 세계, 야만의 공간, 흑인들의 거주지, 남아공의 아파르트헤이트가 가진 어둠, 딸의 고통, 그것들을 바라보는 데이비드 루리는 이 모든 것들이 왜 자신에게 닥쳤는지 이해하지 못한다.

이는 작가의 정치적 사색이자 역사적 반성이다. 소설은 더욱 절망적으로 전개된다. 이제 아버지 루리에게는 딸을 보호할만한 힘이 없고, 이웃인 흑인 페트루스Petrus는 루시를 온전한 방식으로 보호하려는 의지가 없다. 식민지 역사와 종족차별에서 생긴 원한을 개인으로서 루시가 운명으로 껴안고 받아들인다. 그녀에게는 다른 선택권이 없고 치욕, 죄악, 원한에 직면할 수밖에 없는 현실이 있을 뿐이다. 마지막으로 루시는 토착민의 세 번째 첩이 되고 자기의 땅도 '남편' 이름 아래로 옮기게 되며 거꾸로 진정한 노예가 된다. 주인과 하인은 자리가 바뀌지게 된다. 이것은 마치 당시의 식민지 역사처럼 폭력적인 방법으로 목적을 완성하는 것과 같은 것이다.

> "그래요, 저도 같은 생각이에요. 굴욕적이죠. 그러나 어쩌면 다시 시작하기에는 좋은 지점일 거예요. 어쩌면 저는 그것을 받아들이는 걸 배워야 할 거예요. 밑바닥에서 출발하는 걸 배워야죠. 아무 것도 없이. 어떤 것밖에 없는 상태가 아니라, 아무 것도 없이. 카드도 없고, 무기도 없고, 재산도 없고, 권리도 없고, 위엄도 없고……개처럼……그래요 개처럼."[30]

---

30 위의 책, 309면.

딸 루시는 흑인 구역의 농장에 정착하려고 애쓰는 개척자이다. 이렇게 루시는 그 땅에 머무는 대가로 흑인들에게 지불해야만 한다면 복종과 종속도 받아들이겠다고 한다. 치욕의 삶을 견딘 흑인여성의 삶이 이제 고스란히 백인 여성 루시에게로 전이된다. 이렇게 두 부녀가 시대에 역행하여 당하는 치욕, 추락은 윤리성 측면에서 철저히 동족을 해부하는 쿳시의 창작정신에서 비롯된 것이다.

이 소설의 백미는 인종간의 화해라는 휴머니즘적 메시지가 전혀 없다는 데에 있다. 작가는 메시지를 전달하기 위해 인물을 제멋대로 조정하지 않았다. 주인공은 끝까지 제3자로 관조하는 '손님'으로 남았을 뿐, 갈등이 풀리지 않은 채 소설은 끝난다. 쿳시는 문학이 당대의 역사로부터 거리를 두어야 한다는 발언으로 유명한 작가이다.[31] 억압적인 남아공에서 살면서 역사적 상황과 거리를 두어야 한다는 것은 제국주의가 남긴 그들의 후과와 부작용이 어떠한가를 객관적으로 보여주기 위한 것이다. 식민지 개척자의 원죄의식에서 자유로울 수 없었던 쿳시는 유랑인, 경계인으로서 반성의 모습을 유감없이 보여주었고, 그럼으로써 이 소설은 역설적으로 더 강렬한 리얼리티를 획득하고 있다.

31 이석구, 「쿳시의 『야만인을 기다리며』에 나타난 자유주의와 알레고리 문제」, 『비교문학』 46집, 한국비교문학회, 2008, 5-6면.

■ 동아시아 문학과 아프리카 문학의 연대: 디아스포라 문학 경계 넘기

이번 장은 '반식민지, 반제국주의, 반이데올로기'라는 20세기 담론을 중심으로 김학철의 『20세기의 신화』, 『격정시대』, 쿳시의 『야만인을 기다리며』, 『추락』을 살펴보았다. 그들은 똑같이 이방인으로서의 정체성 문제를 안고 제국주의 침략과 억압을 반대하고 식민통치를 거부했으며, 이데올로기의 허구성과 인종차별, 독재자의 전횡 등 거대권력에 맞섰다. 김학철은 공산주의를 개인숭배나 개인독재가 아닌 인도주의로, 그 민중성을 이해했다.[32] 그의 작품은 대부분 자신이 체험한 자서전 소설로 리얼리즘에 입각한 작품들이다. 그는 "전형"을 창조하여 민중의 고통을 반영함과 동시에 제국주의, 식민주의에 반대하고 탈권력을 추구하였다.

『20세기의 신화』에는 반우파투쟁과 문혁시기 디아스포라 조선족의 고통이 잘 나타나있다. 모택동과 김일성의 개인숭배와 우상숭배에 반기를 들고 독재자의 독선을 폭로, 권위주의와 정치권력에 도전한 이 작품에는 조선족들의 영원한 고향 찾기 등 디아스포라 작가의 고통이 담겨있다. 또한 이데올로기의 허위성을 공격하는 깨어있는 지식인이자 인도주의자의 작가모습이 반영되어 있다. 『격정시대』는 제국주의의 식민통치를 반대하고 민중연대를 통한 약소민족의 진정한 해방추구를 이야기한다. 이 작품에는 작가의 반식민지, 반제국주의사상뿐만 아니라 폐

32 김호웅, 김해양 편저, 『김학철 평전』, 실천문학사, 2015, 304면.

쇄적인 민족주의 모습에서 벗어난 국제주의자의 면모가 드러난다. 김학철이 자발적으로 중국을 선택하여 적극적으로 현실과 투쟁하면서 역사와 정치를 변화시키고자 현실을 있는 그대로 보여주었다면, 쿳시는 가해자와 피해자, 지배자와 피지배자의 관계를 직접적으로 드러내지 않고 정치와 일정한 거리를 두면서 내재적으로 그 사회와 체제의 실상을 드러냈다.

『야만인을 기다리며』는 제국주의자와 원주민, 식민주의자와 피식민주의자, 흑과 백 등의 이분법을 초월하고 체제 순응을 거부하는 진보적인 인물을 내세워 이데올로기의 허구성을 안으로부터 폭로함과 동시에 그것에 대한 자신의 공모성과 반성을 부각시켰다. 『추락』은 전형적인 디아스포라 문학으로서 망명자가 당한 배척과 모욕, 반성과 후회를 내재적으로 잘 보여주고 있다. 주인공이 식민지 개척자에서 망명자가 되는 과정은 더 깊은 식민주의 역사 문제를 보여 준다. 탈식민지 시대의 도래에 주인과 노예의 자리가 거꾸로 바꾸어진다는 것은 독자에게 역사에 대한 반성을 일으키며 오늘날의 새로운 세계 경제 식민전쟁을 돌아보게 한다.

쿳시는 동료작가들이나 좌파 비평가들로부터 개인적인 운명과 사회적인 관계를 소홀히 하고 알레고리적인 소설을 쓴다는 혹독한 비판을 받았다. 그러나 식민지 개척자이자 유랑인으로서 "숱한 비난과 비판에도 아랑곳하지 않고, 즉 '폭력적인 위계질서'의 실체와 허상을 안으로부터 해체하고자 했고, 그렇게 함으로써 리얼리즘 쪽으로만 기우는 자못 획일적인 남아프리카의 문학을 풍요롭게 만들었다."[33]는 왕은철 교수의 언급은 쿳시의 문학세계를 잘 설명한 것이라 생각한다.

두 사람 모두 반제국주의와 반식민주의를 제창하였는바, 쿳시가 탈권력을 지향하고 이데올로기의 허위성을 비판하는 반인종차별주의 작가이자 자유주의자라면 김학철은 독선적인 이데올로기를 반대한 건강한 사회주의자이자 인도주의자였다. 쿳시가 반리얼리즘적인 포스트모더니즘 수법[34]으로 식민지 개척자로서 반성과 유랑인의 고통을 드러냈다면, 김학철은 리얼리즘에 입각하여 어두운 현실과 권력의 전횡, 민중의 고통을 사실적으로 묘사했다. 이렇게 두 작가의 창작방법은 외면적으로 볼 때 대립된 두 축을 형성한 것처럼 보이지만 뫼비우스 끈처럼 만나고 있다. 모국과 거주국 두 공동체 사이에서 자신을 어느 한 공동체와 완전히 동일시하거나 탈동일시 할 수 없다는 의미에서 두 사람은 경계인, 디아스포라로서 결코 타자적 위치에서 떠날 수 없다.

그동안 서구중심의 담론은 서구와 비서구를 대립적 관계로 규정하는 경향이 주를 이뤘지만 두 작가의 소설을 비교한 이번 장은 서구중심의 세계문학의 틀에서 벗어나 동아시아 문학이 아프리카 문학에 내미는 일종의 연대의 손짓이라 하겠다. 지구의 반대편에서, 다른 문명권 속에서 두 작가가 비판했던 제국주의와 식민지주의, 파시즘과 폭압적 정치 등을 다시 환기하는 이

33 왕은철, 『J.M쿳시의 대화적 소설』, 2006, 태학사, 23면.

34 그는 저항적인 리얼리즘 문학을 요구하는 시대적 요구를 편협한 것으로 간주하고 되받아치면서, 사유적이고 관념적이며 반리얼리즘적이고 포스트모더니즘적인 문학을 남아프리카에 도입한 것이었다. 그의 소설이 끝없이 세계의 다른 텍스트들과 상호적인 관계를 형성하며 알레고리화하는 것도 바로 이러한 용기에서 비롯된 것이었다. 위의 책, 23면.

작업이 서로 다른 삶의 범주와 언어의 변별을 넘어서 디아스포라 문학의 경계를 확장할 수 있기를 기대한다.

7

현대 한·중 정치의 국가폭력과 공간의 주체성*

- 4·19와 문화대혁명
- 빨갱이와 현반 : 메카시즘에 희생된 호모 사케르
- 근대 생명정치의 폭력 : 포함된 배제의 공간 노모스
- 호모 사케르의 비상 : 종속된 공간에서 탈주체적 공간으로
- 자기배려로 이른 절대적 타자의 공간 : 헤테로토피아

* 제7장은 『한국문학이론과 비평』 제69집, 한국문학이론과 비평학회, 2015년에 발표한 것을 수정·보완한 것이다.

현대 한·중 정치의 국가폭력과 공간의 주체성

전영의

■ 4·19와 문화대혁명

봉건왕조가 무너지고 제국주의 국가들의 침략으로 인해 근대화가 시작된 한국과 중국의 역사는 다르면서도 유사한 양상을 보이거나 밀접한 관련성을 갖는다. 한국에서 발생한 일제강점기의 강제징용과 학살, 여·순사건, 한국전쟁, 보도연맹학살사건, 양민학살사건, 4·19, 5·18 그리고 중국에서 발생한 난징대학살, 문화대혁명, 6·4 천안문 사건은 그러한 양상을 비교할 수 있는 좋은 예라 할 수 있다. 『한강』[1]과 『형제』[2]는 '유일민·유일표',

1 조정래, 『한강』, 해냄, 2002. (앞으로 텍스트 인용시 텍스트 제목의 첫음절인 '한, 권, 면수'만 적기로 한다.)

2 余華, 『兄弟』(上), 上海文藝出版社, 2005, 8.
____, 『兄弟』(下), 上海文藝出版社, 2006, 3.

'이광두·송강'이라는 형제들을 중심으로 '한국의 4·19'와 '중국의 문화대혁명'이라는 1960년대 양국의 사건을 이야기한다. '당시의 사건과 그 이후'라는 시간의 흐름 안에서 양국에서 나타난 국가폭력은 필자의 관심을 끈다. 근대에 이르러 자연생명이 국가권력의 메커니즘과 자본주의 권력 안에서 계산되고 통제되기 시작하면서 정치가 '생명정치'로 변화하고 생물학적인 생명과 국민들의 건강에 대한 관심이 주권 권력 특유의 문제 즉 인간에 대한 통치 문제로 바뀌고 있다. 이런 점에서 근대에 나타난 한국과 중국의 국가폭력은 우리가 다시 고찰해봐야 할 필요성을 가진다.

한국전쟁 이후 1960년대 한국에서는 자유화·산업화 물결이 일어나기 시작했다. 이승만 정권의 부정부패, 부정선거로 4·19 학생운동이 일어났고, 이후 박정희 정권이 들어서면서 급속도로 산업이 발전하기 시작했다. 중국은 문화대혁명 이후 개혁개방을 통해 경제개발을 이루면서 급속도로 성장하고 있다. 인접국가로서 고대부터 밀접한 영향관계에 놓여있었고, 한문, 불교, 유교라는 문화적 공동요소를 가지고 있는 양국은 개화의 과정 또한 유사하다. 봉건왕조 말기 서구 제국주의 국가들의 위협과 폭력을 겪었고 세계 2차 대전 당시 일본군의 만행으로 민중들은 고통을 받았다. 제국주의 침략 이후 서구의 오리엔탈리즘을 내셔널리즘으로 방어하던 양국은 동아시아 내부의 동질성과

위화, 최용만 옮김, 『형제』 1·2·3, 휴머니스트, 2007. (본 논문은 번역본을 텍스트로 하고 지문 인용시 텍스트 제목의 첫음절인 '형, 권, 면수'만 적기로 한다.)

이질성을 갖게 되었고 서방국의 정치적·경제적 현실 억압 아래 상동성을 갖게 되었다.

사회주의 국가인 중국과 자유민주주의국가이지만 분단국가인 한국은 이데올로기 문제에도 민감하다. 이 안에서 발생한 국가폭력은 유사한 형태로 나타났으며 신체적, 정신적 외상을 가진 피해자들의 경험 역시 유사하다. 한국은 1970년대 이후, 중국은 1980년 개혁개방 이후 근대적 기술을 도입하여 급속도로 발전해나가면서, 이제 세계화의 물결 속에서 전통에 대한 재해석을 추구하고 있다. 괄목할만한 발전을 하고 있는 양국의 현실을 고려해 볼 때 한국과 중국의 근·현대 소설 텍스트를 비교·연구하는 것은 당연하면서도 필요한 일이다.[3]

특히 1960년대~1980년대라는 동시대 안에서 발생한 국가폭력이 어떤 장치를 작동시키며, 일련의 적절한 기술들을 통해 자본주의가 요구하는 새로운 생명권력을 창출하는지, 이러한 주권 권력이 어떤 규율적 통제를 만들어내는지 고찰해보는 것은

3 그동안의 비교 연구가 루쉰과 이광수, 루쉰과 채만식 정도로 그치고 있다는 점에서 이번 장은 하나의 의미를 갖는다.
최병우, 「루쉰과 이광수의 소설에 나타난 인습 비판 연구 : <고향>과 <소년의 비애>를 중심으로」, 『한중인문학연구』 15집, 한중인문학회, 2005.
김경연, 「이광수와 루쉰의 비교문학적 고찰 : 초기 평론 및 소설을 중심으로」, 『문창어문논집』 39집, 문창어문학회, 2002.
사노 마사토(佐野正人), 「이광수 소설에 나타난 시각성(視覺性)의 문제 : 근대문학의 시작과 '외부'적인 시선」, 『한국현대문학연구』 34집, 한국현대문학회, 2011 등이 있다.
소미, 「채만식과 루쉰 지식인 소설의 풍자성 비교 연구:단편 소설을 중심으로」, 『세계문학비교연구』 44집, 세계문학비교학회, 2013.
채만식과 루쉰 비교연구로는 석사학위논문 2편, 이광수와 루쉰 비교연구로는 석사학위논문 3편, 박사학위논문 2편 정도가 보인다.

하나의 의미 있는 작업이라 할 수 있다. 이런 점에서 1960년대~1980년대의 주권 권력 특유의 문제를 이야기하는 『한강』과 『형제』는 비교·분석해 볼 만한 가치를 지닌다.[4]

한국에서 '국가안보'라는 이름으로 자행된 연좌제, 빨갱이 메카시즘, 중국에서 '사회주의 건설'이라는 이름으로 자행된 '현반[5]타도'와 같은 논리는 국가폭력을 낳았다. 그러나 현실에서는 이로 인한 피해자는 존재하되 가해자는 존재하지 않고 있다. 이와 같은 현실 안에서 '국가폭력을 만든 보이지 않는 장치들은 무엇인지, 어떤 메커니즘에 의해 이런 장치들이 작동되며 민중들을 순종하는 신체로 만드는지 알아볼 수 있지 않을까'라는 필자의 호기심이 이 글의 출발점이라 할 수 있다. 특정 이데올로기 안에서 만들어진 국가폭력과 그 폭력성은 어떤 이들을 산 자도 죽은 자도 아닌 경계선상에 놓이게 만든다. 벌거벗은 생명인 이들은 순종하는 신체가 되어 근대 권력구조의 전체화로 이루어진 정치적 이중구속 안에서 잠재적 예외상태로 고착화된다. 예외상태에 놓인 이들이 어떤 방식으로 자신들에게 작동된 장

4 텍스트 선정기준은 다음과 같다. 1. 1960-1980년대를 배경으로 함 2. 국가폭력으로 인한 피해자를 인물로 그림 3. 국가폭력을 작동시키는 메커니즘에 의해 공간의 변화가 이루어진 텍스트
이러한 선정기준에 의해 『한강』과 『형제』를 본 연구의 기본 텍스트로 삼게 되었다.

5 문혁시기 투쟁 대상으로 규정되었던 주자파와 자산계습 반동학술 권위자들은 당과 국가의 핵심 영도자였으며 사회주의를 옹호하고 이미 노동자 계급의 일부가 되어버린 지식인들이었다. 마오쩌둥은 이들을 現行 反革命分子(현행 반혁명분자) 즉 現反(현반)으로 규정하고 탄압하기 시작했다.
전영의, 「위화의 『형제』에 나타난 광기와 공간의 주체성 연구」, 『한중인문학연구』 제45집, 한중인문학회, 374면.

치를 역이용하여 탈주체가 되는지, 장치에 의해 통제받고 조절당하는 공간을 주체적 공간으로 바꾸는지 알아보는 것은 상당히 흥미로운 일이다. 이를 통해 탈 주체가 위치한 공간의 특성을 '주체성'이라고 규명할 수도 있다.

그렇다면 이번 장에서는 조정래의 『한강』과 위화의 『형제』를 중심으로 '현대 한·중 정치의 국가폭력과 공간의 주체성'에 대해 알아보자.

■ 빨갱이와 현반 : 메카시즘에 희생된 호모 사케르

조정래의 『한강』은 1960년 이승만 전 대통령의 하야를 시작으로 하여 1980년 5·18 광주민주화운동이 막 일어나기까지 서울이라는 공간을 중심으로 한다. '유일민·유일표' 두 형제의 개인사적 고난을 통해 시대의 고난을 압축하고 형상화한 『한강』은 한국에서의 국가폭력이 반공이데올로기 강화와 국가안보, 경제개발, 근대화라는 이름으로 행해지고 있다는 것을 보여준다. 위화의 『형제』 역시 1966년부터 1976년까지 약 10년 동안 중국에서 진행된 문화대혁명 시기에 '위대한 사회주의 건설'이라는 이름으로 중국인들에게 행해진 국가폭력을 '이광두·송광'이라는 형제를 중심으로 보여준다. 근대화 과정에서 나타난 양국의 국가폭력은 민중들에게 심각한 충격을 안겨주고 트라우마가 생성된 원인이 되기도 하였지만 이로 인해 공간의 변화를 가지게 된 것도 사실이다. 서로 모순되는 시간 속에서 병존하며 살아가는 우리들에게 공간은 분명 중요한 의미를 갖는다. 인간의 사회적 행동이나 행위들로 인해 공간은 새로운 의미를 생성하기도 하고 인간을 통제하기도 한다. 사회적으로 해석할 수 있는 산물이면서 권력의 움직임, 권력관계의 조직적 의미를 나타낼 수 있다. 이런 점에서 역동적 생명체라 할 수 있는 양국의 공간은 국가폭력과 긴밀한 역학관계를 이룬다. 한국에서 '국가안보'라는 이름으로 자행된 연좌제, 빨갱이 메카시즘, 중국에서 '사회주의 건설'이라는 이름으로 자행된 '현반타도'와 같은 논리는 국가폭력을 낳았다. 4·19, 5·16[6]과 문화대혁명[7]이라는 역사적 기억 안에서 두 형제를 중심으로 민중들의 고통을 이야기하는 텍스트들은 이들이 겪은 국가폭력을 통해 '역사적 고통이 어떻게 만들어지는가, 그 고통은 왜 현재까지도 반복되고 지속되는가'에 관한 문제를 제기한다.

민주공화국에서 국가의 최고 절대권을 가진 주권자는 국민일 것이다. 그러나 아감벤은 주권자가 법질서의 내부와 외부, 동시에 존재할 수 있다고 보았다. 그는 법적으로 법질서에 대한 예외상태를 선포하고 언제든지, 어떤 형태로든 법의 효력을 정지

6 앞으로 4·19 혁명은 4·19로, 5·16 군사쿠테타는 5·16으로 사용하기로 한다.

7 문화대혁명은 (1966. 05-1976. 10)은 당지도부의 권력투쟁에서 밀려난 마오쩌둥 주자파·자산계급 반동학술 권위자들이라는 정적을 제거하고 권력을 재장악하기 위해 일으킨 사회주의 혁명이다. (이하 문혁이라 약칭), '마오쩌둥이 잃었던 권력을 탈취하려는 시도'라는 것이 대체적인 평가이며, 그 배경으로는 정치사상개혁, 마오쩌둥과 실무파 세력 간의 권력 투쟁, 중소관계의 악화, 미국의 베트남 전쟁 개입으로 인한 긴장 고조 등을 들 수 있다.
제임스 왕, 이문규 역, 『현대중국정치론』, 인간사랑, 1998, 42-44면 참조할 것.

시킬 수 있는 권한을 부여한 사람을 주권자라고 정의한다.[8] 그렇다면 역설적으로 주권자는 법적으로 법의 외부에 위치하는 자일 것이고 대다수의 민중은 법 안에 위치하면서 법의 조정을 받을 것이다. 그런데 법 안에 위치하는 것 같으면서도 실제로는 법의 울타리에서 제외되는 자들이 있다. 죽음에 노출된 생명, 살해할 수는 있지만 희생물로는 바칠 수 없는 생명, 바로 호모 사케르이다.[9]

호모 사케르라는 말은 고대 로마법 안에서 처음 언급된다. 사람들은 범죄자로 판정한 이들을 희생물로 바칠 수 없지만, 그를 죽이더라도 살인죄로 처벌받지 않는다. 로마 최초의 호민관 법에서도 "만약 누군가 평민의 의결을 통해 신성한 자로 공표된 자를 죽인다 해도 이는 살인이 되지 않는다."[10]라고 명기하고 있다. 이후 나쁘거나 불량한 자를 신성한 자라 부르는 풍습이 생겨나게 되었는데 여기에는 한 가지 우리가 주목해야 할 점이 있다. 신성화의 구조가 '살인죄에 대한 면책'과 '희생 제의로부터의 배제'라는 두 가지 특성으로 이루어졌다는 것이다. 호모 사케르는 희생물로 바쳐지는 것이 허용되지 않기에 신의 영역으로도, 인간의 법정으로도 속하지 못하고 내쫓기지만 사람들

---

8 아감벤, 박진우 옮김, 『호모 사케르』, 새물결, 2008, 55면 참조할 것.

9 'sacer'라는 라틴어는 '성스럽게 되다'라는 의미와 함께 '저주를 받다'라는 의미를 동시에 갖는다. 이와 함께 보호받을 수 없는 생명이라는 의미로 '벌거벗은 생명', '순종하는 신체'라는 용어를 호모 사케르와 동일한 의미로 사용하고 있다. 위의 책, 45면.

10 페스투스의 논집, 『말의 의미에 대해 - 성산(sacer mons)』, 위의 책, 155면 참조할 것.

에게는 이들을 살해할 수 있는 권한이 허락된다. 이들은 희생물로 바쳐질 수 없기에 사람들이 이들에게 폭력을 행한다 해도 신성모독이 아닐뿐더러 죽인다 해도 살인이 되지 않는다. 이런 점에서 절대적 살해 가능성에 노출된 이들은 역설적으로 '신성한 생명'이자 동시에 '어떤 폭력의 대상'이 될 수 있다.[11]

한·중 양국의 현대사를 살펴보면 분명히 한 나라의 국민인데도 불구하고 '자신들의 정당한 의사'를 표현하려 할 때는 법의 보호를 받지 못하는 호모 사케르들을 찾을 수 있다. 이승만 정권의 부정선거를 규탄하고 부정부패 척결을 외치며 일어난 4·19는 미완의 승리였다. 4월 혁명을 주도한 학생들이 학교로 복귀하자 자연스레 혁명의 거점은 해체되었다. '혁명에 정신적 불안이 뒤따른다는 것은 아무런 새로운 사실도 아니며, 혁명이 정신적 공백기를 남긴다는 것은 사실의 필연'이라고 말한 조가경의 말처럼 4·19 이후는 정식적 공백기의 상태였다고 할 수 있다.[12] 혁명의 구심점이 되어야 할 강력한 체제가 없는 상태에서 이 공백을 메운 자들은 바로 5·16 군사쿠테타 세력이었다. 이들은 정치적 혼란 속에서 민중들의 정신적 공백을 각종 경제시책과 반공이념으로 메워 국가의 주체성을 확립하고 경제력을 강화하려고 노력하였다. 반공과 근대화론을 강조하고 국민의 이념적 주체들을 효과적으로 결집시킨 이들의 전략은 결과적으

11 위의 책, 173-182면 참조할 것.

12 그는 서독 민주주의의 예를 통해 '경제력은 공산주의에 있는 사람들을 자력적으로 흡인할 만큼 민주주의를 지키는 중요한 힘'이라고 말하면서 공산주의를 적대적 타자로 대상화한다. 조가경, 「혁명주체의 정신적 혼미-주체성 확립의 목표는 적극적 자유와 경제부강」, 『사상계』, 1961. 04., 70면.

로 성공적이었다. 정치적으로는 민주주의, 경제적으로는 자본주의를 지향하는 한국은 1960년대와 1970년대에 급격한 산업화 과정을 거치면서 경제성장을 이루었다. 그러나 유신독재가 실시되면서 국가권력은 반공정신 강화와 국가안보 유지, 민주주의의 수호라는 명분으로 폭력적 모습을 띄게 되었다.

> 평범한 아침을 맞은 사람들은 조간신문을 펼쳐가면서 경악의 소용돌이에 휘말렸다가 분노의 용솟음에 떨었다. 어둠을 배경으로 해 길바닥 여기저기에 시체처럼 쓰러져 있는 대학생들의 모습을 담은 커다란 사진. 그 사진은 깡패들이 얼마나 무자비하고 난폭하게 대학생들을 습격했는지 한눈에 실감케 했다. 시체의 얼굴에 포탄이 박혔던 사진을 볼 때와는 또 다르게 깡패들까지 동원해 서울 시내 한복판에서 그런 일을 저질렀다는 사실에 사람들의 충격과 분노는 한층 더 크고 뜨거웠다. (한, 1, 245)

당시 이승만 정권은 학생들의 데모 현장을 진압하기 위해 깡패집단을 이용하거나 붉은 물이 담긴 물대포를 사용하였다. 이런 방법은 이미 일제 때 경찰들이 파란잉크나 빨간잉크를 등 뒤에 몰래 뿌리게 해서 시위자들을 검거하는데 사용하는 것이었다.(한, 1, 269) 데모대의 선두는 온통 붉은 물을 뒤집어썼으며 이 위력에 학생들은 넘어지고 비틀거리며 뒤로 밀렸다. 국가권력은 물대포, 공포탄, 최루탄 등을 이용해 데모대의 기세를 꺾고 사기를 떨어뜨려 사람들을 집단 공포증으로 몰아넣는 폭력을 사용하였다. 사실 국가폭력이란 첫째, '주권 국가가 자국민과 전쟁 상황에 있는 타국민을 상대로 벌인 집단 학살 혹은 폭력적이고 반인권적인 행사'[13] 둘째, '과거 독재 정권하에서 정권 연장을 위해 반독재 운동가와 국민들에게 가해졌던 각종 국가기구들의 폭력적 탄압이나 억압'[14] 등을 말한다. 4·19와 5·16 이후 시위 현장에서 나타난 이러한 폭력들은 후자에 속하는 것이었고, 국가는 연좌제나 국가보안법이라는 이름으로 사람들을 감시하고 옭아매며 반공이데올로기를 더욱 강화하였다.

1960-1970년대 한국에서 4·19와 5·16, 군사정권의 유신독재가 있었다면 중국에서는 문화대혁명이 발발했다. 문혁은 당 지도부의 권력투쟁에서 밀려난 마오쩌둥이 주자파·자산계급 반동 학술 권위자들이라는 정적을 제거하고 권력을 재장악하기 위해 일으킨 사회주의 혁명이다. 대중들이 노선투쟁에 개입하도록 선동하고 유도함으로써 그는 정적들을 손쉽게 제거하고 권력을 재장악할 수 있었지만 결과적으로 중국은 득보다 실이 더 많아지게 되었다. 사실 문혁은 사회주의에 대한 서로 다른 시각으로 인해 당내에서 발생한 온건파와 급진파의 대결이자[15] 마오쩌둥의 아이들이라 할 수 있는 홍위병들과 인민들의 광기 어린 집단

13 김동춘, 「5·18, 6월 항쟁 그리고 정치적 민주화」, 『5·18 민중항쟁사』, 5·18 사료편찬위원회, 2001, 433면.

14 조희연, 「근대 민주주의 제도정치와 운동정치」, 『시민과 세계』 22집, 참여연대, 2013, 172면.

15 문혁은 '소유제의 사회주의적 개조가 완료되었기 때문에 계급이 소멸하였고 이제는 생산력을 발전시키는 것'을 과제라고 본 온건파와 '새로운 사회주의적 생산관계를 발전시키고, 혁명을 정치권력과 소유제 영역에서 다른 영역으로 확대하는 것'을 과제라고 본 급진파의 대결이었다.
백승욱, 『문화대혁명, 중국 현대사의 트라우마』, 살림, 2007, 22면.

무의식이 표출된 시기이기도 했다. 1949년 정권 수립 후 국민당, 지주, 구(舊)정권의 자본주의적 성향과 관계가 있던 자들의 자녀들은 정치·사회적 진출을 제재당했고 이들의 욕구불만과 분노는 정점을 치닫기 시작했다. 공산당의 감시 아래 혁명적 희생과 금욕, 국가에 대한 절대적 복종을 강요받으며 살게 된 학생들은 신중국의 발전이 오히려 달갑지 않았다. 잠시 권력의 중심에서 밀려났던 마오쩌둥은 자신의 재집권을 위해 현실에 억압당하던 젊은이들의 분노를 촉발시켰다.[16] 이렇게 결성된 홍위병들에게 신중국의 관료와 지식인들은 타도의 대상이 되었다. 이 과정에서 국가기관과 홍위병(조반파)[17]들을 통해 드러난 국가폭력은 각 공간에 내재된 욕망과 여러 가지 상이한 사건의 흐름이 서로의 목적에 의해 착종되면서 분출된 매우 복잡한 사건이라 할 수 있다.[18]

마오쩌둥에게는 권력재탈환이라는 실제적 목적이 있었고, 조반파와 이들의 논리에 휩쓸린 인민들은 '부르주아 지식인들[19]에

16 김정계 지음, 『중국의 권력 투쟁사』, 평민사, 2002, 166면 참조할 것.

17 홍위병은 상이한 계급적 배경을 가진 학생 조직으로 혁명에 대한 열정, 사회적·정치적 지위 상승 도모, 당조직 보호 등 다양한 목적을 가지고 문혁에 참가한 이들이다. 마오쩌둥은 이들을 이용해 혁명을 성공시켰지만 계급과 목적이 달랐던 이들의 갈등은 문혁 파벌대립을 촉발한 주요한 요인이 된다. 위의 책, 42면.

18 위의 책, 20면 참조할 것.

19 문혁시기 부르주아 지식인들이란 주자파와 자산계급 반동학술권위자들을 말한다. 주자파로 지목된 사람들은 원래 당과 국가의 핵심 영도자들이었으며, 자산계급 반동학술권위자들 역시 사회주의를 옹호하고 이미 노동자 계급의 일부가 되어버린 지식인들이었다. 마오쩌둥은 이들을 現行 反革命分子(현행 반혁명분자) 즉 現反(현반)으로 규정하고 탄압하기 시작했다.

의해 뒤집힌 역사를 인민들의 역사로 되돌려 사회적 평등을 이루려는' 목적을 가지고 있었다. 그런데 문혁시기 이러한 목적을 달성하려는 과정 안에서 중국 사회의 규칙, 문학과 문화, 예술 등 모든 가치들이 무너졌다. 마오쩌둥은 '뒤집힌 역사를 다시 돌려 세운다'를 문혁의 목표로 삼고 비천한 자를 멸시하는 악습과 미신을 타파하여 인민들의 무너진 자신감과 자존감을 높이려는 노력을 하였다. 피지배층으로 억압받던 인민들에게 문혁의 목표는 상당히 합리적이었고 공명을 불러일으켰지만, 실제로 문혁을 시행하는 동안에는 비인륜적인 행위들이 나타나기 시작했다. '고귀한 자가 가장 우매하고 비천한 자가 가장 총명하다'는 극단적인 명제가 당위성을 인정받으면서 중국인들은 자신들 스스로 '가진 자'와 '못가진 자', '많이 배운 자'와 '못 배운 자', '지위가 높은 자'와 '낮은 자', '학자·지식인 집단'과 '비학자·지식인 집단', '늙은이'와 '젊은이' 등 이분법으로 나누었다. 후자에 속한다고 생각한 인민들은 반동 부르주아 계급 격파, 인민평등 등을 실현하기 위해 전자들을 무차별적으로 폭행하기 시작했다. 특히 어린 홍위병들은 구사상·구풍속·구문화·구습관을 타파한다는 명분으로 자신들의 스승과 부모·친지·이웃어른들에게 비인륜적 폭력을 행사하였다.[20]

첸뤼췬, 「중국 변경 지역 기층 지식인의 문화대혁명에 대한 회상」, 한림대학교 아시아문화연구소 엮음, 『중국문화대혁명 시기 학문과 예술』, 태학사, 2007, 39면.

20 전영의, 앞의 논문, 「위화의 『형제』에 나타난 광기와 공간의 주체성 연구」, 373면.

모자를 쓴 사람들, 나무널빤지를 목에 건 사람들 (중략) 다들 이야기하는 계급의 적들이라는 사실을 알고 있었다. 사람들은 그 사람들의 얼굴을 후려치기도 했고, 그들의 배를 걷어차기도 했으며, 그들의 목에 대고 코를 풀기도 했고, 심지어 그들을 향해 똥물을 끼얹거나 몸에다 오줌을 싸기도 했다. 그들은 그런 수모를 당하면서도 감히 말을 하지 못했고 (중략) 자기 욕을 마치면 부모를 욕하도록 시켰고……. (형, 1, 113)

학교 교사였던 송범평은 아버지가 지주였기 때문에 본인도 지주라는 명목으로 인민재판을 받았다. 비판투쟁대회의 단상에 올라 붉은 완장을 찬 사람들 곁에서 나무널빤지를 목에 건 채 매일 자아비판을 하였다. 문혁이 시작되던 날 제일 큰 홍기를 들고 사람들을 이끌며 모주석의 이름으로 구호를 외치던 송범평은 이제 없었다. 그의 얼굴에는 피가 흥건했고, 머리칼마저 피에 젖었다. 그는 땅에 누운 채 얼마나 많은 어른과 아이들의 발에 짓밟혔는지 몰랐다.(형, 1, 151) 송범평을 구타하고 학대한 이들은 경찰이나 검찰, 공안의 신분을 가진 자들이 아니었다. 붉은 완장을 찬 홍위병들은 일반인, 학생들, 어린아이들에게까지도 현반에게 폭력과 구타를 가할 것을 명령하였다.

국가폭력은 집단범죄임에도 합법적이라고 받아들여지는데 이는 세 가지 정치적 메커니즘에서 기인하고 있다. 첫째, 헌법 준수와 국가기강확립이라는 명목으로 자행되는 국가폭력은 학살·살상·고문 집행자들의 도덕적 감각을 변형시켜 집행자들이 아무런 죄책감 없이 범죄를 저지를 수 있도록 만든다. 이른바 '도살허가증'을 통해 국가폭력을 정당화시키는 정치적 과정이다. 둘째, 학살·살상·고문 실행에 관한 모든 행동과 절차를 반복하고 일상화시킴으로써 국가폭력이 행해지는 자체를 '기계화된 과정'으로 만든다. 셋째, 앞의 두 가지 메커니즘을 바탕으로 국가폭력이 행해지면 집행자들은 살상·고문하는 대상이 인간이라는 사실을 잊게 된다. 즉 대상의 비인간화이다.[21] 이러한 국가폭력의 메커니즘은 평범한 사람들을 가해자로 만들고 범죄를 정당화시킨다. 이와 같은 논리에 의해 국가폭력의 피해자는 있으나 가해자는 존재하지 않게 되는 것이다.[22] 4·19 이후 유신독재정권 기간이건, 문혁기간이건 1960년-1970년대 한·중 양국에서 나타난 국가폭력은 그 원인과 발생 장소가 달랐다. 그러나 근대화 과정에서 반공 혹은 강력한 사회주의적 공산주의 국가건설이라는 대립적인 양 이데올로기로 인해 국가폭력이 국민들에게 행해졌다는 점은 동일하다.

이러한 양국의 국가폭력 안에서 한 가지 발견할 수 있는 점이 있다. 영토국가에서 인구국가로 전환되면서 국민의 생물학적 생명 문제가 주권특유의 권력문제, 인간에 대한 통치의 문제로 전환된 것이다.[23] 극도의 정교한 정치기술을 통해 인간을 동물화하고, 국가는 생명을 보호할 가능성과 그것의 대량 몰살을 그대로 승인할 가능성을 보인다. 근대에 이르러 자연생명이 국가력 메커니즘 장치에 조정당하고 통합되기 시작하면서 생명자

21 이삼성, 『20세기의 문명과 야만』, 한길사 1998, 19-70면 참조할 것.

22 전영의, 「조정래 『한강』에 나타난 기억의 의미변주와 공간의 상관성 연구」, 『한어문교육』 32집, 한국언어문학교육학회, 2015, 290면.

23 아감벤, 앞의 책, 『호모 사케르』, 37면 참조할 것.

체가 정치에 의해 문제시되었다. 이는 정치가 생명정치로 변화하는 과정이라는 점에서 근대정치를 생명정치라 할 수 있다.[24] 이런 정치 안에서 통치받는 사람들, 데모대 현장에서 구타당하던 학생들과 시민들, 연좌제에 묶인 사람들, 빨갱이나 현반으로 지목받은 사람들이 '살해는 가능하되 희생물로 바칠 수 없는 생명' 바로 호모 사케르이다.

■ 근대 생명정치의 폭력: 포함된 배제의 공간 노모스

근대에 이르러 인간의 생명이 국가권력의 메커니즘 장치 아래 계산되고 통제되기 시작하면서 이제 정치는 생명정치로 변화하고 있다. 앞서 언급했듯 생명정치란 새로운 생명권력의 규율적 통제를 통해 인간을 통치하는 정치, 이로 인해 인간의 생물학적 생명과 건강이 주권 권력의 특유의 문제로 전환되는 정치를 말한다. 벌거벗은 생명인 호모 사케르들에 대한 통치를 통해 이들 자체를 정치화시키는 것은 근대가 가지는 결정적 특징이자 정치철학, 인문학에 대한 근본적 사유들을 변형시키는 과정이다. 이른바 '근대성이라 불리는 근대의 이데올로기들을 은밀하게 지배하는 권력의 주체는 누구인가' 고찰하는 것을 통해 생명정치라는 이중적 가면[25]을 벗겨낼 수 있다. '근대화'의 이름

24 푸코, 이규현 역, 『성의 역사 1-앎의 의지』, 나남, 1990, 188면 참조할 것.

25 표면적으로 생명정치는 인간의 생명을 존중하고 인권을 보호하는 정치처럼 느껴지지만 사실 생명정치가 근대이데올로기 아래 인간의 생명을 통치하고

으로 행해진 생명정치는 내부에 들어있는 생명과 외부에 있는 생명을 끊임없이 구분하고 분리시키면서 경계를 명확하게 구분짓고 재정의한다. 이런 점에서 생명정치와 공간은 밀접한 관계성을 가지며 생명정치가 근대공간의 변화를 불러일으키는 요인 중 하나가 되었다고도 볼 수 있다.

전(前)근대사회에서부터 근대사회에 이르기까지 공간은 인간사회를 이해하기 위한 중요개념 중 하나이자 인간 사고의 중요한 범주로 자리 잡았다. 서로 모순되는 시간 속에서 병존하며 살아가는 우리에게 공간은 그만큼 중요한 의미를 갖는다. 혼란한 세계 속에서 우리들은 여러 첨단 기기를 통해 하나의 연결망을 만든다. 한 공간 안에 있으면서도 서로 다른 공간에 위치한 이들과 정보 네트워크를 형성한다는 점을 볼 때 우리가 위치하는 공간은 동시적이고 병렬적이면서도 분열적인 공간이라 할 수 있다.

공간은 즉자적으로 존재하거나 고정된 대상이 아니다. 오히려 인간의 사회적 행동들에 의해 새로운 의미를 생성하거나 인간을 통제하기도 하는 역동적인 생명체이다. 인간의 행위에 의해 사회적으로 해석 할 수 있는 산물이면서 권력의 움직임과 권력관계의 조직적 의미를 나타낸다. 문화·언어·지식·이념·젠더의 문제 등을 둘러싼 공간은 정치적이고 전략적이라는 점에서 이데올로기의 산물이자 생명정치가 행해지는 곳이다.[26]

인간을 벌거벗은 생명, 순종하는 신체로 만드는 하나의 권력체제장치라는 점에서 필자는 생명정치가 언어적 이중성을 가지고 있다고 본다.

26 전영의, 앞의 논문, 「조정래 『한강』에 나타난 기억의 의미변주와 공간의

생명정치의 핵심은 생명정치적 신체를 생산하고 통제, 통치함으로써 주권권력을 이어나가는 것이다. 근대국가에서는 벌거벗은 생명을 국민으로 포함시키면서도 배제한다. 이는 '포함인 배제'exclusione inclusive 즉 예외화ex-ceptio이다.[27] 근대국가들은 순종하는 신체, 호모 사케르를 배제하는 동시에 포함(혹은 포함하는 동시에 배제)함으로써 예외화시키고 국가권력을 강화하였다. 살해는 가능하되 희생물로 바쳐질 수 없는 이들의 예외화 상태를 고착화하는 과정 안에서 국가폭력이 발생하였으며 이는 생명정치를 이루는 하나의 방법이 되었다.

1960년대 이후 한국과 중국에서는 주권권력의 메커니즘이 '생명정치'로서 작동한다. 문혁이 일어나는 동안 만들어진 공포와 광기의 공간에서는 국가폭력에서 벗어나고자 하는 민중들의 노력도, 어떠한 기표도 나타날 수 없었다. '권력은 사회현상 속에서 편재된 권력관계 안에서 설명될 수 있다'[28]는 푸코의 말처럼 문혁시대에 나타난 국가폭력은 광기를 둘러싸고 이루어지는 권력의 총체적 전략이며 생명정치로서 효과를 보였다.[29] 송범평이 지주로 낙인찍혀 창고에 갇히고 자아비판을 하며 폭행을 당하는 동안, 손위의 부친은 붉은 완장을 차고 그를 감시했었다. 한 동네에 사는 송범평이 훌륭한 교사이자 좋은 아버지로서 류진 마을을 대표하는 엘리트라는 것을 알고 있었지만 그는 송범

상관성 연구」, 290-291면 참조할 것.

27 아감벤, 앞의 책, 『호모 사케르』, 40면.

28 푸코, 김부용 옮김, 『광기의 역사』, 인간사랑, 1991, 4면 참조할 것.

29 위의 책, 4-5면 참조할 것.

평이 지주로 몰려 나무 널빤지를 목에 걸 때에도 아무런 말을 할 수 없었다. 그를 옹호한다는 것은 자신도 그와 똑같은 현반이라는 것을 증명하기 때문이었다. 그러나 송범평의 사망 후 그는 부친(손위의 증조부)이 쌀가게를 운영한 자본가라는 이유로 현반으로 몰린다. 자신이 감시했던 송범평보다 더 높은 종이 모자를 쓰고, 더 넓은 나무 널빤지를 목에 걸고 매일 자아비판을 하게 된다. 장발의 손위는 자본가의 아들이라는 이유로 바리깡에 머리를 강제로 깎이다가 머리와 목 사이의 대동맥이 잘리면서 죽고, 아들의 죽음으로 미쳐버린 손위의 모친은 나신으로 거리를 헤맨다. 가족들의 고통을 눈앞에서 보면서도 어찌 할 수 없었던 손위의 부친은 현반이라는 이름으로 송범평이 갇혔던 창고감옥에 갇힌다. 아들을 죽인 완장들에게 덤벼들어도 돌아오는 것은 폭행뿐이었고 본인은 지주가 아니라고 해도 이들은 고문을 통해 침묵을 강요할 뿐이었다. 완장들이 '불붙은 담배꽁초에 앉으라'고 명령해도 거절할 수 없었고 항문이 타들어가도 반항할 수 없었다.

> 매일 피고름이 줄줄 흘러내리며 악취를 풍겼다. 매번 똥을 쌀 때도 살고 싶지 않을 만큼 고통스러워 종이로 닦을 엄두도 내지 못했다. 그리하여 항문근처는 불에 타서 눌어붙은 곳에 똥 덩어리가 계속 남아있었고, 급기야 항문이 썩기 시작했다. 서있어도 고통스럽고, 누워 있어도 고통스럽고, 움직여도 고통스럽고, 움직이지 않아도 고통스러웠다. 그는 죽느니만 못한 삶을 유지하면서도 계속 새로운 고문을 당해야 했고, 깊은 밤에 이르러서야 겨우 아주 짧은 평안을 얻을 수 있었다. (형, 1, 276-277)

밤낮으로 이어지는 고문을 견디기는 힘들었으나 더 견디기 힘든 것은 아내의 나신에 대해 쑥덕거리는 사람들의 시선이었다. 유방이 크다느니, 너무 쳐져서 아쉽다느니, 음모가 무성하다느니, 그런데 너무 더럽다느니, 그 위에 볏짚을 붙이고 다닌다느니…….(형, 1, 278) 라는 말들은 육체뿐 아니라 생각마저 고통스럽게 만들었다. 대못을 머리에 박아 넣고 죽음을 택한 손위부친의 행동은 '말하지 말고 가만히 있으라.'는 명령에 의한 것이었다. 류진 사람들은 송범평과 손위부친의 죽음을 보면서, 국가폭력에 의해 죽어가는 수많은 이들을 보면서 그것의 잔인함과 공포감에도 아무런 말을 할 수 없었다. 이들이 바로 생명정치가 갖는 광기와 폭력에 의해 침묵을 강요받는 순종하는 신체, 호모 사케르였다.

생명정치를 조정하는 자는 주권자이다. 이들은 법의 바깥에서 법을 제정하거나 효력을 정지시킬 수 있는 권한을 가지고 있으며 법적으로 그 권리를 보호받는다. 법이 필요하지 않는 이들은 정상적인 것과 혼돈, 법질서의 효력을 가능케 하는 경계상태에 위치하면서 '노모스'[30]라는 근대적 공간을 만든다. 예외적 경계상태를 통해 특정한 법질서가 따르는 공간, 모든 법적 공간의 원칙에 따라 만들어진 이 공간은 예외적 공간이다. 주권자는 노모스 안에서 정치적, 법적 구조, 법질서 안에 포함된 것과 배제

30 '노모스'라는 용어는 칼 슈미트가 처음 언급한 말이다. 공간질서의 확정, 법질서 사이의 연결 관계에 따라 훨씬 더 복잡하며 근본적인 모호함을 가지고 있는 곳을 말한다.
슈미트, 최재훈 옮김, 『대지의 노모스』, 민음사, 1995, 196-214면 참조할 것.

된 것을 가른다. 법에서 벗어난 공간이 아닌, '법의 정지'라는 형태로 이루어진 이 공간은 법, 법률, 규칙 안에서 합법적 의미를 지닌다. 군법이나 계엄령이라는 각종 법률에 따라 만들어진 '강제수용소, 격리실, 고문실' 등은 절대적인 예외 공간으로 단순한 징역 공간인 '감옥'과는 위상학적으로 다르다. 공간질서와 법질서 사이의 연결 관계마저 붕괴된다는 점에서 이 공간은 대표적인 노모스라고 할 수 있다. 법의 바깥에서 생명의 가치 혹은 무가치를 결정하는 주권자는 살인죄에 대한 처벌유무 또한 결정할 수 있다. 생명이 지니는 정치적 가치를 결정하거나 제거해버리는 지점을 결정하는 이 권한은 생명정치시대에 가질 수 있는 하나의 권력을 의미한다. 근대는 법안에 포함되지만 배제된 공간인 노모스 안에서 생명정치가 이루어지고 있는 것이다.

월북한 아버지로 인해 항상 감시당하고 수시로 끌려가 조사·고문 등을 당하는 일민·일표 형제는 예외상태에 위치한 순종하는 신체이다. 연좌제가 '격리의 원칙이 적용되는 개별화된 형벌'[31]이자 '보이지 않는 격리공간'이라 할 때 이들은 연좌제라는 이름으로 사회에 격리되었다. 사회구성원임에도 불구하고 다른 이들과 연대적·동질적 유대감을 형성하지 못했다. 국가가 일민·일표 형제의 사적 자율성을 인정하면서도 공적 자율성은 무시하고 반공체제를 유지하기 위한 하나의 도구로 이들을 타자화했다는 점에서 이들은 '포함된 배제' 상태의 호모 사케르였다.

31 푸코, 오생근 역, 『감시와 처벌』, 나남출판, 1994, 341면 참조할 것.

「이 새끼, 똑바로 서! 빨리 벗겨!」

유일민은 윽! 신음을 토하며 주저앉으려 했고, 두 남자가 그의 겨드랑이를 받쳐 올리며 단추를 따기 시작했다. (중략) 두 남자는 순식간에 유일민의 옷을 다 벗기고 팬티만 남겨놓았다. (중략) 「제발 이것만은……」 (중략) 한 남자가 여지없이 유일민의 복부를 갈겼고, 비명을 토하며 그의 몸이 푹 꺾이는 사이에 다른 남자가 팬티를 벗겨버렸다. (중략) 「이 새끼야, 이것도 좆이라고 달고 다니냐.」 어둠 속의 사내는 유일민의 오그라붙은 부자지를 구두 끝으로 걷어 올리고 있었다. (한, 7, 22-25)

'넌 빨갱이야'[32]라고 외치는 취조실 어둠 속의 목소리는 비수가 되어 심장을 찌르고, 몽둥이 구타와 발길질은 그를 순종하는 신체로 만들었다. 조사실 안에서 죽임을 당해도 그의 죽음은 소리 없이 묻힐 수 있는 것이었다. 구두 끝으로 일민의 부자지를 걷어 올리는 조사관의 행위는 그의 인격과 정신 자체를 모독하고 무너뜨리는 것이었으며 밀실 안에서 행해진 은폐된 폭력들은 그를 벌거벗은 생명으로 만들었다. 그런데 호모 사케르라는 신분이 처음부터 확정된 것은 아니다. 주권자의 위치에 있다하더라도 경우에 따라 언제든지, 얼마든지 호모 사케르가 될 수도 있고 다시 경계 안에 위치하거나 주권자의 위치에 오를 수도 있다.

대일굴욕외교 반대투쟁에 앞장 선 국회의원 한인곤은 어느

32 「이 새끼, 무슨 말이긴. 왜 간첩이 접선해 왔는데도 신고를 안 해, 그런 일이 있으면 반드시 신고하게 돼 있잖아. 그걸 어기고 간첩을 도왔으니 넌 빨갱이야!」 (한, 7, 24)

날 갑자기 낯선 곳으로 끌려온다. 지방선거승리를 위해 불법적 행위들을 마다않는 집권당들에게 그는 정치적으로 제거해야 할 대상이었다. 뇌물수수혐의로 조사실에 끌려온 그는 현역 국회의원임에도 불구하고 고문을 당한다.

「날 죽여라. 난 절대 그런 일 없으니까」 팬티바람에 등 뒤로 쇠고랑을 차고 나무의자에 앉은 남자는 낮으나 분명하게 대꾸했다. 밝은 불빛에 뒷모습만 드러나고 있는 그 남자의 몸뚱이는 사람의 몸뚱이가 아니었다. (중략) 시간이 지날수록 머리가 물에 잠긴 남자의 발버둥은 심해지고 있었다. (중략) 다음날 한인곤은 그들이 시키는 대로 옷을 챙겨 입었다. 옷을 한가지 씩 입으며 한인곤은 자꾸 눈물이 나려는 목메임을 느끼고 있었다. 이곳에 끌려와 옷이 벗겨진 이후로 처음 입는 옷이었다. 옷의 기능이 단순히 추위를 막는 것이 아니고, 멋을 부리기 위한 것은 더구나 아닌 것을 그는 이번에 절실하게 깨달았다. 옷으로 수치를 가리고 위신을 보호한다는 것은 옷의 기능 중에서 가장 큰 것이 아닐 까 싶었다. 옷을 벗겨버리는 것, 그것은 또 하나의 잔혹한 고문이었다. (한, 7, 219-223)

입법부의 일원인 한의원은 면책특권이 있는 자로 주권자의 위치에 있는 자라 할 수 있다. 그러나 집권당의 정치적 탄압대상이 된 후로는 주권자가 아닌 예외상태에 위치하는 자가 되고 만다. 하얀 벽과 밝은 전짓불로만 이루어진 조사실은 원래 위협적이거나 공포스러운 공간이 아니다. 사실 진위 여부를 가리기 위해 조사하는 곳으로 물리적 폭력이 행해져서는 안 되는 공간이지만 물고문, 전기고문, 구타, 욕설이 한의원에게 행해지면서 이 공간은 노모스가 된다. 물리적·심리적 폭력을 당하는 한위원은 이제 주권자가 아닌 순종하는 신체, 사케르가 된 것이다. 고문이 심해질수록 당당함을 잃게 된 한의원은 노모스 안에서 두려움과 치욕스러움을 동시에 느낀다. 그에게 수치스러움을 던져 준 이 공간은 은폐된 국가폭력이 행해진 공간이자 1960-1970년대 부당한 정치권력을 상징하는 공간이 되었다. 한인권, 유일민과 같은 이들은 이제 생명을 보호받을 수 있는 법의 테두리 안이 아닌, 외부와 내부의 구분이 불가능한 비식별적 공간에 노출되었다. 주권자가 법적인 울타리 안에서 법과 폭력이 구별되지 않게 하는 힘을 가지고 이들을 결합하는 만큼, 주권자에 의해 만들어진 노모스는 폭력과 법 사이의 비식별적 지점이자 폭력과 법의 경계를 가진 공간이 된다. 노모스로 추방된 이들은 폭력에 노출되면서도 법의 보호를 받지 못하고 생명정치의 통제안에서 죽어도 죽지 않은, 혹은 죽지 않아도 죽은 존재가 될 수 있다. 이런 점에서 노모스는 법보다 더 근원적이고 강력한 생명정치를 행하는 곳이라 할 수 있다.

■ 호모 사케르의 비상: 종속된 공간에서 탈주체적 공간으로

근대는 생명정치를 작동시키기 위한 중요한 이유로 벌거벗은 생명들의 존재이유를 든다. 사람들에게 끊임없이 '벌거벗은 생명들과 자신들이 경계로 구분되어 있다'는 것을 각인시켜줌으로써 사람들을 순종적 주체로 만든다. 고대에는 유인원, 노예, 야만인, 이방인, 포로 등을 인간의 바깥 범주에 놓음으로써 고대인 스스로 자신들이 '인간'임을 인정받고자 했다면 근대의 주권자는 이미 인간인 자들을 인간이 아닌 것처럼 배제한다. 인간들은 스스로 그 경계에서 벗어나지 않고 경계 바깥에 존재하는 자들이 들어오지 못하도록 그 경계를 공고히 한다. 이로써 인간들 스스로 자신이 인간임을 인정받고자 하는 것이다.[33] '포함적 배제, 배제적 포함'이라는 보이지 않는 장치 안에서 인간은 스스로 주체라고 생각하지만 전에 자유로웠던 신체는 장치에 순종하고 점차 예속된다. 이 과정 안에서 주체로서 정체성을 받아들이고 장치 안에서 자유를 느끼게 된다. 이런 점에서 장치는 자유로운 신체를 '예속된 주체'로 바꾸어버리는 하나의 통치기계라 할 수 있다. 포함적 배제, 배제적 포함이라는 장치들은 주권자가 가지고 있던 감시의 시선이 예속된 신체를 가진 주체들의 시선으로 내화되도록 만든다. 경계 내에 포함된 인간들은 서로간에 수평적 시선을 갖지만 경계 바깥으로 내쳐진 자들에게는 그렇지 않다. 그런데 이들은 계층적으로도 수직적 위치를 가진다는 점에서 경계 내의 주체들은 수평적·수직적 어긋남이라는 이중적 시선을 갖는다.

입학을 하자마자 그들은 엉뚱한 놀림감이 되기 시작했다. 서울아이들은 경상도 출신을 보리 문둥이, 전라도 출신을 하와이, 충청도 출신을 핫바지라고 놀려댔다. 그건 각 지방 사람들이 서울로 몰려들기 시작하면서 생겨난 말이 그대로 학생들한

33 아감벤 지음, 양창렬 옮김, 『장치란 무엇인가』, 난장, 2010, 36-37면 참조할 것.

> 테까지 옮겨진 거였다. 그런데 그 별칭에 지방사람들을 업신여기고 적대시하는 서울사람들의 감정이 들어 있다는 것이 문제였다. (중략) 「그으래에에. 하와이였어어?」 미리 알았다면 방을 세놓지 않았을 거라는 듯 주인여자는 고개를 틀어돌렸고, 「학생이 하와이야?」 콩나물을 팔기 싫다는 듯 구멍가게 아주머니는 봉지에 콩나물 담던 손을 멈추었고, 우물에 물을 길러 가면 여자들이 흰 눈을 뜨며 수군거리기도 했다. (한, 1, 101)

1960-1970년대 자유화 운동의 과정 안에서 보였던 포함적 배제의 장치들은 이제 일반 시민들의 시선 안에 내화되어 작동하기 시작했다. 경계 안에서 주체로서 인정받은 이들은 호모 사케르로 낙인찍힌 이들을 이중적 시선으로 배제하였다. 경제사회의 가장 밑바닥인 사람들뿐만 아니라 특정지역출신, 집안에 월북자나 독립유공자가 있는 사람들이 자신들의 경계 내로 들어오는 것을 극도로 꺼려했다. 만약 이들을 받아들이면 보이지 않는 장치에 의해 자신들도 이윤추구에 불이익을 받고 호모 사케르로 낙인찍혀 추방당할지도 모른다는 학습된 두려움이 잠재되어 있었던 것이다. 이런 내재화된 시선들은 사회의 불균형과 불평등을 묵인하도록 만들었다. 이런 점을 볼 때 주체는 더 이상 코기토가 아닌 장치에 의해 만들어져 어떤 기능만을 구현하는 '~로서'의 주체, 종속된 주체이다.[34] 장치에 의한 주체들의

34 아감벤은 이것을 탈주체화라 부르지만(위의 책, 43면) 필자는 이것을 종속된 주체라 부를 것이다. 주체이면서고 종속되었다는 역설적 상황은 이들을 비(非)주체로 만든다. 그렇다면 종속된 주체에서 벗어나는 것이 탈주체이기에 본 글에서는 탈주체를 '외부세계에서 분리된 내적이고도 독특한 자아 정체성을 지닌 합리적이고 안정적인 개인'으로 정의하고자 한다.

종속화는 근대사회의 모든 주체화 과정 안에 내재되고 사회의 미시적 장치들에 의해 끊임없이 재주체화 된다. 아내를 퇴원시키기 위해 병원으로 가려던 송범평은 현반 수용소에서 마음대로 나왔다는 이유로 버스 정류장 앞에서 붉은 완장을 찬 이들에게 발로 채이고 구타를 당한다.

> 여섯명의 붉은 완장들은 방금 깨어난 송범평을 둘러싼 채 두들겨 팼고, 피범벅이 된 송범평을 대합실에 바깥 계단까지 끌고 다녔다. 목숨을 건 송범평의 저항은 계속됐지만 (중략) 끝이 뾰족한 몽둥이 하나가 송범평의 복부에 꽂혔고, 순간 송범평의 몸이 경련을 일으키기 시작하자 그 붉은 완장은 몽둥이를 뽑아냈고, 송범평의 몸은 즉시 축 늘어졌다. 배에서는 피가 솟구쳐 나와 땅 위의 흙을 붉게 물들였지만 송범평은 꿈쩍도 하지 않았다. (형, 1, 200)

송범평은 죽어가는 순간까지도 "나…… 아직…… 안 탔어요……,"라고 힘겹게 말을 내뱉으며 반항하지 않고 용서를 구했다. 피를 쏟아내는 배를 막으면서도 계속 그만 때리라고 눈물을 흘리며 애걸했다. 자신이 도망치려는 것이 아님을 증명하려 해도 붉은 완장들은 날카롭게 부러진 몽둥이로 그의 몸을 수십 번 쑤셨다. 이미 숨이 끊어진 그의 육체를 발로 차고 몽둥이로 두들겨 패고 밟아 짓이겼지만 말리는 사람은 아무도 없었다. 이들은 시신을 옆에 두고도 식당에서 아침을 배불리 먹으며 개선장군 같은 자부심을 느꼈다. 이것은 사케르를 죽였기에 그 죽음에 대한 면죄부, 살해행위에 대한 사면을 받을 수 있다는 확신에서 나온 자부심이었다. 아버지의 죽음을 목격한 아들들에게 문혁의 종말과 개혁개방시기의 시대 변화는 새로운 기회가 되었다. 이들은 각자 자신들만의 방법으로 순종하는 신체에서 벗어나 스스로와 관계를 맺으며 새로운 생명으로 살아가고자 했다. 종속된 주체가 아닌 새로운 주체로서 권력관계를 통제하고 조절하는 것은 푸코가 말한 자기배려[35] 즉 자기로부터 벗어나는 과정, 탈주체화의 과정이라 할 수 있다.

고대 그리스·로마인들이 타인에 대한 존중과 배려, 스스로에 대한 품격과 자유의지 실천을 통해 자기배려를 실현했다는 점을 고려했을 때 고대의 방법 안에서 오늘날 자기배려의 방법을 모색할 수 있다. 송강은 고대인들처럼 자기희생과 타인에 대한 배려를 선택했지만[36] 이복형제인 이광두와는 다르게 자본주의 경제체제 내로 들어올 수 없었다. 가족이라는 공간 안에서 이광

---

35 자기배려는 푸코가 콜레주 드 프랑스에서의 강의 도중 처음 언급한 용어이다. 이후 『성의 역사 3-자기배려』, 『주체의 해석학』 등에서 고대의 올바른 행동의 주체가 근대서구에서 진실된 인식의 주체로 대체되었다고 이야기 한다. 주체적 행동의 첫걸음은 자기배려에서부터 시작된다고 말하면서 그리스·로마시대의 '자기배려'에 대해 고민한다. 그의 죽음으로 인해 연구가 중단되어 근대시대의 '자기배려'가 무엇인지 밝혀지지 않았다.
푸코, 심세광 옮김, 『주체의 해석학』, 동문선, 2007.
____, 이혜숙·이영목 옮김, 『성의 역사3-자기배려』, 나남출판, 1990.

36 처음에 아내(임홍)을 좋아하면서도 이광두에게 양보했다. 돈과 양식표도 아내와 이광두에게 양보하고 사기꾼 주유의 거짓말을 알면서도 돈을 벌어 아내에게 갖다주기 위해 유방확대수술을 한다. 아내인 임홍과 이광두의 불륜을 알고도 이런 상황이 만들어진 책임을 자신의 탓으로 돌리며 결국 임홍을 이광두에게 양보한다. 자살하기 전날 쓴 편지에서도 아내 임홍에 대한 사랑과 자살에 대한 용서를 구하고 마지막 남은 삼만원까지도 동봉한다. 그러나 이런 배려는 진정한 자기배려라 할 수 없다.

두에 대한 남다른 형제애를 가진[37] 그는 자본주의화 되어가는 중국 현실 안에서 적응하지 못했다. 사기꾼 주유의 꾐에 빠져 인공처녀막과 음경증강환을 팔던 그는 쭉빵표 유방크림을 파는 동안 주유의 보이지 않는 강압에 의해 유방확대술까지 하게 된다.[38] 주유의 검은색 가죽가방에 돈이 채워질수록 송강의 몸과 마음은 폐허가 된다. 사기꾼 주유가 도망간 후 폐가 망가지고 수술로 인해 곱사등이가 된 송강의 고통은 바로 '급변하는 사회 안에서 적응하지 못하는 중국 인민들의 고통'이었다. 자본주의 사회의 흐름에 유입되지 못하고 경계 밖에서 주변인으로 살아가는 그의 모습은 개혁개방시대 중국을 상징하는 또 다른 모습이라고도 볼 수 있다. 남자이면서도 풍만한 가슴을 지닌 그는 남성의 정체성을 가졌음에도 사람들이 자신의 가슴을 만질 때마다 강간당한 여성처럼 수치스러워한다. 혼자 남은 아내 임홍을 위해 자신의 분노와 수치심을 감추고 기꺼이 가슴을 그들에게 내밀던 송강은 그로테스크한 육체에 의해 정신마저도 그로테스크한 공간에 갇혀버리게 된다. 중국이 개방화되면서 꽃을

37 임종 전 이란이 송강에게 이광두를 부탁하자, 송범평을 많이 닮은 송강은 "엄마 걱정마세요, 죽을 때까지 광두를 보살필게요,(중략) 밥이 한 그릇 밖에 없으면 광두를 먹일게요, 옷 한 벌이 남으면 꼭 광두 입힐게요."(형, 1, 331-334) 라고 약속할 정도로 동생 이광두를 생각하는 마음이 애틋했다.

38 사람들은 낄낄거리기 시작했고, 밀고 당기면서 마치 무슨 외계인이라도 구경하는 것 같이 송강을 희한한 눈길로 바라보았다. 사람들은 송강의 유방을 분명히 보려고 앞으로 밀고 나갔고, 몇몇 근시안들은 코와 입을 너무 들이대 흡사 젖을 달라고 달려드는 것 같았다. 이에 송강은 귀까지 빨개졌고, 그때 키가 유난히 작은 한 여자가 손으로 송강의 유방을 주무르자 송강이 화를 내며 손을 뿌리쳤다.(형, 3, 190)

팔고 석면공장에 일을 나갔던 송강은 지금껏 모든 결정을 스스로 하지 않고 주위 사람들의 뜻에 의해 결정하였다. 자의가 아닌 타의에 의해 결정된 삶을 살아온 송강은 자본주의 공간 안에서 철저하게 이용당하고 소외당하면서 결국 정신적 파멸상태의 위기를 맞는다. 아내 임홍과 이광두의 불륜은 송강의 육체적 상처뿐 아니라 정신적 상처를 더욱 깊게 만들었다. 임홍과의 결혼 외 모든 것을 이광두와 주위 사람들에게 양보하며 살던 그의 공간은 자본주의에 편입되지 못한 기형화된 공간이었다. 정신적으로나 육체적으로 모두 기형화되고 파편화되어 그로테스크한 공간에 갇혀버린 송강은 격변하는 현대사회에서 중국의 전통적 가치와 문혁이 추구해온 인민들의 가치를 이어가고자 했지만 실패하고 말았다.

> 송강은 류진을 벗어나 철로가 지나는 곳에 이르러 기찻길 옆 돌 위에 마스크를 벗고 앉아 행복하게 저녁 무렵의 신선한 공기를 들이마셨다. (중략) 그는 자신이 빛을 본 것 같았다. 알록달록한 빛이 변화무쌍하게 하늘을 쉴 새 없이 드나드는 것을 보았던 것이다. (중략) 그는 마치 꽃밭 가운데 앉아 있는 기분이었다. 그때 멀리서 기적소리가 들려왔다. (중략) 다가오는 기차에 철로가 요동을 치기 시작했고, 그의 몸도 따라 요동쳤다. 그는 또다시 하늘빛이 그리웠다. (중략) 열차의 덜컹대는 소리가 그의 허리를 지나쳤을 때 임종의 눈길에 남은 마지막 정경은 고독한 한 마리 갈매기가 광활한 꽃밭을 날고 있는 모습이었다. (형, 3, 259)

살아있으면서도 죽어가던 송강은 결국 기차에 자신의 몸을 맡긴다. 기차가 자신의 몸을 가르는 순간 갈매기가 울며 날아가는 것을 볼 때 그는 비로소 그로테스크한 공간을 탈출하고 자유로운 비상을 한다. 자본주의의 흐름에 영입해 자신들의 주체적 공간을 확보하는 다른 인물들과는 달리 자살을 통해 육체와 세계의 경계를 부숴버림으로써 자신의 가려진 가면 뒤 자아를 만난다. 그의 자살은 사실 그가 배분 메커니즘에 의해 구획된 경계 내로 진입하는데 실패했다는 것을 입증하는 것이기도 하다. 그동안 항상 주위의 환경에 의해 끌려다니고, 자의적이기보다는 타의적 선택에 의해 모든 일을 결정했던 그는 자살을 선택함으로써 자신을 놓아버린다. 임홍과 이광두의 불행이 자신에게서 비롯되었다고 항상 자책하던 송강은 자살을 통해 이들에 대한 부채의식에서 벗어나고 이들의 행복을 빌어줄 수 있게 된다. 기차가 자신의 몸 위를 달릴 때 하늘을 나는 갈매기를 본 송강은 비로소 그로테스크한 공간에서 벗어나 자유롭게 비상한다. 기형화되고 파편화된 공간에서 스스로 벗어난 송강의 행위야말로 자기배려의 행위일 것이다.

자본주의의 흐름에 편입하여 경계 안으로 들어온 이광두는 전국처녀미인대회를 통해 처녀성만을 강조하는 봉건시대의 남성 우월적 시각을 비웃는다. 그의 이런 확장된 사고는 몸과 세계의 교환을 추구하고, 내부와 외부, 나와 우리, 정체성과 타자성 사이의 경계를 허무는 탈경계적 사고이다. 폐품장사로 모은 부를 나름의 방법으로 타인들에게 베풀며 타인에 대한 배려를 실천한 이광두였지만 그가 진정한 의미의 자기배려를 하게 되는 시기는 송강의 죽음 이후부터이다. 국가폭력이 동반되었던 문혁시기를 거쳐 근대화 이후 인간의 물질적 욕망과 광기를 보았던 그는 송강의 죽음을 계기로 임홍과의 관계, 난잡한 성생활, 사치스러웠던 삶을 모두 정리하고 섹스와 돈에 대한 광기를 멈춘다. 그동안 자신과 관계 맺었던 것들을 과감히 끊어버리고 스스로 몸과 마음을 다스리는 것을 통해 자기배려를 행한다. 송강이 육중한 기차에 자신의 몸을 맡겨 그로테스크한 몸을 던져버리고 광활한 우주를 향해 날아가는 갈매기가 되었듯 그도 이제 형제의 유골함을 안고 광활한 우주여행을 꿈꾼다. 송강의 죽음 이후 세계 내 존재가치를 찾게 된 이광두 역시 자본주의 사회에 종속된 과거의 자신을 놓아버림으로써 자기배려를 이루고 탈주체가 된다.

일민·일표 형제는 분단이데올로기라는 역사적 비극이 만든 이 시대의 호모 사케르이다. 월북한 아버지 때문에 일민은 명문대를 나와도 법관이 될 수도, 광부 신분으로 서독에 가 공부할 수도, ROTC 학사장교나 해외 파견근무자로 지원할 수도 없었다. 이런 형을 보면서 인간 존재에 대해 자문하던 일표는 참된 사회적·인간적 삶이 가능한 공간 안에서 자신의 존재 이유를 찾을 수 있다는 것을 깨닫는다. 사케르였던 이들은 진정한 생명주체로 거듭나기 위해 순종적 주체로서 자신과의 연결 관계를 끊어버린다. 먼저 자본주의 사회 안에서 연좌제라는 족쇄를 깨뜨리기 위해 돈(자본)과 학연을 역이용한다. 자본이나 학연 등은 근대 생명정치를 조정하고 통제하는 미시권력이다. 사람들은 자본의 유무에 따라 경계 안에서 생명정치를 행하는 주권자가 되거나 경계 안의 인간으로 인정받을 수도 있고 이와 반대로 인간임에도 버려지는 생명처럼 다루어질 수 있다. 또한 사람들이 학연을 통해 사회를 움직이고 자신들만의 카르텔을 공고히 한다는 점에서 자본이나 학연은 하나의 미시권력이다.

사회에서 배타 당하던 일민은 주류회사, 플라스틱 관계 사업에 뛰어들어 돈을 모으고 한 가정의 아버지이자 경영인, 서울 시민증을 가진 시민으로 사회에 자리 잡는다. 두터웠던 경계의 카르텔을 스스로의 힘으로 깨트린 것이다. 일표는 신원조회에 항상 걸리는 형을 보면서 연좌제가 존재하는 한 한국 사회에서 어떠한 사회적 위치를 차지하는 것이 어렵다는 것을 일찍이 깨닫고 넝마주이 아이들과 함께 하는 재건대 사업에 뛰어든다. 어릴 적 꿈이 정치인이었지만 현실적 장벽 앞에서 포기하는 대신 넝마주이 재건대 아이들의 정신교육과 기초학습을 담당하여 자신과 같이 경계 바깥에 있던 아이들에게 주체적 사고를 심어준다. 여기서 주체적 사고란 '순종적 주체에서 벗어나도록 스스로 사고하는 것'을 의미한다고 볼 때 오히려 탈주체적 사고라 명명하는 것이 용어 사용에 혼동이 없을 것이다. 지식이 권력에 미치는 영향은 지대하다. 한 시대의 정치적 패러다임과 통치성의 원리를 만들고 이를 꿰뚫어 볼 수 있게 한다는 점에서 호모 사케르들이 지식권력을 갖는다는 것은 상당히 중요하고도 의미 있는 일이다. 일표는 교육을 통해 호모 사케르로 자라나고 있는 이들이 지식권력을 획득할 수 있도록 할 뿐만 아니라 형과 함께 이미 생명정치를 이루는 하나의 장치인 자본과 학연 등을 역으로 이용하여 연좌제나 빨갱이라는 이름의 억압, 외부의 시선을 끊어버린다. 1980년 5월 광주에서 사건이 일어나고 차량통제가

풀리면서 이들은 다시 광주로 향한다.[39]

이들은 지금까지 연좌제나 빨갱이라는 명명 아래 보이지 않는 장치에 의해 통제되고 탄압받았었다. 빨갱이라는 낙인, 월북자의 아들이라는 낙인을 지우기 위해 사회의 불의에 눈감고 귀닫고 있었던 이들이 광주로 향한다는 것은 과거의 구속에서 벗어나 국가의 폭력을 직시하고 탈 주체로서 사고하고 행동하게 되었다는 것을 의미한다.

송강, 이광두, 유일민, 유일표 등 이들 형제들은 단순히 국가나 제도로부터 자신들을 해방시킨 것이 아니다. 과거 자신을 옭아매던 것들을 끊어버리고 구속에서 스스로 벗어나 국가와 국가에 결부되어 있는 개별화 방식으로부터 자신들을 스스로 해방시킨 것이다. 이들은 신자유주의적 통치 혹은 그 결과로서 시장의 명령에 의거하는 자기통제의 양식을 거부하고 순종적 주체에서 벗어나고자 노력했다. 과거 자신과의 단절을 통해 예속화된 자기통제양식을 버리고 새로운 자기통제양식을 발명하였다는 점에서 이것이야말로 근대 생명정치시대에 탈 주체로서 살아갈 수 있는 자기배려이다. 이제 호모 사케르들은 잠재성[40]을 가진 주체로서 법의 주변부에 있던 자신들의 벌거벗은 공간과 정치공간의 경계를 무너뜨린다. 과거 벌거벗은 생명이었던 이들은 현재 자기와의 관계를 단절하여 과거의 기억을 끊고 하

---

39 『한강』은 이들이 광주로 향하는 것으로 마무리되고 독자들은 이들의 행동을 유추할 수 있다.

40 잠재성은 스스로를 주권적으로 정초하는 방식이다. 무엇이지 않을 고유한 잠재성 외에 그 무엇도 존재에 선행하거나 규정할 수 없는 방식이다. 아감벤, 앞의 책, 『호모 사케르』, 114면.

나의 탈주체로서 헤테로토피아(절대적 타자의 공간)[41]를 끊임없이 생산한다. 이런 과정이 반복되고 변증적으로 생성될수록 탈주체들이 있는 공간은 헤테로토피아로서 공간의 특수성을 가지게 된다. 이 안에서 호모 사케르들은 자신들이 위치한 공간의 특성을 타자성이 아닌 주체성으로 새롭게 인지하게 되는 것이다. 여기는 이제 고착화되어가고 있는 생명정치의 정태성과 폐쇄성을 넘어 어떤 중심에도 특권을 부여하지 않는 탈중심의 공간, 탈주체들에게 새로운 활력을 불어넣어 줄 민주적 정치공간이 될 수 있다. 이런 점에서 이 공간의 특성은 주체성이라 명명할 수 있을 것이다.

■ 자기배려로 이룬 절대적 타자의 공간: 헤테로토피아

현대 한·중 정치의 국가폭력과 공간의 주체성을 알아보기 위해 조정래의 『한강』과 위화의 『형제』를 중심으로 살펴보았다. 빨갱이, 현반이라는 이름으로 불렸던 호모 사케르들은 사회의 일원으로 포함되어 있으면서도 배제된 자들이었다. 이렇게 예외상태에 놓였던 인물들은 각자 자기들 나름의 방식으로 고착

41 헤테로토피아는 근본적으로 혼란스러운 공간이다. 서로 상호관계를 가지고 반향하며, 끝없이 다르게 조합하고 기능하고 서로 충돌하며 혼란스러운 시공간의 단위를 만들어내는 공간이다. 그러나 이 공간은 인간이 전통적 시간과 일종의 절대적 단절점에 도달할 때 최대한의 능력을 만들어내기 시작한다. 푸코, 이광래 역, 『말과 사물: 인문과학의 고고학』, 민음사, 1987, 26면 참조할 것.

화를 끊어버리고 생명장치에 구속된 주체가 아닌 탈주체로 거듭났다. 항상 타인이 원하는 것만을 선택하면서 그것이 타인에 대한 배려라고만 생각했던 자는 처음으로 '자살'이라는 주체적인 자기선택을 통해 그로테스크한 정신과 육체에서 벗어났다. 개혁개방 후 부를 획득하고 일부를 타인에게 베풀며 그들에 대한 배려를 행한다고 생각했던 자는 형제의 죽음 이후 스스로에 대한 반성과 자각을 통해 난잡했던 과거의 자신을 끊어내고 진정한 자기 배려가 무엇인지 탐색하게 되었다. 또 다른 자는 교육을 통해 다른 벌거벗은 생명들에게 지식이라는 권력을 얻을 수 있도록 하며 자본과 학연이라는 미시권력장치들을 역이용하여 과거와 자신을 단절하였다. 광주에서 일어난 국가폭력을 직시하고 또 다른 호모 사케르들이 발생하는 것을 막기 위해 광주로 내려가는 탈주체적 행동을 보였다. 자기배려가 자기를 배려하는 것이자 동시에 자기로부터 벗어나는 것이라 할 때 이들은 자기배려를 통해 본인들 스스로 탈주체가 되면서 동시에 탈주체가 될 수 있는 기반을 사회에 마련한 것이었다.

자기배려를 통해 하나의 탈주체가 된 이들은 변증적 과정의 반복을 통해 헤테로토피아(절대적 타자의 공간)를 생성하고 이 안에서 자신들이 위치한 공간의 특성을 타자성이 아닌 주체성으로 새롭게 인지하였다. 이러한 인지공간은 고착화되어가고 있는 생명정치의 정태성과 폐쇄성을 넘어 어떤 중심에도 특권을 부여하지 않는 탈중심의 공간, 탈주체들에게 새로운 활력을 불어넣어 줄 민주적 정치공간이 될 수 있었다. 이런 점에서 이 공간의 특성은 주체성이라 말할 수 있다.

8

근대이행기 한·중 도시문화공간과 기억*

- 근대 도시의 시작 : 군산과 상하이
- 자본주의의 왜곡된 신화와 폭력
- 굴절된 욕망 안에 부유하는 타자들
- 자율적 주체로서 사유하기
- 긍정적 장소감과 정체성

* 제8장은 『한국문학이론과 비평』 제77집, 한국문학이론과 비평학회, 2017년에 게재된 것을 수정·보완한 것이다.

근대이행기 한·중 도시문화공간과 기억

전영의

■ 근대 도시의 시작 : 군산과 상하이

이번 장에서는 동아시아적 관점에서 '한·중 양국의 문학텍스트를 통해 근대이행기 도시문화공간에 대해 살펴보자. 근대도시공간의 탄생에 대한 담론을 이해하기위해서는 근대이행기 외국권력과 자본에 의해 조성된 공간인 조계지 군산과 상하이를 살펴보아야 한다. 이곳은 19세기 후반 제국주의 국가의 기준에 맞추어 설계된 도시공간이자 외국인의 공동거주지역이면서 자치적 행정권을 행사할 수 있었던 곳이다. 군산의 본전통이 일본조계지였다면 상하이에는 양경빈, 이가장, 황포강을 잇는 영국조계, 홍구의 미국조계(후에 일본조계가 됨), 영국과 미국의 공동조계, 상하이 현성과 영국 조계 사이의 프랑스 조계가 있었다. 현재 상하이 와이탄 및 각 조계지의 건축물들과 군산 근대역사박물관 일대의 근대미술관(1907년 18은행), 근대건축관(1923년 조선은행 군산지점), 군산세관, 신흥동(히로쓰 가옥) 일대는 유사한 도시 이미지를 내뿜는다. 조계지에 따라 통치방식, 문화배경, 관리능력 등에 차이가 있지만 과거 전통도시와는 확연히 구별된다는 점에서 조계지였던 군산과 상하이는 유사성을 갖는다. 이런 점에서 군산과 상하이는 '근대이행기 도시문화공간'이라는 장소 없는 공간의 자질을 고찰하는데 하나의 표본이 될 수 있다.

근대이행기 군산과 상하이의 공간성과 장소성을 잘 나타낸 소설텍스트는 왕안이의 『장한가』[1]와 『푸핑』[2], 장애령의 『색계』, 채만식의 『탁류』[3]와 조정래의 『아리랑』[4] 등이다.

『장한가』는 1930년대 후반 상하이의 후미진 골목부터 번화한 시내의 모습까지 동시에 보여준다. 왕치야오의 파란만장한 인생과 요동치는 중국 현대사 안에서 변모해가는 상하이의 도시풍경이 교묘하게 맞아떨어진다. 『장한가』가 상하이라는 도시공간의 화려한 불빛 아래 숨겨진 자본, 권력, 성에 대한 욕망을 이야기한다면 『푸핑』은 1930년대와 1960년대 문혁 직전의 상하이 모습을 동시에 보여주면서 변두리 천막촌 최하층민의 삶과 변해버린 도시공간을 이야기한다. 울타리 하나를 두고도 아

1 王安忆,『长恨歌』, 南海出版社, 2003.
왕안이, 유병례 옮김,『장한가』 1-2권, 은행나무, 2009. (앞으로 인용 시 장, 권, 면수만 적을 것)

2 왕안이,『副萍』, 上海文艺出版社, 2005.
______, 김은희 옮김,『푸핑』, 어문학사, 2014. (앞으로 인용 시, 푸, 면수만 적을 것)

3 채만식,『탁류』, 문학과지성사, 2014. (앞으로 인용 시, 탁, 면수만 적을 것)

4 조정래,『아리랑』 1-12권, 해냄, 1994. (앞으로 인용 시, 아, 권, 면수만 적을 것)

픔을 공감할 수 없는 이들의 이야기를 통해 인물의 욕망, 유폐된 도시인의 결핍과 내면을 드러낸다. 『색계』는 장난처럼 시작된 우국청년들의 친일파 암살계획이 주인공 여성의 사랑으로 실패한 이야기를 다룬다. 무대 위에서의 공연이 아닌 현실에서 상하이 중심가를 위주로 사건이 펼쳐진다. 난징루와 화이하이루 같은 화려함은 이선생과 왕지아즈의 화려함 속에 내재된 공허함을 여실히 드러낸다. 이렇듯 각각의 공간들은 올드상하이(老上海)에 대한 노스텔지어를 불러일으키면서 근대이행기 상하이 인물들의 서로 다른 욕망의 지점들을 찾을 수 있는 장치가 된다.

『탁류』는 근대이행기 1930년대 군산을 중심으로 초봉을 둘러싼 인물들의 성적 욕망과 물질적 욕망을 그린다. 미두판에서 재산을 탕진하는 정주사의 몰락을 통해 식민지 자본화 안에서 타락해가는 인간의 욕망을 보여준다. 『아리랑』은 조선 말 한일합방직전부터 1945년 2차 세계대전이 끝나는 시기까지 조선인들의 이야기를 그린다. 일제 강점기 군산과 일본, 만주 연해주, 중국 본토, 하와이까지 공간을 확대하여 조선에 남아있던 당대 민중들, 해외 강제 이주노동자, 일본군 성노예, 조선인 학병 등의 삶과 고통을 서사적으로 형상화하고 있다. 그러나 이번 장에서는 근대이행기 군산항이라는 장소에 한정하여 일용직 노동자와 하역노동자들의 삶, 하와이 이주노동자로 갈 수밖에 없었던 조선인들의 삶을 통해 군산이 갖는 공간적 의미에 초점을 맞춰 보고자 한다. 그러면 근대이행기 군산과 상하이가 가지고 있는 공간이 왜 타자공간이 될 수밖에 없는지, 이 공간 안에 타자들의 욕망은 어떻게 표상되고 현재는 어떻게 기억하는지 살펴보자.

■ 자본주의의 왜곡된 신화의 폭력

장소란 인간이 자유와 실재성의 깊이를 확인하면서 자신을 스스로 위치시키는 실재적인 곳이다. 우리는 장소를 통해 세계를 경험하고 외부와의 유대를 통해 인간이 실존적 존재임을 드러낸다. 일반적으로 '공간은 추상적이고 장소는 구체적'이라고 여겨 우리는 공간이 장소에 어떤 맥락을 부여하는 것처럼 느끼지만, 사실 공간은 특정한 장소에서 그 의미를 얻는다. 개인의 자아중심적 공간을 지각공간이라 하는데 우리는 특별한 만남과 경험을 통해 지각공간을 경험하면서 사적인 특별한 의미를 가진 장소들을 얻게 된다. 기억 속의 장소와 현재의 중요한 장소는 본질적으로 넓은 지각 공간의 구조 속에서 의미와 의도를 가진다. 각각의 개인들은 타인들과의 관계 속에서 공간과 장소의 전체적이고 문화적인, 일종의 합의된 지속적 생활공간의 일부를 구성하기에 장소의 기억은 유의미하다고 볼 수 있다.[5]

가시적 경관으로서 장소는 명확한 특징을 갖는다. 조계지 유럽문화의 특징을 지닌 와이탄의 건물들이나 조계지 일본문화의 특징을 지닌 군산의 건물들은 제국주의의 침략으로 인한 문화

5 에드워드 렐프 지음, 김덕현·김현주·심승희 옮김, 『장소와 장소상실』, 논형, 2005, 25-47면 참고할 것.

접변을 보여준다는 점에서 특정 장소의 정체성을 드러내는 명징한 증거가 된다. 이러한 물리적 경관으로부터 사회적 관계를 통한 경험과 의식의 변화과정을 살피는 것은 로컬의 정체성이 어떻게 형성되었는지 살필 수 있는 계기가 된다.[6] 텍스트에서는 제국주의 국가권력과 자본에 의해 일방적으로 기획된 도시 상하이와 군산의 변형된 외형, 빨라진 도시 생활, 기계적 리듬을 보여준다.

시간이 상품화되고 물신성이 유행하면서 현대의 세속적 감수성을 가지게 된 두 도시의 기억은 유사한 듯 다른 차이를 보인다. 도시의 기억은 '기억 속에 나타나는 도시'와 '도시 속에 나타나는 기억'으로 구분할 수 있다. 벤야민은 전자를 '기억된 도시'라 말하고, 후자를 '도시에 대한 기억'이라 이야기한다.[7] 작가는 텍스트 안에서 기억된 도시를 이야기하고, 독자들은 이를 통해 도시에 대한 기억을 되새긴다. 이런 점에서 텍스트에 나타난 도시의 기억들은 도시문화를 비교하기 위한 하나의 근거가 될 수 있다. '1930년 중국의 로망스'라는 부제를 단 마오둔의 소설 『한밤중』을 보면 다음과 같이 시작한다.

> '저녁노을은 안개를 끼고 외백도교의 높이 솟아오른 철골 구조물을 뒤덮고, 전차가 지나갈 때면, 철골 구조물에 가로 걸린 전차선이 때때로 푸른 불꽃을 일으킨다. 다리 위에서 동쪽을

---

6 부산대학교 한국민족문화연구소 엮음, 『장소경험과 로컬정체성』, 소명출판, 2013, 4면 참고할 것.

7 크램 질로크, 노명우 옮김, 『발터 벤야민과 메트로폴리스』, 효형출판, 146면 참고할 것.

바라보면 포동에 자리 잡은 양식호텔이 마치 거대한 괴수처럼 어스름 속에 웅크리고 앉아 수없이 많은 작은 눈동자 같은 불빛을 서쪽을 향해 비추인다. 사람을 섬뜩하게 만드는 것은 양식 건물 옥상에 높직이 달린 이상하리만치 거대한 NEON 광고판이다. 그것들은 불같이 빨간 빛과 인같이 푸른 화염을 발산한다. LIGHT, HEAT, POWER여![8]

이는 1930년대 상하이의 모습을 단적으로 보여주는 말이다. 황포강 앞의 와이탄은 영국조계지역으로 대다수 중국인들에게는 十里洋場(십리양장, 십리에 걸친 서양인의 세상)[9]일수도 있지만 일부 상하이인들에게는 기회의 공간이기도 했다. 차, 비단, 아편 등 서구와 중국의 문물이 오가던 와이탄에 쭉 늘어선 건물들은 당시 제국주의 국가였던 영국의 힘을 과시하는 상징물이었다. 1923년 영국 HSBC은행 앞에 세워질 당시 구리로 만들어진 사자는 금박이 입혀져 대영제국의 힘을 상징하고 있었다. 당시 상해인들은 사자의 앞발을 매만지며 자신의 부귀영화를 꿈꿨고 신분의 사다리를 탈 수 있기를 바랐다. 이런 행위는 우리 안에 내재된 물질적 욕망을 드러내는 것이라 할 수 있다. 지금은 모형물이 예전 상징물을 대신하고 있지만 여전히 사람들은 장난처럼 사자의 발을 만지며 부를 꿈꾼다. 현재도 당시의 건축물을 그대로 사용하고 있는 푸둥발전은행(1923년 영국 HSBC은행) 앞의 사자는 어쩌면 상하이인들만이 아니라 인간에 내재된 물질적

8 茅盾, 『子夜』, (香港: 南国出版社), 1973, 1면.

9 리어우판, 장동천 옮김, 『상하이 모던』, 고려대학교출판부, 39면.

욕망을 현시하는 상징체일 수도 있다.

국제적 메트로폴리스이자 아시아의 경제 중심이 된 상하이는 이미 1930년대부터 '동방의 파리'로 불렸다. 유럽국가들과의 무역이 이루지면서 서구의 문화와 예술이 유입되었고 살롱을 중심으로 사교문화가 형성되었다. 상하이는 중국의 다른 도시와는 차별화된 곳이었다. 비록 제국주의 자본에 의해 만들어졌지만 여전히 매력적이고 신비한 공간이었다. 그러나 동시에 부정적 의미도 지니고 있었다. 웹스터 사전Webster's Living Dictionary에는 '상하이하다'to Shanghai 라는 말이 등재되어 있다. 의미를 찾아보면 "아편으로 인해 마비되어, 인력을 구하는 배에 팔려버리다." 혹은 "사기와 폭력으로 한바탕 싸움을 일으키다"로 해석할 수 있다.[10] 이는 외용을 자랑하는 상하이의 모습과는 또 다른 숨겨진 상하이의 아픔을 보여주는 句(구)이다. 아편에 찌든 사람들의 흐릿한 눈매는 상하이의 뒷골목을 떠돌고 몸을 파는 창녀의 웃음소리는 스쿠먼 바깥으로 흘러나온다. 이러한 두 공간은 전혀 다른 떨어진 공간이지만 샴쌍둥이처럼 붙어서 동시에 모습을 드러낸다. 타닥거리는 마작패 소리와 테이블 위에 번쩍이는 반지들은 전시상태에서도 자신들만의 유희를 즐기는 단절된 공간임을 증명하고 있었다.

> 한낮인데도 마작테이블 위로 밝은 형광등이 켜져 있었다. 마작 패를 섞는 여인들의 손가락에서 뿜어 나오는 다이아몬드 광채가 사방으로 번졌다. (중략) 피점령지구의 금값이 비정상적으

10 위의 책, 32면 참고할 것.

로 올라 있는 탓에 이렇게 굵은 금줄은 실로 그 값을 매기기조차 힘들었다. 그런 물건은 망토에 다는 단추의 대용물로 삼는 것은 천박하거나 저속해보이지 않을뿐더러 밖에 나가 자신을 과시하는데도 아주 유용했다. (색, 17-23)

외세에 의한 외래문물이 유입되는 통로였던 상하이에서 사람들은 조계지로서 직면했던 제국주의의 모순보다는 모더니티에 대한 긍정을 우선시했다. 홍콩에서 밀수로 들여온 물건들로 자신을 치장하고, 아편 연기에 취해 마작패를 돌리는 이들에게 상하이는 부르주아적 사적 영역에 의해 지배되는 장소일 뿐이다. 이러한 장소에서는 인간의 상호작용으로 형성된 관계보다 욕망과 섹슈얼리티로 맺어진 관계만이 대상화된다. 왕치야오가 참가하는 상하이 미인대회는 이런 관계 맺음을 잘 보여준다. 서구에서 들어온 미인대회는 성을 상품화하는 것이었지만 상하이 여성들은 '미녀 아가씨'라는 타이틀을 얻기 위해 온갖 치장을 한다.[11] 상하이의 여자아이들은 자신들의 부친이나 오빠처럼 남보다 더 잘나기를 갈망했으며 출세욕을 지니고 있었다. 뿐만 아니라 적극적으로 행동했다. 그들은 용감하고 더 강인했으며 실패와 좌절을 두려워하지 않았다.(장1, 103) 그러나 어떤 말로 치장하더라도 이들의 욕망은 곧 사라져버릴 신기루 같은 것이었다.

---

11 이날은 더욱 특별했다. 미녀 아가씨들을 위한 날이라 태양도 그들을 위해 떠올라 집집마다 걸어 나오는 그들을 비추었다. 꽃집의 꽃도 그들 때문에 다 팔렸는데 입상한 사람들을 축하하기 위한 것이었다. (중략) 이곳은 마치 여성패션 박람회장 같았다. 그들 모두가 모델이었고 그들의 용모는 백 명 중에서 한 명 뽑힌 것처럼 아름다웠다. (장1, 104)

“야오야오, 넌 고등교육을 받은 사람이야, 여성해방운동을 이해하고 이상을 품어야지. 미스 상하이 경선은 사실 고관대작들이 여자를 희롱하는 것에 불과한 거야. 그런데 어떻게 자연스럽게 기회가 와서 참가했다고 할 수 있는거지?”

“아뇨, 제 생각은 그렇지 않아요. 미스 상하이 선발대회야말로 여성해방의 징표로서 여성에게 사회적 지위를 부여해주는 거라구요. 고관대작이 여자를 희롱한다는 건 더군다나 말이 안 돼요. 왜냐하면 거물급 인사의 딸로 선발대회에 참가하거든요. 설마 자신의 딸을 푸대접이야 하겠어요?”

“그래 제대로 봤어. 사실 미스 상하이 선발대회는 바로 이 거물급 인사들의 딸과 애인에게 주는 생일 선물이거든. 다른 사람들은 모두 들러리일 뿐이야. 그러니 희롱 중의 희롱인 거지.” (장1. 112-113)

음악과 흩뿌려지는 꽃잎 사이로 여성들의 웃음 안에서 전쟁이나 외세의 침략 같은 현실을 잊는다. 소비에서 철저하게 배제되었던 사람들은 미인대회 안에서 물신성을 즐기고 정신을 분산시킨다. 미인에게 장미꽃을 던져 우승자를 선택하는 행위를 통해 마치 자신이 미인을 얻을 수 있을 거라는 착각에 빠진다. 이야말로 교환가치와 자신을 동일시하고[12] 미인대회라는 박람회 안에서 마술환등을 경험하는 것이다. 동시에 여기에 참가하는 여성들은 자신이 하나의 상품으로 전시된다는 것을 인지하지 못한다. 오히려 性(성)이야 말로 자신의 신분을 상승시켜줄

12 발터 벤야민 지음, 최성만 옮김, 『19세기 수도 파리-프랑스어판』, 위의 책, 230-231면 참고할 것.

사다리라고 믿는다. 이렇듯 타인이 내리는 性(성)적 평가에 따라 자신의 가치를 판단하는 어리석음은 상상의 유토피아를 굳건하게 한다.

하지만 조금만 둘러보면 감추어져 있던 상하이의 또 다른 모습이 드러난다. 상하이 현성을 표시하는 돌비석 바로 너머에는 붉은 벽돌과 검은 스쿠먼[13]이 나열되어 있다. 수채 구멍에 고여 있는 오물들과 곰팡이 핀 담벼락은 화려한 상하이의 모습 반대편에 붙어있는 샴쌍둥이처럼 보인다. 상하이 골목 안 그늘진 곳의 이끼는 상처가 아물지 않고 남은 상하이인들의 흉터로 시간에 의지해 아픈 곳을 달랜 흔적이다.(장1, 20) 리텐화의 할머니 집에 얹혀살면서 상하이 생활을 하게 된 푸핑은 난생 처음 보게 된 난징루와 와이탄의 화려한 건물들에도 주눅 들지 않는다. 오히려 이러한 유토피아가 무엇인가 잘못되어있음을 직감적으로 깨닫고 외숙이 사는 그늘 진 곳을 찾아간다. 그녀의 외숙이 사는 자베이는 신고전주의 양식의 위용을 자랑하는 상하이의 모습 뒤에 숨겨진 판자촌이자, 분뇨선을 운행하는 뱃사람들이 사는 곳이었다.

> 쑨다량이 막 배를 탔을 때에 노도 젓지 못한 채 배를 끄는 인부 신세로, 밧줄을 등에 걸머진 채 강 언덕을 걸었다. (중략)

13 스쿠먼(石库门)은 상하이에서만 볼 수 있는 독특한 서민주거양식이다. 골목마다 붉은 벽돌에 검은 석조문이 달려있고 내부에는 여러 가구들이 모여 살고 있었다. 홍콩자본이 들어오면서 스쿠먼은 리모델링을 거쳐 카페, 레스토랑, 상점 등으로 바뀌었고 그 일대는 신티엔디(新天地)라는 관광명소가 되었다. (필자 주)

> 배가 상하이에서 올 때 실어오는 똥거름, 그리고 상하이로 돌아 갈 때 실어가는 채소, 어느 것이든 모두 짊어져 날라야 했으니까. (푸, 171)

이들에게 상하이는 자신들이 있는 곳이 아닌 조계 지역만을 의미했다. 이들에게 유토피아란 애초부터 존재하지 않았으며, 자신들이 볼 수도, 가질 수도 없는 상상화된 이미지였다. 상하이처럼 한말 조계지로서 군산 역시 부르주아 헤게모니와 왜곡된 신화에 의해 지배받는 곳이었다.

일제강점기 호남 최고의 항구도시였던 군산은 '황민화 정책'이 실시되기 전부터 이미 농업과 어업에서 수탈을 겪고 있었다. 일제는 1883년 조일통상장정을 맺고 우리나라 최초의 수산학교인 '군산 간이 수산학교'를 세웠다. 수산연구와 교육에 힘쓰는 듯 보였으나 즉시 죽성동과 어청도 일대에 일본인 이주마을을 세우고 '수산물 유통 판매 사업'을 통해 합법적인 수탈을 하기 시작했다. 풍부한 어획량을 자랑하던 군산은 일본의 어업 근거지로 이용되면서 어촌생태계가 파괴되어갔다. 이른바 '씨고기'까지 잡는 반생태적이고 상업적인 어업 침탈이 강행되었다. 군산에서의 일제 수탈은 1910년 경술국치 이전부터 바다와 육지에서 동시에 이루어졌는데 이는 정어리기름과 같은 전쟁 군수품과 식량을 마련하기 위한 것이었다.[14] 동시에 육지에서는 간척공사가 실시되었고 농장지배를 통해 쌀을 수탈하기 시작했다. 조선에 들어온 일본인들은 불법 고리대금을 통해 토지를 수탈

14 전북일보, 2017. 08. 09. 참고할 것.

하거나 헐값에 사들였다. 조선의 농수산물이 수출되고 서양식 문물이 들어오는 통로가 된 군산은 점차 일본의 조계지가 되었다. 영사관과 신사가 세워지고 일본인 특별자치구역이 되면서 이제 군산에서는 일본인이 영구 정착하는 식민정책이 실시되었다. 일본인 농장주들은 저수지와 수리시설을 정비하고 농지를 바둑판 모양으로 정리했다. 농업수를 효율적으로 공급하고 경영의 편리성을 도모했다. 조선의 자작농들은 점차 선대로부터 받은 경작권을 상실하였고 일본인 지주의 소작농이 되었다. 대규모 농장 곁에 철도가 들어서면서 농장은 '농장주-지배인-주임-소작농'이라는 4단계의 공장식 구조로 바뀌었다. 쌀농사로 이윤이 극대화될수록 소작료는 기이하게도 증대되었다. 이는 일제의 쌀 수탈이 극심해져갔다는 것을 반증하는 것이었다. 당연히 조선농민들의 궁핍함은 가속화되고 심화되었다.

군산항 입구에 만들어진 본정통, 전주통과는 다르게 산기슭에 자리 잡은 개복동, 둔뱀(둔율동)은 조선인 거주지로 자작농에서 몰락한 소작농, 군산역과 군산항의 일용노동자, 하역노동자들이 토막집을 짓고 모여 사는 지역이었다. 군산에 사는 많은 조선인들은 가난한 현실에서 단숨에 벗어나고자 미두판에서 일확천금으로 꿈꾸었지만 이들의 허황된 꿈은 미두 몇 판에 깨지고 만다.

> 얼마 안 되는 전장을 팔아 빚을 가리고, 이 군산으로 떠나왔던 것이요, 그것이 꼭 열두 해 전의 일이다. 군산으로 건너와서는, 은행을 시초로 미두중매점이며 회사 같은 데를 칠 년 동안 두고 서너 군데나 드나들었다. 그러다가 마침내 정말 노후물의

> 처접을 타고 영영 월급 세민층에서나마 굴러 떨어지고 만 것이 지금으로부터 다섯 해 전이다.
>
> 그런 뒤로는 미두꾼으로, 미두꾼에서 다시 하바꾼으로 - (중략)
>
> 조금치라도 관계나 관심을 가진 사람은 시장(市場)이라고 부르고, 속한(俗漢)은 미두장이라고 부르고, 그리고 간판은 '군산미곡취인소(群山米穀取引所)'라고 써붙인 XX 도박장(賭博場)
>
> 집이야 낡은 목제의 이층으로 협수룩하니 보잘 것 없어도 이곳이 군산의 심장임에는 갈데없다. 여기는 치외법권이 있는 도박꾼의 공동조계요 인색한 몽테카를로다. (중략)
>
> 영감님은 그 돈 삼십 원을 받아 쥐었다. 받아 쥐고는 물끄러미 내려다보며서 후유 한숨을 쉬더니 피를 토하고 쓰러졌다. 쓰러지면서 죽었다. (중략) 아무리 돈을 잃어 바가지를 차게 되었어도 겨우 선창께로 어슬렁어슬렁 걸어 나가서 강물에다가 눈물이나 몇 방울 떨어뜨리는 게 고작이다. (탁, 18-19, 101-103)

한 나라의 독점을 막기 위해서 공동조계지(각국조계지)로 출발했던 군산은 결과적으로 일본의 조계지가 되었다. 김제·만경평야에서 생산되는 쌀의 대부분이 군산항으로 통해 일본으로 수출되었고 반대로 서구의 문화와 문물이 일본을 거쳐 유입되었다. 쌀 수출로 인한 막대한 소득이 발생하자 군산항 입구에는 18은행, 조선은행 군산지점, 세관 등이 생겨나게 되었고 영사관 중심으로 황궁, 일본의 중앙 부처들이 자리 잡으면서 일본인 지주들이 모여 살았다. 최근까지 보존되어 있는 히로쓰 가옥(신흥동 가옥)은 당시 조선에서는 보기 힘든 일본 부유층의 주택이다. 그러나 군산은 상하이와 같은 또 다른 모습을 동시에 지니고 있었다.

일제의 쌀 수탈이 극심해질수록 군산인들은 도박에 빠져들었다. 미두로 전재산을 잃고 소작농으로, 부두 하역노동자로 전락하거나 밤에 몰래 도망가기도 했다. 미두판에서 아무리 돈을 잃어 바가지를 차게 되었어도 겨우 선창께로 어슬렁어슬렁 걸어나가서 강물에다가 눈물이나 몇 방울 떨어뜨렸다. 일본인들에게 군산은 쌀을 비롯한 조선의 물자를 수출하고 일본의 신문물을 들여와 막대한 수입을 얻을 수 있는 유토피아였다. 하지만 군산의 조선인들에게는 일제의 폭력과 폭압을 견뎌야하는 암울한 공간이었다. 인권유린, 문화에 대한 억압, 관습철폐, 노동력 갈취, 특히 쌀을 착취하는 과정에서 드러나는 경제적 차원의 폭력성은 군산이라는 장소를 더욱 우울하게 만든다.

> 「저 광활한 들판은 우리의 앞길을 환하게 여는 사업장이면서 우리 일본인들의 쌀창고요, 이 일대를 손아귀에 넣기만 하면 우리 사업은 승승장구인 동시에 우리 일본의 쌀 부족도 거든하게 해결되는 것이요, 수단과 방법을 가리지 말고 손아귀에 넣도록 하시오」 (아, 1, 144)

장소에 뿌리를 내린다는 것은 바로 장소애착이다.[15] 이는 가장 적게 인식되는 욕망이지만, 인간은 공동체 생활에 적극적이고 자연스럽게 참여함으로써 뿌리를 갖게 된다. 사물의 질서 속에서 확고한 자신의 입장, 과거의 어떤 경험, 미래에 대한 기대를 가지게 된다는 것이다. 그런데 이러한 장소애착이 어떤 이유

15 그램 질노크, 앞의 책, 94-96면 참고할 것.

에서건 결렬되거나, 장소에서 물러나게 되었을 때 우리는 '뿌리 뽑힘'을 경험하게 된다. 제국주의의 폭력으로 인해 변해버린 장소 안에서 상하이의 변두리나 군산항의 째보 선창에 있는 인물들은 억압된 시간들에 침묵한다. 뿌리내렸던 장소의 경관이 변하면서 새로운 사람들이 몰려들고, 자신들의 터전에서 자꾸만 물러날 수밖에 없었던 이들에게 상하이나 군산이 가지고 있는 화려함은 또 하나의 폭력이었다. 집단 무의식 속에서 이들의 우울은 장소상실이라는 감정과 직결된다.

■ 굴절된 욕망 안에 부유하는 타자들

인간의 욕망이란 본시 생산적이며 창조적인 경제적 동인이지만 자본주의 시대에 이러한 욕망은 억제되어 왔다. 욕망을 생산하면서도 억제하는 자본주의는 분열의 이중구속을 내재하고 있으며 이로 인해 자본주의의 경제와 욕망의 경제는 수렴되어 발전해 왔다. 자본주의 시스템은 권위와 강권, 통제, 억압을 당연시 해왔으면 이로 인해 인간의 욕망은 굴절되고 변형되었다.[16] 19세기 말 20세가 초 군산과 상하이는 외국 은행과 자본, 의료 문화들이 들어오면서 조계지로서 독특한 장소성을 가지고 있었다. 화려한 건축물과 번화한 장소들은 '식민지 근대화'라는 이데올로기를 내포하고 있었고 근대화에 대한 도정이나 담론들 안

16 신승철 지음, 『욕망자본론-욕망의 눈으로 마르크스 자본론 다시 읽기』, 알렙, 2014, 7-17면 참고할 것.

에서 욕망하는 주체들의 공간이 만들어진 것이다. 상하이에 사는 외국인들과 일부 부유층 중국인들은 고급아파트나 맨션에서 살았지만 대부분의 上海人(상하이런)들은 里弄(리농, 골목의 혼합체)이나 弄堂(농탕, 골목의 안뜰)에 위치한 주거단위집합체인 스쿠먼에서 살았다. 통풍설비가 열악하고 햇볕이 집안까지 들어오지 않아 항시 창밖에는 빨래가 끼워진 긴 막대기가 걸려있었다. 다습한 상하이는 여름에 덥고 겨울에 추웠다. 바깥에는 음식찌거기 오물들이 시궁창 입구를 막고 있어 항시 욕지기가 날 정도로 불결했다. 도박과 아편, 마약과 매춘 등 음탕한 행위가 이루어질수록 이들의 수치심도 같이 자라났다. 제국주의 국가들의 부와 권력으로 이루어진 조계지역은 모던함과 부유함을 가진 곳이었지만 하층민에 대한 착취가 너무도 당연하게 이루어지고 있었다. 조계 안이나 주변에서 거주하던 중국인은 유럽의 식민시스템이 완전히 갖춰진 정권 치하의 '토착민'이었다. 멸시와 배척, 인종주의적 차별과 신민으로서 '개항장 근성'을 굽실거리며 받아들여야 했다.[17] 깊은 곳에 내재한 부패는 상하이를 병들게 만들었다. 끝없는 사치와 빈곤으로 인한 절망, 반식민지로서 제국주의 자본이 중국서민들을 짓밟는 곳, 총이 주먹을 지배하는 곳, 금전, 권세, 육욕에 굴복당하는 곳, 그곳이 바로 상하이였다.[18] 조계지로서 비슷한 환경에 처해있던 상하이와 군산에서

17 Harold Issacs, *Re-encounters in China : Notes from a Journey in a Time Capsule*, Armonk, N.Y.: M.E. Sharpe, 1985. p.5

18 Daisy Ng, *Back to the Future : Imaginary Nostalgia and the Consumer Culture of Hong Kong*, The Asian Study Society: University of Vermont, 1996. p.10.

왕치야오나 왕지아즈, 초봉은 '능력만 있으면 성공할 수 있다는 자본주의 법칙'을 깨닫고 자신들의 외모, 특히 성을 상품화함으로써 타인들과는 차별화되고자 한다.

> 비록 떠도는 소문이긴 했지만 소형 신문사 신문에는 이를 풍자하는 칼럼들이 실렸는데 미스 상하이 심사는 '미세스 상하이'를 심사하는 거라고 했다. 이어서 조롱하는 글도 나왔는데 '미세스 상하이'는 누구나 다 그들의 남편이 될 수 있다는 뜻이라고 했다. 세 번째 글은 반박하는 글이었는데 미스 상하이 선발은 투표방식이라서 돈으로 산다는 주장은 있을 수 없다고 했다. 네 번째 글은 전적으로 반박에 대한 반론이었는데 그건 뻔한 거짓말이며 사람들이 샀다고 말하는 건 투표용지를 말하는 것으로, 국민정부의 관리, 항일민족의사의 호칭도 다 살 수 있는 마당에, '미스 상하이'라고 못 살 리가 있냐고 했다. 이 말은 실은 암암리에 공격하는 뜻이 담겨 있었는데 충칭 정부가 고관으로부터 뇌물을 받은 사건을 가리켰다. (장, 1, 120)

미스 상하이 대회에서 우승을 바라는 왕치야오나 그녀를 통해 부와 지위를 얻고자 하는 장리리 모녀는 1930년대 모던 상하이가 가지고 있던 자본주의적 욕망을 보여준다. 미스 상하이의 1,2,3등이 이미 매수되어 있다는 소문은 당시 조계지를 가득 채우던 욕망을 알레고리화 한 것이다. 이 시기 '미스 상하이'라는 신분은 차별받는 중국인의 신분에서 벗어나 이들과 다르게 차별화될 수 있는 보증서이자 신분 상승을 위한 사다리였다. 재력과 권력을 통해 중국 사회를 움직이는 자들만이 이런 여성을 얻을 수 있었기 때문이었다. 이들은 오직 자본주의적 욕망을 채울 수 있는 모순된 공간으로서만 상하이를 인식하고 있었다. 『탁류』의 초봉도 이와 비슷하다. 초봉은 의사고시에 반만 패스하여 미래가 불확실하고 가난한 승재보다는 은행원 태수를 선택했고, 태수의 죽음 이후 제호의 강간에 의해 첩이 되어 부를 누렸다. 이후 예전에 자신을 겁탈한 형보의 협박으로 그의 여자가 되지만, 대신 형보의 재력으로 부유한 삶을 지속할 수 있었다. 초봉의 아름다운 외모가 오히려 그녀의 삶을 어렵게 만들지만 초봉 스스로 자신의 외모가 남자들의 재력을 얻을 수 있는 방법이 되는 것을 알고는 피상적인 인간관계 속에서 철저하게 속물로서 자기합리화한다. 왕치야오나 초봉과 같이 욕망의 매커니즘[19]에 순응하는 이들은 속물의 전형에 속한다. 타자의 욕망에 대한 집착과 반비례하여 자신의 욕망이 무엇인지 모른다는 문제점을 가지고 있다. 물질적 욕망을 탐하지만 그 실체에 대한 자의식을 갖지 못하는데 반해 『색계』의 왕지아즈는 속물유형이라 단정하기 어렵다. '비분강개한 애국역사극'만을 공연하던 대학 연극동아리 일원들은 장난처럼 무대에서가 아닌 현실 연극을 통해 친일파를 처단하자고 논의한다. '이 부부'에게 미인계를 써서 그를 암살할 계획을 세우고 그 주인공으로 왕지아즈를 선택한다. 이 선생과의 밀회가 계속될수록 왕지아즈는 맥 부인의 역할이 아닌 맥 부인 자체가 되면서 그의 내연녀로 남고 싶은 속물적 욕망과 중국의 앞날을 위해 그를 암살해야하는 대의적 욕망 사이에서 갈등한다.

19 김겸섭, 『탈 정치시대에 구상하는 욕망의 정치』, 지성인, 2012, 6면 참고할 것.

> 이 선생과의 밀회는 매번 뜨거운 물로 샤워를 한 것처럼 그녀 안에 쌓인 우울함을 씻어주었다. 물론 그녀의 모든 행동에 목적이 있기 때문이기도 했다. (중략) 함부로 총을 난사하여 무고하게 사람을 죽이는 일은 없으리라. 총에 맞은 후 죽지 않고 병신이 된다면 차라리 죽는 편이 나으리라. 클라이맥스를 향해 치닫는 기분은 남달랐다. (색, 40-42)

왕지아즈는 2년 전부터 주도면밀하게 시작된 미인계를 성공시키기 위해 명품 옷과 보석으로 자신을 치장하면서 맥 부인의 역할을 충실히 따른다. 자신의 의지와는 상관없이 모던 상하이의 물질적 부유함을 경험하고, 사교계 여성들과 마작을 하면서 그녀가 지금까지 겪어보지 못했던 또 다른 상하이의 공간을 맛본다. '이 선생 암살'이라는 친일파 제거 임무를 수행하기 위해 유일하게 창녀와 잠자리를 해본 동료에게 자신의 처음을 내어줄 정도로 역에 몰입했던 왕지아즈는 완벽한 맥 부인이 되어가면서 이 선생을 처음으로 사랑하게 된다. 사랑을 지키고 싶은 본능, 그를 선택하면 얻게 되는 경제적 윤택함과 화려한 상하이의 생활 그리고 친일파 제거라는 임무 사이에서 갈등한다. 그러나 거사가 이루어지기 직전 "어서 가요"(색, 59)라고 외치면서 사랑을 선택하고 자신은 체포되어 처형을 당한다. 완전한 속물이 되지는 않았지만 그녀의 갈등은 오히려 가학적인 마조히즘적 욕망이 되면서 왕지아즈를 타자화시킨다. '식민지 근대화'라는 시대사적 이데올로기를 인식하지 못한 채 주체가 아닌 타자화된 이들의 욕망은 자본주의적 근대화가 이루어진 모순된 공간을 가득 채우고 있었다.

■ 자율적 주체로서 사유하기

자본주의는 욕망을 생산하면서도 구속하는 이중 메카니즘을 가지고 있다. 이런 사회 안에서 사람들은 물질적 풍요를 통해 안락한 삶을 느끼고 부를 비롯한 세속적 욕망을 추구한다. 이런 욕망들을 추구할수록 사람들은 일시적인 편안함을 누리지만, 여기서 얻어진 안락함은 어느 순간 개개인을 구속한다. 이 순간 '안락한 삶'이라는 목표는 '부와 권력의 추구'라는 목적으로 전도되어 버린다. 바로 자본의 욕망화이다. 그러나 자신과 사회, 공동체가 스스로 생산해내는 창조적 욕망[20]은 자본주의적 이중 구속을 극복할 수 있는 하나의 방법이 될 수 있다. 이것이야말로 미래를 향해 나아가는 진행형적 과정이며 욕망의 자본화이다. 계봉은 당시 여성들과는 다르게 자기 계발을 위해 노력하는 적극적 성격의 인물이다. 자기 힘으로 가난에서 벗어나 인격적 주체로 살아가려고 한다. 남성들의 연애 대상이 되는 것도, 연인 승재의 도움을 받는 것도 거절한다.

> 계봉이는 결단코, 지레 결혼에로 도피도 하지 않고, 가정이나 남한테 구구히 의탁도 하지 않고 다만 혼자서 젊은 기쁨을 자유롭게 생활하고 싶고, 그것을 변하려고도 않는다. 그러므로 그것의 한 방편으로서 직업을 실하게 갖자니까 기술이 그립던 것이다. (중략)
>
> "싫여!"

---

20 신승철, 앞의 책, 78면 참고할 것.

“내가 공부시켜줘두 챙피한가? 액색한가?” (중략)
“대체 왜 싫대누?”
“공부시켜주는 의리가 연애나 결혼을 간섭할 테니깐……”
(탁, 601-603)

형보에게 경제적으로 완전히 의탁하는 언니 초봉을 보며 계봉은 남자들에게 어떤 기대조차 하지 않는다. 오히려 직업을 가지고 초봉이나 연인 승재에게 당당한 여성으로 일어서는 모습을 보이고자 한다. 당시 여성들은 ‘결혼이 안정된 미래를 보장하는 것’이라 생각했는데 오히려 계봉은 기술을 통해 직업을 가지고 혼자서 자유로운 생활을 하고 싶어 한다.

이와 유사한 인물은 『푸핑』에서도 찾을 수 있다. 푸핑은 당시의 사회문화적 제약에 굴복하지 않고 적극적으로 운명을 개척하려는 인물이다. 자신의 의지와 상관없이 어릴 때 혼처가 정해졌다는 것을 알게 되자 타인에 의해 선택된 삶을 단호하게 거부한다. 시집간 후에 시부모를 봉양하고 어린 시동생들을 보모처럼 키워야 한다는 것을 알고 “애당초 제가 당신들을 찾은 게 아니잖아요”(푸, 142)라면서 할머니 집을 나와 외삼촌 곁으로 간다. 분뇨선을 이끄는 뱃사람인 외삼촌 내외도 젊은 뱃사람인 광밍에게 푸핑을 선 보이려고 하지만 이 역시 거부한다. 전자들이 상하이의 호화지역에서 자신들의 성과 외모를 무기로 부와 권력을 가진 자들의 부인 혹은 첩이 되려고 했다면 푸핑이나 계봉은 타자의 욕망을 욕망하는데서 벗어나 자신의 욕망을 통찰하는 변증법적 사유를 통해 주체를 재구성하고 건설적인 욕망을 표출한다. 왕치야오, 초봉, 왕지아즈 같은 자본주의 욕망을 가진 자들은 그 욕망을 생산할수록 오히려 자본주의라는 메카니즘에 의해 구속되고 스스로를 파괴시킨다. 반면 푸핑과 계봉은 주변에 있는 사람들과 교류하고 대화하며 '~이기being'와 '~되기becoming'[21]를 통해 새로운 변증법적 운동을 시작한다. 속물적 타자들 안에서 진정한 주체로서의 사유를 통해 '주체이기' 혹은 '주체가 되기'를 욕망하는 이들은 건설적인 욕망을 통해 자신들이 위치한 공간을 변증법적 공간으로서 바꾸고 장소의 이미지를 회복한다.

이미지란 정지상태의 변증법이다. 올드 상하이바, 카페와 술집, 매음굴이 들어선 소비공간이자 모던 상하이런들의 공공영역이었던 상하이와 호남 곡창시대에서 생산되는 쌀을 일본으로 실어 내가던 거점이자 서구의 모던 문물이 들어오던 군산은 신화적 이미지를 가지고 있다. 그러나 이런 이미지들은 상상된 이미지일 뿐이다. 상상된 신화적 공간에서 타자였던 이들은 변증법적 시각을 통해 새로운 공간적 이미지를 획득한다. 화려함 속에 내재된 공간이야말로 타자화된 욕망들이 가지고 있던 모순된 공간이었다는 것을 인식하고 이러한 상상에서 벗어나고자 노력한다. 과거에 있었던 것과 그 과거를 지각하는 현재의 사유가 관계맺음으로써 타자들은 변증법적 이미지 관계를 새롭게 정립하고 타자가 아닌 주체로서 사유하게 되는 것이다.[22]

21 신승철, 앞의 책, 106-108면 참고할 것.

22 강수미, 『아시스테시스: 발터 벤야민과 사유하는 미학』, 글항아리, 2011, 78-93면 참고할 것.

초봉은 속물적 주체의 적나라한 모습을 보였고 왕치야오는 리 주임이 만들어 준 고급 아파트에서 상하이 드림을 꿈꾸었다. 왕지아즈는 이 선생과의 성적 결합을 통해 자신의 존재를 확인하고 사교계 생활과 육체적 탐닉에 젖으면서도 친일파 처단이라는 명분 사이에서 갈등했다. 이들은 자본주의 상품이 갖는 소망이미지를 대변한다. 진보의 자기현시욕이 가득 찬 근대도시에서 이들의 몰락 과정들은 자본주의 신화를 해체하는 또 하나의 알레고리이다.

푸핑과 계봉의 변증법적 사유와 시각들은 오히려 부르주아 사회에서 폐기되고 망각된 것, 낡아버린 것, 일상적인 것, 진부한 것, 망가지고 초라한 것으로부터 현재의 이미지를 읽어내고자 하는 정치적 함의이다.[23] 이들은 전체의 사회적 맥락 안에서 근대 자본주의의 폐해를 냉철하게 관찰한다. 역사시대에 개인과 집단에게 운명적으로 작용하는 법적인 폭력들 즉 가부장적 사회에서 여성이기 때문에 따라야 하는 규범, 불우한 환경을 당연히 운명으로 받아들이는 소극적 태도 등을 자신과의 관계에서 떼어내 버린다.

이미지란 기표와 기의라는 기호의 전통적인 이분법적 구조에 포함되지 않고 그 자체만으로 내적인 힘을 갖는다. 모방의 대상이 아니라 현재와 과거가 우연히 조우되어 구성되는 변증법적 이미지이다. 상하이와 군산의 화려함은 아르데코 양식의 건축물에서 나타나는 것이 아니다. 오히려 푸핑이나 계봉과 같은 이

23 발터 벤야민 지음, 최성만 옮김, 『역사개념에 대하여, 폭력비판을 위하여, 초현실주의 외』, 도서출판 길, 2008, 41면 참고할 것.

들이 순간적으로 빛나는 이미지가 될 때 드러난다. 이들의 빛남은 소외된 사물과 상세한 의미 사이의 형세, 죽음과 의미가 서로 무관하게 되는 "깨어남"이다. 깨어있다는 것은 '깨어 있음'과 '잠들어 있음' 사이에서 언제나 다채롭게 분열되어 요동치는 상태이다.[24] 우리는 이들에게서 집단적 소망 이미지를 찾을 수 있다. 근대 자본주의의 폐해로 인해 역사의 연속성이 파괴되고 대도시의 공간 안에서 스스로 상품 문화를 포식하거나 혹은 그 안에 빨려 들어가 자신의 참모습을 잃어버린다. 그러나 이러한 깨어남을 통해 수동적 타자에서 적극적인 주체의 빛나는 이미지를 회복할 수 있다.[25]

자연의 잠재력은 아직 실현되지 않았다. 근대 자본주의 사회에서 우리는 여전히 신화들과 유토피아적 상징들을 담고 있는 훨씬 오래전의 원과거로부터 문화적 기억을 환기한다. 이러한 집단적 상상력은 과거와 혁명적으로 단절할 동력을 얻을 수 있다.[26] 인간은 자율적 주체이다. 우리는 자본주의가 만들어낸 신화를 타파하고 아우라를 상실한 굴욕적 자연의 이미지를 회복할 수 있다. 이러한 자율성은 근대 자본주의 사회가 만들어낸 파국적 현실들을 다시 원 역사로 되돌리기 위한 변증법적 과정이며 이를 통해 상하이와 군산은 변증법적 공간으로서 이미지를 회복할 수 있게 된 것이다.

---

24 최문규, 『파편과 형세-발터 벤여민의 미학』, 서강대 출판부, 2012, 515면 참고할 것.

25 위의 책, 422-423면 참고할 것.

26 강수미, 앞의 책, 158-159면 참고할 것.

공간은 정치적이고 전략적이다. 인간의 욕망이 어떻게 달라지느냐에 따라 공간의 의미도 달라지고 그 장소는 구체성을 가지게 된다. 변화된 조건 아래서 정치화하여 자신과 환경을 바꿀 수 있다면, 그리고 혁명적 대중으로서 거듭난다면 이제 그 공간은 대립을 지양하고 새로운 건설적 가치를 모색하는 변증법적 열린 공간으로 탈바꿈할 것이다. 그런 의미에서 현재 상하이와 군산은 변증법적 열린 공간이다. 사람은 누구나 자신을 둘러싼 환경과 일체감을 느끼는 관계를 맺으려는 욕구를 가진다.[27] 인식 가능한 장소 안에서 존재하려는 욕망은 지극히 자연스럽고 생산적이다. 모던 상하이, 모던 군산의 시기가 지나고 문화대혁명과 한국전쟁이라는 역사적 소용돌이를 거치면서도 현재의 상하이와 군산은 새로운 문화도시공간으로 재탄생되어 수많은 사람들이 찾는 장소가 되었다. 진정성이란 인간이 자기 실존에 대한 자유와 책임을 인식한다는 것이다. 자기 실존의 근본적인 현실을 부정하거나 책임을 남에게 넘기는 것이 아니라 자신의 존재에 책임을 느끼는 것이다. 현대의 상하이와 군산은 이런 점에서 진정한 장소감을 느낄 수 있다. 과거 조계지로서 아픔을 부끄러워하는 것이 아니라, 현재 라오 상하이(老上海)에 대한 향수를 불러일으키고, 화려한 예술문화를 이어오는 상하이인으로서 자부심을 읽어낼 수 있다. 식민조계시대의 건물을 박물관이나 미술관으로 탈바꿈함으로써 식민조계의 역사를 인정하고 오히려 이 안에서 역사적 반성과 자긍심을 느낄 때 이곳이 진정한

27 Nairn, *The American Landscape*, New York: Harcourt, Brace and World, 1965, p.6.

주체로서 '정체성을 갖게 하는 장소'라는 것을 새삼 깨달을 수 있다. 이 장소 안에는 여전히 수천 명의, 수만 명의 푸핑과 계봉이 존재한다. 이들은 상하이와 군산 안에서 개인으로서, 공동체의 일원으로서, 공동체에 대한 무의식적 장소감과 정체감을 갖는다. 그러나 이는 비단 상하이나 군산에 주거하는 이로 한정해야 할 것은 아니다. 오히려 외부인이나 이방인이라 하더라도 개방된 장소 안에서 다양한 감정적 체험을 통해 의식적인 장소감을 가질 수 있다.

과거는 현재 속에서도 계속되고 있다. 건물과 장소, 도시와 도시를 실증적 사실 자료로만 바라본다면 우리는 더 이상 문학 안에 내재하는 공간과 도시를 이해하기 힘들다. 이것들은 긴밀하게 연결되어있는 요소들이며 삶이자 역사이다. 기억의 대상으로 역사의 결을 거슬러 바라볼 때 우리는 현재보다 '보다 나은 미래'를 바라보는 역사적 인식의 주체가 될 수 있을 것이다.

■ 긍정적 장소감과 정체성

이번 장에서는『장한가』,『푸핑』,『색계』,『탁류』,『아리랑』을 통해 근대이행기 도시문화공간을 살펴보았다. 인간이 자유와 실재성의 깊이를 확인하면서 자신을 스스로 위치시키는 실재적인 곳은 바로 장소였다. 상하이와 군산은 조계와 식민이라는 아픔을 가지고 있었지만, 속물적 타자들 안에서 진정한 주체가 되고자 했던 이들은 건설적인 욕망과 변증법적 사유를 통해 주체가 될 수 있었다. 상상화된 신화적 이미지 공간에서 자신들이 가진 욕망이 타자화된 것이었다는 인식하는 순간 이들은 과거에 있었던 것과 그 과거를 지각하는 현재의 사유를 관계맺음으로써 변증법적 이미지 관계를 새롭게 정립했다. 우리는 이제 타자가 아닌 '주체로서 사유하기'를 통해 근대자본주의 사회가 만들어 낸 파국적 현실들을 원 역사로 되돌리도록 노력해야 한다. 식민·조계라는 과거를 아파하는 것으로 끝내지 않고 역사적 반성과 자긍심을 통해 긍정적인 장소감과 정체성을 가져야 한다. 과거는 현재에도 계속되고 있다. 문학과 공간, 도시와 장소는 과거와 현재를 긴밀하게 이어주는 통로이다. 이 안에서 삶과 역사를 기억의 대상으로 바라볼 때, 역사의 결을 거슬러 바라볼 때 현재보다는 미래를 바라보는 역사적 인식의 주체가 될 수 있다.

■ 참고문헌

1. 기본 자료

김영하, 『검은 꽃』, 문학동네, 2003.

김학철, 『20세기의 신화』, 창작과 비평사, 1996.

박경숙, 『바람의 노래』, 문이당, 2015.

왕안이, 김은희 옮김, 『푸핑』, 어문학사, 2014.

왕안이, 유병례 옮김, 『장한가』 1-2권, 은행나무, 2009.

위화, 최용만 옮김, 『형제』 1-3권, 휴머니스트, 2007.

이창래, 정영목 역, 『영원한 이방인』, 나무와 숲, 2003.

이창래, 현진만 역, 『네이티브 스피커』 1-2권, 미래사, 1995.

장애령, 김은식 역, 『색계』, 랜덤하우스 코리아, 2008.

조정래, 『아리랑』 1-12권, 해냄, 1994.

조정래, 『태백산맥』 1-10권, 한길사. 1989

조정래, 『한강』 1-10권, 해냄, 2002.

진충실 저, 임홍빈 외 역, 『백록원』 1-5권, 한국문원, 1997.

채만식, 『탁류』, 문학과지성사, 2014.

채만식, 『탁류』, 박문서관, 1939.

쿳시 저, 왕은철 역, 『추락』, 동아일보사, 2000.

쿳시 지음, 왕은철 옮김, 『야만인을 기다리며』, 들녘, 2003.

Lee, Chang-Rae. *Native Speaker*, New York: Riverhead, 1995.

王安忆, 『长恨歌』, 南海出版社, 2003.

王安忆, 『副萍』, 上海文艺出版社, 2005.

张爱玲, 『色戒』, 北京十月文出版社, 2011.

余華, 『兄弟』(上), 上海文藝出版社, 2005. 8.

余華, 『兄弟』(下), 上海文藝出版社, 2006. 3.

2. 단행본

강수미, 『발터 벤야민과 사유하는 미학-아시스테시스』, 글항아리, 2011.

군산시사편찬위원회, 『군산시사』, 1991.

그램 질로크, 노명우 옮김, 『발터 벤야민과 메트로폴리스』, 효형출판, 2005.

김겸섭, 『탈 정치시대에 구상하는 욕망의 정치』, 지성인, 2012.

김명인, 「어느 혁명적 낙관주의자의 초상」, 『창작과 비평』, 2002, 봄.

김민영 외, 『철도, 지역의 근대성 수용과 사회 경제적 변용 - 군산선과 장항선』, 선인 2005.

김상봉, 『그리스 비극에 대한 편지』, 한길사, 2003.

김성수, 「조명희」, 『약전으로 읽는 문학사』 1권, 소명출판사, 2008.

김영희, 『1930년대 일제의 민족분열통치 강화』, 독립기념관 한국 독립운동사 연구소, 2009.

김운태, 『일본 제국 주의의 한국 통치』, 박영사, 1999.

김윤수·이금희·이서윤, 『욕망이 말하다 - 프로이트·라캉과 함께하는 문학수업』, 작은이야기, 2013.

김정계 지음, 『중국의 권력 투쟁사』, 평민사, 2002.

김종회 엮음, 『중앙아시아 고려인 디아스포라 문학』, 국학자료원, 2010.

김종희, 『디아스포라를 넘어서』, 민음사, 2007.

김필영, 『소비에트 중앙아시아 고려인 문학사(1937~1991)』, 강남대학교출판부, 2004.

김호웅, 김해양 편저, 『김학철 평전』, 실천문학사, 2015.

네그리, 정남영·운영광 옮김, 『공통체』, 사월의책, 2014.

네그리, 정남영·박서현 옮김, 『다중과 제국』, 도서출판 갈무리, 2011.

네그리·하트, 윤수종 옮김, 『제국』, 이학사, 2001.

노명우 외 지음, 홍준기 엮음, 『발터 벤야민 모더니티와 도시』, 서울시립대 도시인문학총서 07, 라움, 2010.

데리다, 박성창 편역, 『자끄 데리다: 입장들 - 기호학과 그라마톨로지』, 도서출판 솔, 1992.

데이비드 하비, 임동근·박태훈·박준 옮김, 『신자유주의 세계화의 공간들』, 문학과 과학사, 2008.

들뢰즈와 가타리, 김재인 옮김, 『천의 고원』, 새물결, 2004.

들뢰즈와 가타리, 최명관 옮김, 『앙띠 오이디푸스』, 민음사, 1998.

랑시에르, 양창렬 옮김, 『정치적인 것의 가장자리에서』, 길, 2008.

랑시에르, 오윤성 옮김, 『감성의 분할』, 도서출판b, 2008.

랑시에르, 유재홍 옮김, 『문학의 정치』, 인간사랑, 2009.

래쉬·어리 지음, 박형준·권기돈 옮김, 『기호와 공간의 경계』, 현대미학사, 1998.

르페브르, 양영란 옮김, 『공간의 생산』, 에코리브르, 2011.

리몬-케넌, 최상규 역, 『소설의 시학』, 문학과지성사, 1985.

리우어판 지음, 장동천 외 옮김, 『상하이 모던』, 고려대학교출판부, 2007.

미케 발 지음, 한용환·강덕화 옮김, 『서사란 무엇인가』, 문예출판사, 1999.

바흐친, 김희숙·박종소 옮김, 「미적 활동에서의 작가와 주인공」, 『말의 미학』, 길, 2006.

발터 벤야민 지음, 김영옥·윤미애·최성만 옮김, 『일방통행로, 사유이미지 - 발터 벤야민 선집 1』, 도서출판 길, 2007.

발터 벤야민 지음, 김영옥·황현산 옮김, 『보들레르의 작품에 나타난 제2제정기의 파리, 보들레르의 몇 가지 모티프에 관하여 외』, 도서출판 길, 2000.

발터 벤야민 지음, 최성만 옮김, 「19세기 수도 파리 - 독일어판」, 『역사의 개념에 대하여, 폭력비판을 위하여, 초현실주의 외』 도서출판 길, 2008.

발터 벤야민 지음, 최성만 옮김, 『19세기 수도 파리 - 프랑스어판』 『역사의 개념에 대하여, 폭력비판을 위하여, 초현실주의 외』 도서출판 길, 2008.

발터 벤야민 지음, 최성만 옮김, 『기술복제시대의 예술작품, 사진의 작은 역사 외-발터 벤야민 선집 2』, 도서출판 길, 2007.
발터 벤야민 지음, 최성만 옮김, 『역사개념에 대하여, 폭력비판을 위하여, 초현실주의 외』, 도서출판 길, 2008.
백승욱, 『문화대혁명, 중국 현대사의 트라우마』, 살림, 2007.
베네딕트 앤더슨/윤형숙 역, 『상상의 공동체』, 나남출판사, 2007.
벤야민, 반성완 편역, 『발터 벤야민의 문예이론』, 민음사, 1983.
부산대학교 한국민족문화연구소 엮음, 『이주와 로컬리티의 재구성』, 소명출판, 2013.
부산대학교 한국민족문화연구소 엮음, 『장소경험과 로컬정체성』, 소명출판, 2013.
부산대학교 한국민족문화연구소 엮음, 『차이와 차별의 로컬리티』, 소명출판, 2013.
부산대학교 한국민족문화연구소 엮음, 『포섭과 저항의 로컬리티』, 소명출판, 2013.
부산일보 군산 지사, 『개항 30주면 기념 군산』, 1928.
새비지·와드 지음, 김왕배·박세훈 옮김, 『자본주의 도시와 근대성』, 한울, 1996.
소자, 이무용 옮김, 『공간과 비판사회이론』, 시각과 언어, 1997.
수잔 벅 모스 지음, 김정아 옮김, 『발터 벤야민과 아케이드 프로젝트』, 문학동네, 2004.
슈뢰르, 장인모·배정희 옮김, 『공간, 장소, 경계』, 에코리브르, 2010.
슈미트, 최재훈 옮김, 『대지의 노모스』, 민음사, 1995.
슈테판 귄첼, 이기홍 역, 『토폴로지』, 에코리브르, 2010.
신승철 지음, 『욕망자본론 - 욕망의 눈으로 마르크스 자본론 다시 읽기』, 알렙, 2014.
아감벤, 박진우 옮김, 『호모 사케르』, 새물결, 2008.
아감벤, 양창렬 옮김, 『장치란 무엇인가』, 난장, 2010.
아감벤, 이경진 옮김, 『도래하는 공동체』, 꾸리에, 2014.
아리스토텔레스, 해밀턴. 화이프 해설, 김재홍 역, 『시학』, 서울 : 평민사, 1984.
앙리 르페브르, 양영란 옮김, 『공간의 생산』, 에코리브르, 2011.
야스타카 마사키, 『군산 개항사』, 군산부, 1910.
에드워드 랠프 지음, 김덕현·김현주·심승희 옮김, 『장소와 장소상실』, 논형, 2005.
옥살라, 『하우 투 리드 푸코』, 홍은영 옮김, 웅진지식하우스 2008.
윤수종 편역, 『가타리가 실천하는 욕망과 혁명』, 문학과학사, 2004.
윤수종, 『제국과 대중 그리고 공통의 부-네그리·하트의 『제국』, 『다중』, 『공동체』 읽기』, 세창미디어, 2014.
윤인진, 『코리안 디아스포라』, 고대출판부, 2003.
이글턴, 『발터 벤야민 또는 혁명적 비평을 향하여』, 김정아 옮김, 이앤비플러스, 2012.
이기갑, 『전라남도의 언어지리』, 탑출판사, 1986.
이삼성, 『20세기의 문명과 야만』, 한길사 1998.
임범송, 김해룡 저, 『미학에의 초대』, 서울, 도서출판 이웃, 1990.
장사선·우정권, 『고려인 디아스포라 문학 연구』, 도서출판 월인, 2005.
전라 감영, 『호남 읍지』, 1871.
전북일보, 2017. 8. 9.
전영의, 『한국과 중국의 문학적 공간과 의미』, 역락, 2018.
제라르 쥬네뜨, 권택영 옮김, 『서사담론』, 교보문고, 1992.
제임스 왕, 이문규 역, 『현대중국정치론』, 인간사랑, 1998.
제프 말파스 지음, 김지혜 옮김, 『장소와 경험』, 에코리브르, 2014.
조정민, 『동아시아 개항장 도시의 로컬리티』, 소명출판, 2013.
조정환, 『아우또노미아』, 도서출판 갈무리, 2003.
지그문트 바우만, 정일준 옮김, 『쓰레기가 되는 삶 - 모더니티와 그 추방자들』, 새물결, 2008.
첸뤼췬, 「중국 변경 지역 기층 지식인의 문화대혁명에 대한 회상」, 한림대학교 아시아문화연구소 엮음, 『중국문화대혁명 시기 학문과 예술』, 태학사, 2007.
최문규, 『파편과 형세-발터 벤야민의 미학』, 서강대학교출판부, 2012.

최성만 지음, 『발터 벤야민-기억의 정치학』, 도서출판 길, 2014.
최진석, 『민중과 그로테스크의 문화정치학-미하일 바흐친과 생성의 사유』, 그린비, 2017.
콜린 고드 외 엮음, 『푸코 효과 - 통치성에 관한 연구』, 심성보 외 옮김, 도서출판 난장, 2014.
패트릭 오닐, 『담화의 허구』, 예림기획, 2004.
푸코, 서우석 옮김, 「주체와 권력」, 『미셸 푸코: 구조주의와 해석학을 넘어서』,나남, 1989.
푸코, 홍성민 옮김, 「편집자 후기」, 『권력과 지식: 미셸 푸코와의 대담』, 나남, 1991.
푸코, 김부용 옮김, 『광기의 역사』, 인간사랑, 1991.
푸코, 심세광 옮김, 『주체의 해석학』, 동문선, 2007.
푸코, 오생근 역, 『감시와 처벌』, 나남출판, 1994.
푸코, 오트르망 옮김, 심세광 외 번역, 『생명관리정치의 탄생』, 도서출판 난장, 2012.
푸코, 오트르망 옮김, 심세광 외 번역, 『안전, 영토, 인구』, 도서출판 난장, 2011.
푸코, 이광래 역, 『말과 사물 : 인문과학의 고고학』, 민음사, 1987.
푸코, 이규현 역, 『성의 역사1 - 앎의 의지』, 나남, 1990.
푸코, 이정우 해설, 『담론의 질서』, 중원문화, 1992.
푸코, 이혜숙·이영목 옮김, 『성의 역사3 - 자기배려』, 나남, 1990.
하비, 김병화 옮김, 『파리 모더니티』, 생각과 나무, 2010.
하비, 박영민 외 역, 『포스트모더니티의 조건』, 한울, 2010.
하비, 임동근 외 옮김, 『신자유주의 세계화의 공간들』, 문학과학사, 2008.
하비, 초의수 옮김, 『도시의 정치경제학』, 한울, 1996.
하비, 최병두 옮김, 『신자유주의』, 한울, 2007.
하비, 최병두 외 옮김, 『희망의 공간 : 세계화, 신체, 유토피아』, 한울, 2010.
하트, 정남영·박서현 옮김, 『네그리 사상과 진화』, 도서출판 갈무리, 2008.

한국공간환경학회편, 『공간의 정치경제학』, 아카넷, 2000.
한국민족문학연구소, 『로컬리티, 인문학의 새로운 지평』, 혜안, 2009.
한국민족문학연구소, 『로컬리티의 인문학』, 혜안, 2007.
한국민족문학연구소, 『로컬의 문화지형』, 혜안, 2010.
한국민족문학연구소, 『탈근대 탈중심의 로컬리티』, 혜안, 2010.
Benjamin, *The Task of the Tlanslator*, Illuminations. Glasgow: Fontana/Collins, 1982.
Daisy Ng, *Back to the Future : Imaginary Nostalgia and the Consumer Culture of Hong Kong*, The Asian Study Society: University of Vermont, 1996.
Harold Issacs, *Re-encounters in China : Notes from a Journey in a Time Capsule*, Armonk, N.Y.: M.E. Sharpe, 1985.
Robinson, D. *Translation and Empire: Postcolonial Theories Explained*, Manchester: St. Jerome Publishing, 1997.
Susan *Bassnett-McGuire, Translation Studies*, New York: Methuen, 1980.
Nairn, *The American Landscape*, New York: Harcourt, Brace and World, 1965.
茅盾, 『子夜』, 香港:南国出版社, 1973.

3. 논문 및 기타

「경향신문」 2015. 4. 19.
「멕시코이민 110주년」, 연합뉴스 인터뷰, 2015. 1. 12.
「재외한인의 역사」, 국가기록원.
「한국이민사박물관 탐방-화물선타고 하와이로, 사탕수수에 맺힌 한」, 오마이뉴스, 2013. 1. 9.
강경구, 「신화적 환상의 부활」, 『중국어문학』 41집, 영남중국어문학회, 2003.
강진구, 「고려인 문학에 나타난 역사 복원 욕망 연구 - 김세일의 장편소설 『홍범도』를 중심으로」, 이명재 외, 『억압과 망각, 그리고 디아스포라 - 구소련권 고려인문학』, 한국문화사, 2004.

강찬모, 「조정래의 대하소설 『아리랑』에 나타난 한민족 디아스포라 연구」, 『비평문학』 33집, 한국비평문학회, 2009.

고명철, 「혁명성장소설의 공간 민중적 국제연대, 반식민주의-김학철의 『격정시대』론」, 『반교어문연구』 22집, 반교어문학회, 2007.

고부응, 「이창래의 『원어민』: 비어있는 기표의 정체성」, 영어영문학 48권, 한국영어영문학회, 2002.

고혜선, 「『검은 꽃』에 나타난 역사와 허구」, 『라틴아메리카 연구』 23집, 한국라틴아메리카학회, 2001.

권기배, 「디아스포라와 망각을 넘어 기억의 복원으로: 러시아 및 중앙아시아 한인 망명문학 연구(2) - 미하일 박 문학세계 연구」, 『외국학연구』 제20집, 중앙대학교 외국학연구소, 2012.

권은미, 「조정래의 『태백산맥』 연구」 울산대학교 박사학위 논문, 2014.

권택영, 「응시로서의 『제스쳐 인생』 - 이창래와 라캉의 다문화적 윤리」, 『영어영문학』, 48집, 한국영어영문학회, 2002.

김경남, 「1930-1940년대 전시 체제기 부산 시가지 계획의 군사적 성격」, 『한일 관계사 연구』 34집, 한일관계사학회, 2009.

김경연, 「이광수와 루쉰의 비교문학적 고찰: 초기 평론 및 소설을 중심으로」, 『문창어문논집』 39집, 문창어문학회, 2002.

김관웅, 「"디아스포라 작가" 김학철의 문화신분 연구」, 『한중인문학연구』 27집, 한중인문학회, 2009.

김대중, 「이창래와 카즈오 이쉬구로의 소설들 속에서 나타나는 내러티브와 간극들」, 『동서비교문학저널』 29호, 한국동서비교문학학회, 2013.

김동춘, 「5·18, 6월 항쟁 그리고 정치적 민주화」, 『5·18 민중항쟁사』, 5·18 사료편찬위원회, 2001.

김미영, 「이창래 소설에 재현된 한국여성과 한국문화」, 『어문연구』, 34권 1호, 어문연구학회, 2006.

김복덕, 「조정래 『태백산맥』 연구-인물과 삶의 양상을 중심으로」,

단국대학교 석사학위논문, 2006.
김상욱, 「고려인 한글문학의 산실, 선봉, 레닌기치, 고려일보」, 『고려인 강제이주 75주년 기념 '서울 실크로드 국제 문학인 대회'』, 알마아따, 2012. 7. 11.
김수환, 「정체성과 그 잉여들: 문화기호학과 정치철학을 중심으로」, 『사회와 철학』, 제18호, 사회와 철학 연구회, 2009.
김재용, 「안수길의 만주체험과 재현의 정치학」, 『만주연구』 12집, 만주학회, 2011.
김종회, 「미주한인 디아스포라 문학에 나타난 민족 정체성 고찰 - 이창래, 수잔최, 이민진의 작품을 중심으로」, 『현대문학이론연구』 44집, 현대문학이론학회, 2011.
김주현, 「국제주의와 유교적 지사 의식의 결합-김준의 작품 세계」, 이명재 외, 『억압과 망각, 그리고 디아스포라 - 구소련권 고려인문학』, 한국문화사, 2004.
김태웅, 「대한제국기 군산 객주의 상회사 설립과 경제, 사회 운동」, 『지방사와 지방문화』 9집, 역사문화학회, 2006.
김태웅, 「일제하 군산부에서 주민의 이동 사정과 계층 분화의 양상」, 『한국민족문화』 35집, 부산대 민족문화연구소, 2009.
김향화, 「만주재현소설에 나타난 고향의 의미」, 『이화어문논집』 36호, 이화어문학회, 2015.
김현아, 「J. M. 쿳시의 반인종주의 윤리학 - 『야만인을 기다리며』」, 『영어영문학21』 22권 2호, 21세기영어영문학회, 2009.
김희우, 「이데올로기의 갈등 속에 표현된 충효관념에 대한 검토 - 조정래의 『태백산맥』을 중심으로」, 성산효도대학원대학교, 2005.
류지석, 「로컬리톨로지를 위한 시론」, 『로컬리티, 인문학의 새로운 지평』, 부산대학교 한국민족문화연구소 편, 혜안, 2009.
박성원, 신동일, 「이창래의 '네이티브 스피커' 분석에 나타난 언어와 정체성의 결속성 연구-후기구조주의 관점에서-」, 『이중언어학』 54호, 이중언어학회, 2014.
박정원, 「중국당대소설 창작과 『백록원』」, 『중국현대문학』 24호, 한국중국현대문학학회, 2003.
박종성,「식민지인의 디아스포라 내러티브 쓰기: 나이폴,『당혹스런 도착』」,『현대영미소설』 11권 2호, 한국현대영미소설학회, 2004.
배윤기,「의식의 공간으로서 로컬과 로컬리티의 정치」,『로컬리티 인문학』 3집, 부산대학교 한국민족문화연구소, 2010.
사노 마사토(佐野正人),「이광수 소설에 나타난 시각성(視覺性)의 문제 : 근대 문학의 시작과 '외부'적인 시선」,『한국현대문학연구』 34집, 한국현대문학회, 2011.
소미,「채만식과 루쉰 지식인 소설의 풍자성 비교 연구: 단편소설을 중심으로」,『세계문학비교연구』 44집, 한국세계문학비교학회, 2013.
엄영욱,「『백록원』 연구」,『중국문학의 여행』, 전남대출판문화원, 2017.
오세원,「조정래의『태백산맥』에 나타난 역사의식 연구」, 공주대학교 석사학위논문, 2001.
오윤호,「20세기 초 전지구적 이주와 서술전략연구-김영하의『검은 꽃』을 중심으로」,『현대문학이론연구』 61집, 현대문학이론학회, 2015.
오윤호,「제국의 경계 공간과 디아스포라 위치-하와이 사진신부 소설을 중심으로」,『현대문학이론연구』 68권, 현대문학이론학회, 2017.
왕은철,「J.M. 쿳시의 소설에 나타난 식민주의 및 제국주의 -『야만인을 기다리며』의 상호텍스트성에 관하여」,『영어영문학』 50권 1호, 한국영어영문학회, 2004.
유현미,「『태백산맥』과 반공이데올로기 연구」, 경상대학교 석사학위논문, 1996.
윤여탁,「세계화 시대의 한국문학 : 세계문학과 지역문학의 좌표」, 국어국문학회 편,『세계화 시대의 국어국문학』, 보고사, 2012.
이개영,「『태백산맥』에 나타난 방언 어휘 관용표현」, 순천대학교 교육대학원 석사학위논문, 1999.

이경, 「겁탈과 여성인물의 생존서사 - 『태백산맥』, 『토지』, 『혼불』을 중심으로」, 『여성학연구』 제326권 제3호, 부산대학교 여성학연구소, 2016.

이동재, 「한국현대역사소설의 정체성과 『아리랑』」, 『어문논집』 36집, 민족어문학회, 1997.

이상빈, 「문화번역의 텍스트적 재현과 '번역' - 이창래의 Native Speaker와 그 번역본을 중심으로」, 『통번역학연구』 제18권 4호, 한국외국어대학교 통번역연구소, 2014.

이선주, 「미국이주 한국인들의 디아스포라적 상상력 - 이창래의 『네이티브 스피커』」, 『미국소설』, 15권 1호, 미국소설학회, 2008.

이영미, 「북한의 문학 장르 오체르크 연구」, 『한국문학이론과 비평』 제24집, 한국문학이론과 비평학회, 2004.

이은경, 「『태백산맥』의 욕망구조연구」, 서울여자대학교 석사학위논문, 2005.

이재성, 「로컬리티의 연구동향과 인문학 연구의 새로운 방향」, 『한국학논집』 42집, 계명대학교 한국학연구원, 2011.

이지은, 「『태백산맥』의 형상화와 작가의식」, 안동대학교 교육대학원 석사학위논문, 2004.

이현재, 「다양한 공간 개념과 공간 읽기의 가능성 - 대적, 상대적, 관계적 공간개념을 중심으로」, 『시대와 철학』 23권 4호, 한국철학사상연구회, 2012.

이형진, 「이창래의 Native Speaker의 한글번역본 비교연구」, 세계문학비교연구 36집, 2011년 가을호.

장경렬, 「정체성의 위기, 언어의 안과 밖에서: 이창래의 소설 『네이티브 스피커』 읽기」, 『문학판』 1권, 열림원, 2002.

장윤수, 「코리아 디아스포라 문학의 정체성 연구」, 『재외한인연구』 25집, 재외한인학회, 2011.

장일구, 「한국 근대 도시 공간의 서사적 초상」, 『어문연구』 75집, 어문연구학회, 2013

전영의, 「모던 상하이의 욕망과 파사주 프로젝트 - 왕안이의 『장한가』

를 중심으로」, 『한중인문학연구』 52집, 한중인문학회, 2016.
전영의, 「아리랑의 오리엔탈리즘과 디아스포라」, 『현대소설연구』 46집, 한국현대소설학회, 2011.
전영의, 「아리랑의 탈식민성 연구」, 『한중인문학연구』 32집, 한중인문학회, 2011.
전영의, 「위화의 『형제』에 나타난 광기와 공간의 주체성 연구」, 『한중인문학연구』 제45집, 한중인문학회, 2014.
전영의, 「조정래 『태백산맥』의 서사담론 연구」 전남대학교 박사학위논문, 2012.
전영의, 「조정래 『한강』에 나타난 기억의 의미변주와 공간의 상관성 연구」, 『한어문교육』 32집, 한국언어문학교육학회, 2015.
전영의, 「한·중 근대도시의 타자공간과 욕망의 표상」, 『현대소설연구』 63, 한국현대소설학회, 2016.
정민, 「분단소설의 변모양상 연구」, 중앙대학교, 석사학위논문, 1994.
정종진, 「조정래 3대 소설 속의 성 표현에 관한 연구」, 『국제문화연구』, 제22집, 청주대학교 국제문제연구원, 2004.
정혜욱, 「한국계 미국소설에서 민족의 번역: 이창래의 『네이티브 스피커』를 중심으로」, 『새한영어영문학』 49권 4호, 새한영어영문학회, 2007.
조가경, 「혁명주체의 정신적 혼미 — 주체성 확립의 목표는 적극적 자유와 경제 부강」, 『사상계』, 1961. 4.
조규익, 「바벨탑에서 자아찾기」, 『어문연구』 34권 2호, 한국어문교육학회, 2006.
조규익, 「해외 한인문학과 탈식민의 관점」, 국어국문학회 편, 『세계화시대의 국어국문학』, 보고사, 2012.
조재룡, 「번역문학이라는 불가능성의 가능성 — 개념 정의에 대한 고찰을 중심으로」, 『코기토』 76집, 부산대 인문학연구소, 2016.
조희연, 「근대 민주주의 제도정치와 운동정치」, 『시민과세계』 22집, 참여연대, 2013.
지봉근, 「이창래의 원어민에 나타난 한국계 미국인의 정체성: 문화적 차이와 잡종성」, 『비교문학』 33집, 한양대 인문학연구소, 2003.
차민영, 「이창래의 『원어민』과 토니 모리슨의 『재즈』에 나타난 디아스포라적 양상」, 『현대영어영문학』 53권 3호, 한국현대영어영문학회, 2014.
차성연, 「중국 조선족 문학에 재현된 '한국'과 '디아스포라' 정체성」, 『한중인문학연구』 31집, 한중인문학회, 2010.
최강민, 「고려인 디아스포라 문학과 민족정체성의 해체」, 이명재 외, 『억압과 망각, 그리고 디아스포라 — 구소련권 고려인문학』, 한국문화사, 2004.
최병우, 「루쉰과 이광수의 소설에 나타난 인습 비판 연구 : <고향>과 <소년의 비애>를 중심으로」, 『한중인문학연구』 15집, 한중인문학회, 2005.
최좌훈, 「『태백산맥』의 인물유형별 이데올로기 형성과정」, 전남대 석사학위논문, 2010.
孙佳, <《白鹿原》的乡土生命哲学及其叙事价值研究>, 《科学与财富》, 佳木斯师范学校 黑龙江佳木斯, 2015年 第2期.
<幾乎無事的悲劇>, 《文學》 月刊 第5卷, 2號, 1935.
<幾乎無事的悲劇>, 《文學》 月刊 第5卷, 2號, 1935. 8.
《且介亭雜文二集》, 《魯迅全集》 6卷, 北京人民出版社, 1989.
姜鯨求, <神話幻想的復活>, 《中國語文學》, 2003. 6., 41期.
段建軍, <部神奇現實主義大作 — 再談《白鹿原》的审美魅力>, 《小說評論》, 2000年 第3期.
段建軍, <創造奇美的話語世界 — 《白鹿原》的叙事藝術>, 《小說評論》, 1999年 第6期.
段建軍, <創造奇美的話語世界 — 咤白鹿原咝的叙事藝術>, 《小說評論》, 1999年 第6期.
唐云, <論《白鹿原》對儒家文化的 闡釋和留連>, 《中國現代、當代文學研究》, 1995年 第5期.
陶麗娟, <小说《白鹿原》的叙述视角研究>, 《鴨綠江》, 2019.

董之林, <神論中的歷史輪回 — 論咤白鹿原呲>, 《文藝評論》, 1994年 第2期.
里蒙, 凯南, 崔向奎译, 《小说的诗学》, 文学與知性社, 1985.
林范嵩, 金海龙, 《美学的招待》, 首尔图书出版, 1990.
帕特里·克奥尼尔, 《叙事虚构》, 意林企劃, 2004.
米克·巴尔, 韩龙焕·姜德华译, 《叙事是什麽》, 文艺出版社, 1999.
朴正元, <中国當代小说创作與《白鹿原》>, 《中国现代文学》, 2003, 第24号.
白燁, <史志意蘊·史詩風格-評陳忠實的長篇小說 《白鹿原》>, 《中國現代,當代文學研究》, 1993.
孙佳, <《白鹿原》的乡土生命哲学及其叙事價值研究>, 《科学與财富》, 2015年 第2期, 佳木斯师范学校 黑龙江佳木斯
亚里士多德, 汉密尔顿·华夫解说, 金载洪译, 《詩學》, 首尔 : 平民社, 1984
严英旭, <白鹿原研究>, 《中国文学的旅行》, 全南大学出版社, 2017.
热拉尔·热奈特, 权择英译, 《叙事谈论》, 教保文库, 1992.
劉再復 著, 《魯迅美學史上論考》, 北京 : 社會科學出版社, 1981.
全映宜, 《赵廷来《太白山脈》叙事研究》, 全南大学博士学位论文, 2012.
郑闵, 《分断小说局面变样小说》, 中央大学硕士学位论文, 1994.
周怡, 《諾貝爾關注的文學主題 : 流亡與回鄉》, Journal of Literature vol.1 History and Philosophy, 2005.
陈长利, <《白鹿原》小说的空间叙事研究>, 硕士学位论文, 2019年9月15日
陈忠实, 林洪彬译, 《白鹿原》 1卷-5卷, 韩国文院, 1997年.

찾아보기

ㄴ

ㄷ

ㄹ

ㅁ

ㅂ

ㅅ

ㅇ

ㅊ

ㅋ

ㅌ

ㅍ

ㅎ

기타

저자 소개

■ **임환모 (林桓模, Lim Hwan-Mo)**

전남대학교 국어국문학과 대학원에서 「1930년대 한국문학비평연구 : 김남천의 리얼리즘과 최재서의 모더니즘을 중심으로」로 문학박사학위를 받고, 전남대학교 국어국문학과 교수로 재직 중이다. 전남대학교 도서관장과 현대문학이론과비평학회 회장을 역임했다. 『문학적 이념과 비평적 지성』(1993), 『송기숙의 소설세계』(편저, 2001), 『한국 현대시의 형상성과 풍경의 깊이』(2007), 『한국 현대소설의 서사성과 근대성』(2008), 『1960년대 한국문학』(편저, 2015), 『손광은의 시와 시세계』(편저, 2015), 『한국문학사』(공저, 2017), 『한국문학의 이해와 감상』(공저, 2017), 『발터 벤야민과 한국문학』(공저, 2018) 등 다수의 저서와 논문이 있다.

■ **엄영욱 (嚴英旭, Um Young-Uk)**

전남대학교 중어중문학과 대학원에서 「魯迅文學의 現實主義 硏究」로 문학박사학위를 받고, 전남대학교 국제학부 중문학전공 교수로 재직 중이다. 한국중국현대문학학회 회장과 한국차문화학회 회장을 역임했다. 『정신계의 전사-노신』(2005년도 대한민국학술원 우수학술도서 선정), 『중국근대문학사상연구』(공저: 2009년도 문광부 우수학술도서 선정), 『중국문학의 여행』, 『동아시아의 생사관』(공저: 2009년도 문광부 우수학술도서 선정) 등 다수의 저서와 번역서가 있다.

■ **전영의 (全映宜, Chon Young-Eui)**

전남대학교 국어국문학과 대학원에서 「조정래 『태백산맥』의 서사담론 연구」로 문학박사학위를 받고, 전남대학교 동아시아연구소 학술연구교수로 재직 중이다. 『아리랑』, 『태백산맥』, 『한강』, 『허수아비춤』, <조정래 초기소설> 등에 관해 연구하였다. 『분단 트라우마의 치유와 통합 : 고통의 공감과 연대는 어떻게 가능한가』(공저, 2016), 『한국과 중국의 문학적 공간과 의미-한국학으로서 한·중 소설 다시 읽기』(2018), 『근현대 전북잡지 해제집』, (공저, 2022), 『동아시아 문화 2』(공저, 2023) 등의 저서와 다수의 논문이 있다.

전남대학교 동아시아연구소 총서 ⑫

한·중 문학 공간과 디아스포라

2023년 8월 25일 인쇄
2023년 8월 30일 발행

지은이 | 임환모·엄영욱·전영의
펴낸이 | 김광석

펴낸곳 | 전남대학교출판문화원
주소 | 61186 광주광역시 북구 용봉로 77
전화 | (062) 530-0571~3 팩스 | (062) 530-0579
등록 | 1981. 5. 21. 제53호
홈페이지 | http://www.cnup.co.kr
이메일 | cnup0571@hanmail.net

값 19,000 원

ISBN 978-89-6849-980-7 (93800)